COLLECTION
UNIVERSELLE
DES
MÉMOIRES PARTICULIERS,
RELATIFS
A L'HISTOIRE DE FRANCE.
TOME X.

CONTENANT les Mémoires DE PHILIPPE DE COMINES.

XVe. SIÈCLE.

Il paroît régulièrement chaque mois un Volume de cette Collection. Les Editeurs ont pris les précautions néceſſaires pour qu'il en ait paru 12 volumes à la fin de l'année 1785.

Le prix de la Souſcription pour 12 Volumes, à Paris, eſt de 48 l. Les Souſcripteurs de Province payeront de plus 7 l. 4 ſ., à cauſe des frais de poſte.

C'eſt au Directeur de la Collection des Mémoires, &c. qu'il faut s'adreſſer, *rue d'Anjou-Dauphine N°. 6, à Paris*. Il faut avoir ſoin d'affranchir le port de l'argent & de lettres.

COLLECTION

UNIVERSELLE

DES

MÉMOIRES PARTICULIERS

RELATIFS

A L'HISTOIRE DE FRANCE.

TOME X.

A LONDRES;

Et se trouve à PARIS,

Rue d'Anjou-Dauphine, N°. 6.

1785.

NOTICE
DES ÉDITEURS
SUR LA PERSONNE
ET LES MÉMOIRES
DE PHILIPPE DE COMINES.

Nous ne nous étendrons point sur l'origine illustre de Philippe de Comines, Seigneur d'Argenton. Le Lecteur peut consulter le Tableau Généalogique, placé à la suite de cette Notice; & il verra que plusieurs Souverains de l'Europe descendent, par les femmes, de *Jeanne*, fille unique de cet écrivain célèbre.

Comines nâquit en 1445 au château qui portoit son nom, près Menin en Flandre. Il n'avoit pas encore dix-huit ans lorsqu'il parut à la Cour de Philippe *le Bon*, Duc de Bourgogne. Après la mort de ce Prince, il s'attacha à son fils, si connu dans nos Annales sous le nom de Charles *le Téméraire*; le même qui fut surnommé *le Hardi* par ses flatteurs, & *le Terrible* par ses ennemis. Comines l'accompagna dans différentes expéditions; & ce qu'il vit n'étoit guére propre à lui inspirer de la vénération pour son Maître.

Ils étoient l'un & l'autre à Péronne quand Louis XI, égaré par une confiance indiscrète, faillit y perdre le trône & la liberté. Il est vraisemblable que dans cette circonstance délicate, Comines rendit d'importans services au Monarque, soit par les avis secrets qu'il lui fit passer, soit par l'effet de son crédit auprès de Charles; & cette opinion est fondée non-seulement sur le sens des expressions de Comines lui-même; mais sur le motif des recompenses que Louis accorda depuis au favori du Duc de Bourgogne. (a).

On présume qu'à cette époque Louis XI, qui jugeoit si bien les hommes, apprécia Comines, & desira de l'attacher à son service. Peu après en effet, en 1472, celui-ci

(a) Les Lettres Patentes qui constatent la donation faite par Louis XI, à Comines, des Seigneuries de Talmont & de Château-Gontier, portent que : » sans » crainte du danger qui lui (Comines) en pouvoit » lors venir, nous avertit de tout ce qu'il pouvoit » pour notre bien, & tellement s'employa que par » son moyen & aide nous faillimes des mains de nos » rebelles & desobeissans... Et en dernier a mis & » exposé sa vie en avanture pour nous ».

quitta la Cour de Charles pour paſſer à celle de France; & cette démarche a été interprêtée d'une maniere défavorable par la plûpart des écrivains qui en ont parlé. « Si les » raiſons de Comines euſſent été honnêtes, » a dit bruſquement Mezeray, il les auroit » expliquées, lui qui raiſonnoit ſi bien ſur » toutes choſes ». Un autre moderne (a) a diſcuté cet événement avec plus de ſens froid. Il raconte d'abord l'anecdote *de la tête bottée* (b), tout invraiſemblable qu'elle lui paroiſſe, & ajoûte, « que Comines ſe déter- » mina par prudence à quitter le Duc de » Bourgogne, parce qu'il jugea qu'il n'y » avoit rien à eſpérer d'un Prince qui ſe » perdroit infailliblement par ſa fureur & par » ſa préſomption... Cependant qu'il ſeroit

(a) Duclos Hiſt. de Louis XI ed. de Hollande Tom. 2 p. 99 & 100.

(b) Comines, dit-on, étoit à la chaſſe avec Charles le téméraire, alors Comte de Charolois. Ce Prince lui ordonna de le débotter. Comines obéit, & le Prince voulut le débotter à ſon tour. Comines fut contraint d'y conſentir. Cependant le Comte indigné de ce qu'un ſerviteur de ſon pere eut pu ſe preter à une telle plaiſanterie, le frappa rudement au viſage avec la botte, en lui diſant: Quoi! tu as pu ſouffrir que le fils de ton maître te rendît un Service auſſi bas! Cette avanture valut à Comines le ſurnom de *Tête bottée*.

» difficile de le justifier, & qu'il tint en cette
» occasion une conduite fort équivoque...
» Si je l'examine, continue-t-il, avec tant
» de sévérité, c'est parce que les hommes
» tels que Comines, qui connoissent toute
» l'étendue de leurs devoirs, sont plus cou-
» pables de les violer ».

Nous sommes loin de vouloir entreprendre la justification de Comines. Les motifs
de sa conduite sont restés couverts d'un voile
impénétrable ; & ce qu'il en dit (a) est d'une
telle précision, qu'il semble redouter qu'on ne
discute cette anecdote de sa vie. Cependant
Godefroy & l'Abbé Langlet croyent avoir
trouvé des moyens de le justifier. Le premier
allègue l'usage du tems, qui permettoit de passer du service d'un Prince vassal, à celui de
son Souverain (b). Mais Duclos l'a combattu
victorieusement (c). Le second soutient que
» la Cour de Bourgogne étoit alors plongée
» dans des désordres si affreux qu'un homme
» de probité n'y pouvoit rester sans compro-
mettre son honneur ». Au reste, si l'exemple
de quelques autres Officiers de Charles peut
disculper Comines, il est aisé d'en citer. Dès

(a) Chap. 12 du premier livre de ses Mémoires.
(b) Voyez les remarques de Godefroy sur Varillas.
(c) Hist. de Louis XI, Tom. 2 p. 100.

l'an 1470 Baudouin, Bâtard de Bourgogne, Jean d'Arfon, & Jean de Chaffa, Gentilhomme Francomtois, fe retirèrent auprès de Louis XI. Le Duc, dans la crainte fans doute qu'ils ne révélaffent les excès dont il s'étoit rendu coupable, les accufa (a) d'avoir attenté à fa perfonne, foit par le fer, foit par le poifon, & répandit que le projet de ce crime leur avoit été fuggéré par le monarque François. Louis méprifa l'injure ; mais Jean de Chaffa y répondit avec fermeté. Il prend Dieu à témoin de fon innocence ; il offre de combattre corps à corps *quiconque maintiendra ce menfonge* (b) ». La » caufe de ma retraite, dit-il, eft pour les » très-viles, très-énormes & deshonêtes cho- » fes que le dit Charles de Bourgogne, lorfque » j'étois devers lui, fréquentoit & comettoit » contre Dieu, contre nature & contre notre » loy ; en quoi il m'a voulu attraire & faire » condefcendre d'en ufer avec lui ». La réclamation du Batard de Bourgogne ne fut pas moins forte que celle-ci.

Les Apologiftes de Comines établiffent encore fa défenfe fur fes mœurs, fur fa probité

(a) Manifefte de Charles, Duc de Bourgogne dans le Recueil des pieces de l'Hift. de Louis XI par Duclos, p. 360

(b) Même Recueil p. 366.

qui fut irréprochable, & contre laquelle Charles lui-même n'osa hazarder l'apparence du soupçon : on peut croire que son silence ne fut pas l'effet de la modération.

Quoiqu'il en soit, Comines n'eut qu'à se louer de son inviolable attachement pour Louis XI. Ce Monarque le combla de richesses & d'honneurs. Après lui avoir donné des Seigneuries, & facilité le moyen d'en acquerir d'autres, (a) il le fit son Chambellan & le nomma Sénéchal de Poitou. C'est dans cette province qu'il épousa, en 1473, Helène de Jambes, fille du Seigneur de Montsoreau. Jeanne naquit de cette union & fut mariée dans la suite à René de Bretagne, Comte de Penthiévre.

Après la mort de Louis, Comines fut impliqué dans une accusation de crime d'état. Ses envieux s'armèrent contre lui & parvinrent à le faire enfermer dans le Chateau de Loches. On verra dans ses Mémoires la maniere dont il y fut traité. Cependant après une longue détention, les prières de sa femme obtinrent qu'il vint se justifier. Il arrive ; mais

(c) Louis XI fit rendre à Comines quatre mille écus d'or qui avoient été confisqués par son ordre chez Jean de Beaune, marchand à Tours. Il lui donna quarante mille livres pour payer la terre d'Argenton.

pas un Avocat, pas un Procureur n'ose prendre sa défense; tant ses ennemis avoient de pouvoir & d'activité. Obligé de plaider lui-même au Parlement, son innocence triomphe; & Charles VIII désabusé lui rend ses bonnes graces. Comines le servit utilement depuis en Italie, comme négociateur. Il mourut le 17 Octobre 1509, agé de 64 ans, & fut enterré à Paris dans une Chapelle (a) de l'Eglise des Augustins.

Peu d'Historiens ont laissé après eux une réputation plus brillante & mieux méritée que celle de Comines. De nos jours un écrivain illustre lui a fait un reproche de sa modération, quand il parle de Louis XI. Elle prouveroit du moins que Comines ne fut pas un ingrat; & l'époque où il rédigea ses Mémoires ne permet pas qu'on l'accuse de flatterie: son bienfaiteur n'éxistoit plus. Dailleurs ne nous a-t-il pas laissé un tableau assés effrayant des remords & des derniers instans de ce Prince (b)?

Les Mémoires de Comines ont été traduits en latin & dans toutes les langues de l'Europe. Les Philosophes & les Savans n'en ont parlé

(a) Elle occupe le milieu de l'aile gauche.
(b) Voyez les deux derniers chap. du Livre 6 de ses Mémoires.

qu'avec éloge. Ecoutons Montagne : » en
» mon Philippe de Comines, dit-il, il y a
» ceci ; vous y trouverés le langage doux &
» agréable d'une naïve simplicité, la narration
» pure & en laquelle la bonne foy de l'Au-
» theur reluit évidemment, exempte de va-
» nité, en parlant de foy, & d'affectation &
» d'envie en parlant d'autruy ; ſes diſcours
» & enhortements accompagnés plus de bon
» zèle & de vérité que d'aucune exquiſe ſuf-
» fiſance, & partout de l'autorité & gravité
» repréſentant ſon homme de bon lieu & élevé
» aux grandes affaires (a) », Duclos, qui ne
s'eſt point laſſé de citer Comines dans ſon
Hiſtoire de Louis XI, a rectifié quelques-unes
de ſes erreurs, & convient qu'elles ne ſont
pas ordinairement importantes; » mais, ajoute-
» t-il, on peut toujours relever celles des
» grands hommes ; peut-être ſont-ils les ſeuls
» qui en ſoient dignes, & dont la critique
» ſoit utile (b) ». Enfin, au jugement de
l'Abbé Langlet Dufrenoy, Comines n'eſt ni
un Diodore ni un Titelive, mais on retrouve
chez lui tantôt Thucidide ou Polybe, & tantôt
Saluſte ou Tacite. Comme les deux premiers
il a été négociateur dans les grandes affaires

(a) Eſſais Liv. 2 Chap. 10.
(b) Preface de l'Hiſt. de Louis XI p. 13.

de son tems, comme les deux autres il a peint les événemens dont il a été le témoin.

Quoique les Mémoires de Comines aient eu un nombre presque infini d'éditions (a), nous n'avons point hésité dans le choix de celle qui devoit concourir à former cette Collection. Jean Godefroy en publia une dès les premières années de ce siècle; il la fit réimprimer à Bruxelles en 1723 : & cette dernière, qui forme 5 vol. in-8°., a été long-tems préférée à toutes celles qui l'avoient précédée, même à la belle édition qui sortit des presses de l'imprimerie royale en 1649, & à laquelle l'ayeul & le père de Jean Godefroy avoient présidé ; car le soin d'enrichir notre littérature par des travaux sur les Mémoires de Comines, sembloit être héréditaire dans la famille de ces Savans. Malgré les remarques, les notes & les pièces intéressantes dont Jean Godefroy avoit enrichi son ouvrage, il n'étoit pas entiérement exempt du reproche qu'on avoit fait à ses prédécesseurs, d'avoir publié un texte altéré jusques dans les noms propres. En 1747 un nouvel Editeur se présenta : c'étoit le savant & laborieux Abbé Langlet Dufrenoy. Il revit les Mémoires de

(a) Voyez la Bibliothèque Hist. du P. Le Long, où elles sont toutes énoncées.

Comines fur les Manufcrits les plus autentiques. La bibliothèque du Roy en confervoit deux; deux fe trouvoient encore dans le riche dépôt de l'Abbaye de St. Germain des prés : l'un de ceux-ci avoit même été tranfcrit du tems de Comines pour un Seigneur de la Maifon d'Albret. Langlet rapprocha ces manufcrits entre eux, & rétablit le texte des fix premiers livres dans toute fon intégrité. Il n'eut d'autre fecour pour les deux fuivans, que la facilité de comparer les éditions anciennes avec le éditions modernes. Il pénétra dans toutes les bibliothèques, dans tous les chartriers qu'on voulut bien lui ouvrir; & fes recherches infatigables le conduifirent à des découvertes fouvent heureufes (a).

(a) Le nombre des pièces juftificatives employées dans fon édition, eft de 424. Le Recueil de l'Abbé Le Grand, dépofé à la Bibliothèque du Roi, lui en a feul fourni 350. Cette immenfe collection avoit coûté à Le Grand quarante années d'un travail affidu ; & cependant elle ne renferme pas, à beaucoup près, tout ce qui eft rélatif au règne de Louis XI. Jamais Prince n'a tant travaillé. Partout où il fe trouvoit il dictoit des inftructions, des Mémoires ou des Lettres. S'il arrivoit que fes Secrétaires ne puffent le fuivre dans fes voyages, il employoit les petits clercs des Curés de villages, ou de fimples valets. Il fuffifoit de favoir écrire pour lui être utile.

Nous ne pouvons diſſimuler cependant qu'un grand nombre des morceaux qu'il a joints à ſon édition ſous le titre de pièces juſtificatives, n'offrent à la plûpart des Lecteurs qu'une ſuite faſtidieuſe d'actes, de diplômes & de traités. Auſſi en adoptant ſon texte avons nous évité d'admettre indifféremment toutes les pièces qu'il précéde. Nous en avons retranché un grand nombre, inſéré d'autres par extrait ſeulement; & nous avons conſervé en entier celles dont la connoiſſance nous a paru vraiment utile. Une grande portion de la préface de l'Abbé Langlet doit être enviſagée ſous ce dernier point de vue: elle forme une introduction néceſſaire à la lecture des Mémoires. La première partie embraſſe l'époque qui s'étend depuis 1436 juſqu'en 1464. C'eſt un précis hiſtorique formé d'après les monumens du tems & ſur une foule de pièces non imprimées. La ſeconde eſt l'extrait d'un ancien manuſcrit enrichi par l'auteur d'obſervations intéreſſantes: elle a pour objet le règne de Charles VIII. Nous avons réimprimé toutes les notes du même Éditeur, dans leſquelles ſont fondues celles de MM. Godefroy, & nous y avons joint nos propres obſervations d'après les lumières de quelques Écrivains modernes.

Enfin nous nous sommes appliqués surtout à mettre dans cette édition, par un plan général & des renvois exacts, un ordre dont celle de l'Abbé Langlet est entiérement dépourvue. Si nous avions copié servilement son ouvrage, il auroit produit plus de dix volumes du format que nous avons adopté; & nous avons lieu de croire que les Mémoires de Comines proprement dits, avec les preuves & les observations, n'en formeront pas au-de-là de trois, sans qu'on ait un seul article essentiel à regretter.

Fin de la Notice des Éditeurs.

PRÉFACE
DE L'ABBÉ LENGLET
DU FRESNOY.

LE Regne du Roy Louis XI est incontestablement l'un des plus curieux & des plus intéressans de l'Histoire de France : & ce Prince a eu le bonheur de trouver dans Philippe de Comines un Historien comparable à ce que nous avons de plus estimé dans l'Antiquité. Sous ce Roy l'Europe prend une face toute nouvelle. C'est de son temps que s'est fixé le Droit Public des Nations, sur le pied où il est aujourd'hui : & c'est proprement à son siècle que l'on peut établir la Politique actuelle des Souverains & les intérêts des Princes. Et si l'on ne peut pas prendre Louis XI pour un modéle accompli dans l'art de regner, du moins doit-on assurer qu'il a eu beaucoup de vertus dignes du Trône. Ainsi on a lieu de le proposer aux Princes dans ce qu'il a eu de bon ; & l'on doit faire observer, dans ce qu'on lui reproche, combien les Têtes couronnées doivent être attentives sur elles-mêmes, pour s'acquerir l'estime de la Postérité, qui ne pardonne rien aux plus grands hommes.

PRÉFACE.

Mais comme Philippe de Commines ne s'eſt attaché à la France qu'au milieu du Regne de Louis XI, il n'a pû développer l'hiſtoire de la jeuneſſe & des premières années du Gouvernement d'un Prince, dans lequel tout eſt à remarquer. C'eſt à quoi j'ai deſſein de ſuppléer dans cette Préface.

Louis Dauphin de France, qui étoit né le Samedi 3 Juillet 1423, n'étoit pas encore ſorti des mains de ſes Gouverneurs, lorſque le 25 Iuin 1436 il fut marié à Tours avant l'âge de quatorze ans (a) avec Marguerite, fille de Jacques I, Roy d'Ecoſſe. Il parut auſſi-tôt dans les Provinces & ſe diſtingua dans les Armées avec tant d'éclat, que déja on le regardoit comme le Reſtaurateur de la Monarchie, affligée par les guerres étrangeres & inteſtines qui déſolerent le Royaume ſous les deux Regnes précédens. Les infirmités habituelles de Char-

(a) MSS. de Brienne, vol. 54, dans la Bibliothèque du Roy, & vol. 33 des Manuſcrits de Dupui, où eſt la commiſſion de Charles VII au Chancelier de France, pour requerir la diſpenſe d'âge pour le mariage du Dauphin, qui n'avoit pas encore quatorze ans au mois de Juin 1436. Ce mariage avoit déja été accordé le 19 Juillet 1428, & le contrat en fut ratifié à Chinon le 30 Octobre ſuivant.

PRÉFACE.

les VI & la nonchalance où étoit tombé Charles VII demandoient un Prince ferme & courageux, qui se livrât au travail, sans se laisser gouverner par de mauvais Ministres, qui avoient plus d'attention à se faire redouter par le mal qu'ils commettoient, qu'à procurer le bien des affaires. Louis fut ce Prince: le Roy l'envoya d'abord dans le Lyonnois, le Dauphiné & le Languedoc, qui avoient besoin, pour quelque tems, ou de la présence du Roy, ou du moins de celui qui devoit lui succeder. Il fut donc reçu partout avec l'affection que les François témoignent toujours pour les fils de leur Souverain. Il resta peu dans ces Provinces & revint trouver le Roy au siége de Montereau. Comme c'étoit le premier qu'il eût vû, il obtint de Charles VII son pere la grace des Anglois, qui furent forcés dans cette Place. Après ce siege il accompagna le Roy à Paris, de-là on se rendit à l'Assemblée de Bourges, où fut dressée la Pragmatique Sanction ; Loi pour lors nécessaire, mais qui a cedé à des Loix posteriéures.

Le Poitou, la Saintonge & l'Angoumois se trouvoient agités & tourmentés par les Tyrans, qui s'étoient cantonnés dans ces Provinces, où ils se rendoient redoutables

PRÉFACE.

aux Peuples. Louis y alla & calma tout par sa préfence & par la féverité dont il usa envers les coupables. Le Roy fentit tout le bien que faifoit ce jeune Prince ; il ne put s'empêcher de le faire connoître, lorfqu'étant allé en Languedoc, il reçut avec bonté les remontrances des Etats de cette Province, affemblés au Puy en Vellay ; mais ne crut pas y devoir faire d'autre réponfe, finon que le Dauphin arriveroit dans peu & qu'il (a) pourvoiroit à tout. Louis arriva donc au mois de Mai 1438, il étoit accompagné de Guillaume de Champeaux, Evêque de Laon, Général des Finances de la Province, de l'Evêque de Poitiers & d'Amauri, Sire d'Eftiffac, qui avoit eu le foin de fa premiere éducation. L'Archevêque de Touloufe, l'Evêque de Beziers & le Vicomte de Carmain fe joignirent à ces premiers & formerent le Confeil de ce jeune Prince. Il commença par Touloufe & y fit fon entrée le 25 Juin. Les Etats de la Sénéchauffée de cette Ville lui firent préfent de fix mille livres. Mais Louis qui étoit né liberal pour ceux qui s'attachoient à fa perfonne, diftribua la plus grande partie de cette fomme à l'Archevê-

(a) Regiftre du Domaine de Carcaffonne, dans les Recueils de M. Le Grand.

PRÉFACE.

que de Toulouſe, au Vicomte de Carmain & au reſte de ſon Conſeil. Ce fut avec de ſemblables ſecours & par une conduite ſage & meſurée que le Dauphin parvint à pacifier les troubles du Languedoc, il gagna même alors non-ſeulement Gaſton IV Comte de Foix, qui lui reſta toujours fidele, mais il s'attira encore l'affection des Habitans d'Albi, de Lavaur, de Caſtres & de Beziers. Les Etats même de la Province ſe firent un devoir de lui accorder un ſubſide extraordinaire, pour lui donner lieu de s'oppoſer plus facilement aux Anglois, qui étoient ſur le point de faire une irruption dans le Languedoc.

Quel bien ce Prince n'étoit-il pas capable de faire au Royaume ? quel honneur n'auroit-il pas acquis dans l'Hiſtoire, Juge ſevere des actions des Princes, s'il avoit continué d'une maniere auſſi louable ? Mais l'Aſſemblée des Etats, indiquée à Bourges, ne produiſit que des plaintes & des clameurs. Les Princes du Sang & quelques Seigneurs mécontens du Miniſtere, qu'ils vouloient obliger le Roy de changer à leur gré, s'aſſemblerent de leur côté à Blois, & ils trouverent (a) moyen de ſéduire le Dauphin qui ſe mit à leur tête.

(a) MSS. 8305, fol. 281 & 9797 de la Bibliothèque du Roy.

Il eut même la témerité de déclamer contre la conduite du Roy, & enfin il se retira à Nyort en Poitou. C'est là cette faction que l'on qualifia du titre de *Praguerie*, comme si l'on craignoit de voir renouveller en France l'idée des carnages que les Hussites avoient commis depuis peu à Prague, Ville capitale de la Boheme. Telle fut l'époque fatale des premieres inquiétudes de ce jeune Prince, qui se pressa trop de se croire un grand homme, & par cette vanité précoce & peu séante, il ternit les premiers commencemens d'une conduite sage & louable, dont les Peuples devoient tout espérer pour l'avenir. Il perdit même tout le mérite de ce qu'il avoit fait de bien jusques-là. Charles VII joignit inutilement l'autorité royale à la paternelle, pour engager son fils à rentrer dans le devoir; il fallut qu'il employât les armes, & s'avança avec des Troupes jusques à Poitiers & à Saint-Maixant. Les Princes ligués ne l'attendirent point; ils se retirèrent aussitôt en Bourbonnois & en Auvergne. Ces mouvemens étoient d'autant plus fâcheux, que les Anglois qui inclinoient à la paix, refuserent alors d'écouter les propositions qu'on leur avoit faites : ils se crurent même en état d'aspirer à de nouvelles conquêtes.

PRÉFACE.

C'eſt le reproche que Charles VII fait aux Princes & aux Seigneurs révoltés dans la Déclaration (a) qu'il publia au mois de Mâi 1440, pour empêcher ſes fideles ſujets de ſe laiſſer ſurprendre par les artifices des Princes, qui vouloient, au mépris des Lois, établir une Régence ſous le nom du Dauphin, pour l'oppoſer à l'autorité royale.

La fuite des Princes qui ſe retiroient à l'approche du Roy, ne fit qu'encourager ſes Troupes : Charles ſe vit ſupérieur, il attaqua & prit d'aſſaut Chambon, Crevan & Charroux. Alors toutes les autres Villes qui appréhendoient le fort de ces trois premieres, ouvrirent leurs portes. Les Princes ligués ſe préſenterent devant pluſieurs autres Places, qu'ils croioient dans leur parti; mais elles refuſerent de les recevoir. Ils penſerent donc à faire leur Traité : & comme ils vinrent néanmoins à manquer de parole, le Roy pourſuivit la priſe de différentes Villes. La fin de la révolte approchoit ; Charles étoit à Roanne, lorſqu'on vint l'aſſurer que le Dauphin & le Duc de Bourbon imploroient ſa clemence. Le Roi étoit pere, il étoit

(a) Déclaration de Charles VII ſur la Praguerie, donnée à Gueret dans la Marche le 2 Mai 1440, au Recueil des Pieces de M. Duclos, p. 15.

naturellement bon ; & il se prêta d'autant plus volontiers aux démarches de ces deux Princes, qu'il sçavoit que les Anglois assiégoient Harfleur : il étoit important pour l'Etat que ces anciens ennemis de la Couronne ne se rendissent pas maîtres d'une Place à l'embouchure de la Seine. L'accommodement fut à peine conclu, qu'on le publia le 24 Juillet 1440. Alors toute hostilité cessa ; le repentir d'un fils désobéissant mérita que Charles lui témoignât toute la tendresse paternelle, autant qu'elle pouvoit s'accorder avec la Majesté royale. Il voulut montrer au Dauphin que la soumission étoit le seul moyen de gagner l'esprit d'un pere justement irrité. Il lui ceda donc & lui transporta le Dauphiné (a), les Lettres en furent enregistrées le 13 du mois d'Août : il augmenta même (b) ses pensions ; & Louis tira encore un autre fruit de sa soumission, les Etats de Dauphiné lui accorderent pour sa joyeuse Entrée une somme de huit mille florins.

Le Dauphin se souvint sur la fin de son regne de cette premiere faute, & voulut

(a) Les Lettres de ce transport sont du 28 Juillet 1440, au Recueil des Pieces de M. Duclos, p. 20.

(b) Discours de Bernard de Rosieres, Manuscrits de la Bibliotheque du Roy, n°. 9796.

PRÉFACE.

que dans l'Histoire (a), qui fut écrite par son ordre, pour servir à l'éducation de son fils Charles, on marquât qu'il avoit été séduit par les Princes, qui, pour leurs intérêts propres, l'avoient engagé à prendre les armes contre le Roi son pere. Louis, qui n'étoit pas moins ambitieux que laborieux, aimoit à commander & à gouverner. Il commença donc par corriger les abus qui s'étoient introduits dans le Dauphiné. Les plus grands regardoient les Monnoyes. Il y remedia à l'avantage de la Province & du Commerce. Cette louable & nécessaire soumission du fils à l'égard du pere se soutint quelque tems, & Louis se fit un devoir d'accompagner le Roi dans les différentes expéditions qui se firent contre les Anglois en 1441. Mais par un nouvel attentat, aussi témeraire que le premier, les Ducs d'Orleans, d'Alençon & de Bourbon, avec le Comte de Vendôme, s'assemblerent à Nevers au mois de Mars 1442; ils y inviterent les Ducs de Bourgogne & de Bretagne, qui envoyerent leurs Ambassadeurs. Ils dresserent des remontrances très-vives, pour porter le Roi à faire la paix avec les Anglois : on sonda le Dauphin, mais la playe de sa premiere ré-

(a) Voyez le Rosier des Guerres, in-4, Paris, 1528.

volte étoit trop récente pour que ce Prince ne la ressentît pas. Ainsi les tentatives que l'on fit auprès de lui devinrent inutiles. Le Roi fut donc obligé de marcher encore une fois en Poitou contre les rebelles. Ses armes y eurent un succès toujours égal, & la révolte fut dissipée. Charles poussa jusques en Guyenne, & tomba sur les Places occupées par les Anglois. Le Dauphin eut l'avantage de se distinguer par-tout. La prise de Tartas, qui tint peu de tems, ne laissa pas d'avoir ses difficultés ; mais les Troupes eurent beaucoup plus à souffrir à Saint-Sever & même à Dax qui arrêta Louis pendant plus de six semaines. L'intrépidité de ce jeune Prince ne fit pas moins d'effet que le courage de l'armée, qui prenoit successivement toutes les places des Anglois, sans que rien pût l'arrêter.

Dans le tems que les armes de France prospéroient dans les Provinces Méridionales, les Anglois, toujours attentifs à profiter de nos désordres, bloquerent Dieppe. Ils avoient trop peu de troupes pour faire appréhender un siége dans les formes : mais ils pouvoient affamer cette importante Place & l'obliger à se rendre. Le Dauphin y accourut avec un petit corps d'armée, qui ne passoit pas trois mille hommes. Après avoir assuré toutes les frontieres de Picardie, dont il visita les Places qui étoient sur la Somme, il se rendit aux environs de Dieppe. Les Anglois avoient élevé une Forteresse (a) qui incommodoit non-seulement la Ville, mais d'où ils envoyoient des partis qui désoloient la Campagne. Enfin le 12ᵉ du mois d'Août, Louis se mit à la tête de sa petite troupe pour aller reconnoître le Fort, dont il avoit saisi les avenues : il resta sous les armes le 13ᵉ, mais le 14 il fit attaquer cette Forteresse avec beaucoup de vigueur : elle ne fut pas défendue avec moins de valeur. Les Soldats François commençoient à se rebuter, il fallut que le Dauphn les animât autant par son exemple que par ses discours. Il les conduisit donc une seconde fois à l'assaut. On craignoit même de n'y pas réussir, lorsque quatre-vingt Bourgeois de Dieppe arriverent armés de grosses arbalêtes, & tirerent si juste & si à propos, que les Ennemis n'oserent plus se présenter sur la bréche. Les François entrerent de tous côtés dans le Fort & firent main-basse sur ce qu'ils rencontrerent. Trois cens Anglois furent tués, le reste de-

(a) Compte d'Antoine Raguier pour la prise de Dieppe, dans les Recueils de M. l'Abbé Le Grand.

meura prifonnier : foixante François qui fe trouverent au nombre de ces derniers, avec huit Hommes d'Armes & deux Canoniers, furent pendus pour avoir porté les armes contre leur Souverain. Le Dauphin, pour dédommager ceux à qui ces prifonniers appartenoient, felon l'ufage du tems, paya trente livres de chaque Homme d'Armes, & dix-huit livres de chaque Archer : fur l'heure on rafa le Fort, dont les munitions & l'artillerie furent conduites dans la Ville. Il alla rendre graces à Dieu de l'avantage qu'il venoit de remporter ; loua les Bourgeois de leur fidélité, fit quelques gratifications à ceux d'entr'eux qui avoient le plus fouffert pendant le Siége, & diftribua cinq mille livres à de pauvres Gentilshommes qui furent bleffés aux attaques du Fort ; on donna une moindre fomme à des Payfans, qui rendirent quelques fervices dans ce Siége. Mais pour récompenfer par des marques d'honneur ceux à qui on ne pouvoit pas offrir des récompenfes pécuniaires, Louis fit Chevaliers le Comte de Saint-Paul, Hector d'Eftouteville, les deux freres Charles & Regnault de Flavi, & Jean de Confeques : & comme le Comte de Dunois avoit le plus contribué à la gloire du Dauphin, ce Prince voulut que la Terre de Valbonaïs en Dauphiné, possédée par ce Comte, fût à l'avenir exempte de tout droit.

Le Dauphin n'en resta point aux seules opérations militaires. Il sçavoit que le manque de paye obligeoit souvent les Soldats à commettre des excès dans les Provinces & à désoler les Campagnes presque malgré eux. Il assembla donc les Généraux des finances, pour s'assurer des fonds nécessaires pour la subsistance des troupes : par-là il remedia aux désordres & soulagea les peuples, qui furent agréablement surpris d'un changement si peu attendu. Ils ne purent assez louer le Prince de l'ordre rétabli parmi les troupes, ni trop se féliciter eux-mêmes de la tranquillité que l'Isle de France, la Champagne & la Brie alloient goûter. Mais de nouveaux troubles appelloient le Dauphin dans le Rouergue, où Jean, Comte d'Armagnac, l'un des plus illustres Vassaux de la Couronne, projettoit quelques mouvemens. Il cherchoit de toutes parts des alliés pour le soutenir dans sa révolte. Il s'adressa en même-tems aux Rois d'Arragon, de Castille & d'Angleterre. Il faisoit fortifier ses places, assembloit des troupes & refusoit d'entendre à aucun des accommodemens que lui fit offrir le Roy Charles VII.

PRÉFACE.

Sous prétexte d'une fauſſe donation, qu'il avoit ou fabriquée ou fait fabriquer, il vouloit ſe rendre maître du Comté de Comminges, qui devoit revenir (a) à la Couronne, au cas que Marguerite, âgée pour lors de 80 ans & ſeule héritiere de ce Comté, vînt à mourir ſans enfans : & pour lors elle n'en avoit plus.

Louis vola juſques dans le Rouergue, & ſe trouva aux portes de Rhodez long-tems avant qu'on l'y attendît : il n'avoit pas plus de mille Lances, c'eſt-à-dire, environ ſix mille combattans. Il falloit punir deux crimes dans le Comte d'Armagnac (b), celui d'uſurpateur & celui de faux-monnoyeur, vil métier qu'il exerçoit dans ſes châteaux.

Le Dauphin, autant par ſa vigilance que par ſon courage, ſe rendit maître d'Entragues & de Rhodez. Sallazart, Capitaine Eſpagnol, qui commandoit dans la premiere de ces Places, ſe rendit à diſcrétion ; & comme il avoit abandonné le ſervice du Roy, pour embraſſer celui du Comte d'Armagnac, Louis le reçut avec la fierté dont on doit uſer à

(a) Mémoire qui eſt aux Recueils de M. l'Abbé Le Grand.

(b) Regiſtres du Tréſor des Chartes, vol. 177, Acte 222.

l'égard des traîtres & des transfuges; il le priva de sa compagnie d'Ordonnance; & pour le noter comme il le méritoit, il lui interdit le service & le port des armes.

Du Rouergue, le Dauphin entre dans le Languedoc, passe le Tarn, traverse Toulouse, sans s'y arrêter ni même s'y faire connoître. Il fait passer la Garonne à ses Troupes avec la même célérité qu'il étoit venu, & surprend enfin le Comte d'Armagnac dans l'Isle Jourdain. Le Comte sortit de la place pour lui parler; mais le Dauphin, sans le vouloir écouter, le fait arrêter avec son second fils & ses deux filles, & commanda de les conduire à Lavaur, d'où quelque tems après ils furent transferés à Carcassone. Ils y resterent prisonniers jusques à l'année suivante qu'ils furent sur le point d'être jugés. Le Comte devoit perdre la tête: mais il trouva dans le Roy de Castille & dans les Ducs d'Orléans, d'Alençon, de Bourbon & de Savoye de si puissans intercesseurs, que Charles VII se laissa fléchir & fit grace aux coupables, mais à des conditions très-dures (a).

(a) Rémission du Comte d'Armagnac: Regist. 177 du Trés. des Chartes, Acte 127.

Jean de Lescun, nommé autrement le Bâtard de Lescun, du nom de son pere Guillaume de Lescun, ou le Bâtard d'Armagnac, de celui de sa mere Anne d'Armagnac, fut traité tout autrement par le Dauphin. Il dût cette considération à son mérite & à sa valeur. Louis l'attaqua d'une maniere séduisante. Il le loua sur ses talens, releva son courage, parla de ses bonnes qualités, & sur-tout il lui proposa des conditions si avantageuses, pour l'engager à s'attacher à lui, qu'enfin il le gagna. C'est le célebre Comte de Comminges, qui devint Maréchal de France, Gouverneur de Dauphiné & de Guyenne, connu depuis si honorablement sous le Regne de Louis XI.

Le bien des affaires demandoit que le Dauphin restât l'hyver en Guyenne & en Languedoc, & y mît même ses troupes en quartier. Obligé cependant de se rendre à la Cour sur la fin de l'année, il laissa Valpergue, Bailly de Lyon, pour commander en sa place. Mais cet Officier n'avoit pas l'autorité suffisante pour contenir les troupes; il manquoit de ces vûes étendues qui caracterisoient le Dauphin; les troupes se débandèrent, suivant l'ancien abus, & pillèrent les Provinces. Antoine de Chabannes, Comte de Dammartin,

PRÉFACE.

Dammartin, tout homme de condition qu'il étoit, tomba dans le même excès & pilla comme les autres.

Charles VII qui conclut une treve de vingt-deux mois avec l'Angleterre, ne jugea point à propos de défarmer; mais pour ne pas congédier fes troupes, dont il pouvoit avoir befoin, & qui cependant alloient être à charge à fes Peuples, il les employa pour fecourir fes alliés. René, Roy de Sicile, Duc d'Anjou, de Lorraine & de Bar, & Prince du Sang de France, en eut befoin contre la ville de Metz; auffi bien que la Maifon d'Autriche contre les Suiffes. Charles conduifit une armée en Lorraine, & obligea les Meffins de faire raifon fur les (a) prétentions du Roy René. La partie étoit plus forte contre les Suiffes, & le Dauphin fut chargé d'y aller. Ces peuples peu contens de s'être fouftraits à la Maifon d'Autriche, s'empreffoient encore de lui enlever ce qui lui reftoit de fon premier domaine, qui étoit dans leur voifinage. Ils en vouloient même à toute la Nobleffe, qui commençoit dès-lors à leur être odieufe. L'Empereur (b) Fréderic III

(a) MSS. de Brienne, dans la Bibliotheque du Roy, vol. 125, p. 61.

(b) Lettre originale de l'Empereur Frederic & de

Tome X. B

& le Duc Sigifmond d'Autriche, fon coufin, s'addrefferent au Roy Charles VII. Les Hiftoriens de Suiffe y ajoutent la follicitation du Pape Eugene IV, qui prétendoit par-là diffiper les reftes du Concile de Bafle. Le Dauphin courut au fecours d'une Maifon, qui depuis n'a ceffé d'être jaloufe de la grandeur de nos Rois. Son armée étoit compofée de quatorze mille François & de huit mille Anglois: chofe rare de voir ces deux Nations belliqueufes fufpendre la guerre qu'elles fe faifoient depuis long-tems, pour combattre fous les mêmes enfeignes. Le quartier d'affemblée fut à Langres, où le Dauphin fe rendit le 24 Juillet. Il y fit quelque féjour & y reçut une Ambaffade de la part de la Maifon d'Autriche & de la Nobleffe du Brifgau, pour implorer de nouveau le fecours de la France & pour accelerer la marche de l'armée Françoife. Louis répondit favorablement aux Ambaffadeurs. Mais comme il ne quittoit point de vûe la fubfiftance des troupes (a), il s'informa exactement fi l'on y avoit pourvû. Il voyoit bien, difoit-il, qu'on

---

Sigifmond d'Autriche, dans les Recueils de M. l'Abbé Le Grand, tirée de la Bibliotheque du Roy.

(a) MSS. de Dupuy, vol. 760 & 762; & MSS. de Baluze, vol. 167.

PRÉFACE.

le prioit, qu'on le preffoit de marcher, mais on ne lui parloit ni de magazins, ni de vivres; cependant il avertiffoit que fi fon armée manquoit des chofes néceffaires, elle fe débanderoit & commettroit de grands défordres, fans qu'il lui fût poffible de la contenir.

Tout fut promis & rien ne fut exécuté; une feconde & une troifiéme Ambaffade vinrent trouver le Dauphin, toujours avec les mêmes promeffes. Il arriva donc à la vûe de Bafle, & auroit fort fouhaité de rafraîchir fes troupes fatiguées par une longue marche; mais les Suiffes ne lui en donnerent pas le tems & vinrent au devant de l'armée Françoife. Jean de Bueil, Comte de Sancerre, qui depuis fut Amiral de France les alla reconnoître avec un Détachement de Cavalerie, qu'on fut obligé de renforcer par d'autres troupes de l'armée. De Bueil chargea vivement les Suiffes, & en fut reçu avec la même valeur. Le nombre de ces derniers alloit tout au plus à trois mille hommes: ils fe battirent toujours en retraite, fans que jamais on pût ni les rompre ni les entamer, & fe retirerent en bon ordre jufques au Cimétiere de Saint Hippolyte. Des vignes, des hayes & de vieux murs qu'ils y trouverent, leur fervirent de remparts: là ils fe défendirent en gens de courage, ou plutôt en défefperés. La victoire long-tems indécife & vigoureufement difputée de part & d'autre, ne fe déclara pour les François, quoique fuperieurs en nombre, qu'après qu'ils eurent forcé ces retranchemens, où ils perdirent beaucoup de monde. Prefque tous les Suiffes furent tués les armes à la main; on fit peu de prifonniers & à peine s'en fauva-t'il cent cinquante. Prefque toute la Nation intimidée & confternée par cette défaite, fit lever précipitamment les fiéges de Zuric & de Voerfperg, où s'étoit enfermée la Nobleffe du Pays. C'étoit-là tout ce qu'on attendoit; c'étoit uniquement ce qu'on avoit efperé des François.

L'Empereur Fréderic, qui avant la bataille avoit affecté un air de fuppliant, manqua de reconnoiffance dès qu'il n'eut plus rien à craindre. Dés-lors tout fut refufé aux troupes Françoifes, vivres (a), fourages, logemens. Le Dauphin s'en plaignit envain; inutilement envoya-t'il une Ambaffade à l'Empereur, il n'en reçût que des politeffes & des paroles vagues & générales, fans aucun ordre pofitif pour faire fubfifter les troupes. Fréderic dépêcha néanmoins fon frere, Albert d'Autriche, qui fe rendit fur le Rhin,

(a) MSS. de Dupuy, vol. 760 & 762.

PRÉFACE.

moins pour donner ordre à la subsistance de l'armée, que pour travailler secrettement à la faire périr. Cette conduite de l'Empereur ne doit pas étonner, dès qu'on voit le portrait qu'en fit dans ces tems-là un homme de mérite (a) qui se trouvoit à la Cour de ce Prince. » En vérité, dit-il, quand j'avise les
» conditions de l'Empereur tant plus j'y
» trouve à redire : car c'est un homme en-
» dormi, lâche, morne, pesant, pensif, me-
» rencolieux, avaricieux, chiche, craintif, qui
» se laisse plumer la barbe à chascun sans re-
» vanger ; variable hypocrite, dissimulant, &
» à qui tout mauvais adjectif appartient, &
» vrayment indigne de l'honneur qu'il a ».
Doit-on s'étonner si le Soldat se vit contraint, par nécessité, de se procurer à main armée une subsistance, qui lui étoit dûe légitimement ? Ce fut donc la faute de Charles VII, ou de ses Ministres, lorsque par un excès de bonté il fut aussi lâchement trompé. Voilà de ces entreprises périlleuses, qu'on ne doit faire que quand on a des sûretés convenables ou qu'on y trouve un notable intérêt. Nos

(b) Lettre du Commandeur de Chandenier de Strasbourg de 1458, au Dauphin, p. 167 & 169 du Recueil de Pièces pour servir à l'Histoire de Louis XI, par M. Duclos, in-12. Paris, 1746.

voifins, dans de pareilles conjonctures, fe conduifent tout autrement.

Comme la France n'avoit d'interêt dans cette affaire que celui de fecourir des Alliés, le Dauphin confentit à la paix & ne refufa point la médiation du Concile de Bafle & du Duc de Savoye. Le Traité en fut figné à Enfisheim (a), ville de la haute Alface, le 21 Octobre 1444, près de deux mois après la victoire, qui avoit été remportée le 26 Août. Les plaintes de la part de la France ne difcontinuerent pas, non plus que les marques fuivies de la mauvaife foi de l'Empereur Fréderic. Il fallut même s'adreffer à la Diette de l'Empire, qui fe tenoit alors à Boppart, ville de l'Electorat de Treves; mais on ne gagna pas davantage fur l'efprit de Fréderic. C'étoit un Prince ferme & conftant dès qu'il s'agiffoit de refufer ce qu'il avoit tant de fois promis par les Ambaffades les plus foumifes. Charles, Marquis de Bade (b), tout petit Prince qu'il étoit, voulut imiter Fréderic; & après s'être rendu gardien de

(a) Mémoire tiré de la Chambre des Compte de Dauphiné, & Brienne, MSS. 108, p. 1 dans les Recueils de M. l'Abbé Le Grand.

(b) Minute originale dans les Recueils de M. l'Abbé Le Grand.

l'artillerie de France, après avoir aſſuré même qu'il la feroit conduire en ſureté, il la fit enlever au milieu de l'Alſace par ceux de Sceleſtat, joints aux troupes qu'il envoya lui-même. Il défit pluſieurs détachemens des François dans les gorges des montagnes, & ne laiſſa pas néanmoins de proteſter enſuite que ni lui ni les ſiens n'avoient aucune part à cet enlevement & à ces déſordres : mais on ſe garda bien de l'en croire.

Après cette expédition, Louis traverſa l'Alſace & vint trouver le Roy ſon pere à Nanci; René d'Anjou y étoit, & la Reine ſon épouſe s'y rendit avec Marguerite, l'une de leurs filles, que le Duc de Suffolc venoit épouſer au nom de Henri VI Roy d'Angleterre, ſon maître. Ainſi on fit des tourrnois, on ſe livra aux plaiſirs & aux fêtes; fêtes cependant qui ne faiſoient pas perdre de vûe le cours des affaires les plus ſérieuſes. L'armée du Dauphin, à ſon retour d'Alſace, avoit commis très-inconſidérément de grands déſordres en Franche-Comté & en Bourgogne. Le Duc Philippe étoit puiſſant, & par conſéquent en état d'en exiger la réparation. On étoit aſſemblé à Reims pour accommoder ce différend. Le Dauphin qui étoit dans cet âge de feu, où l'on aime les mouvemens des armes, fouhaitoit de voir la continuation de la guerre, fut ce même contre le Duc de Bourgogne; mais l'accord fe fit à l'avantage du Duc, qui avoit raifon, & les fêtes continuerent à Châlons, où la Cour s'étoit rendue.

Malheureufement elles furent fuivies d'un évenement fatal. Marguerite d'Ecoffe, dont le nom, l'efprit & les graces feront à perpetuité célebres dans notre hiftoire, y tomba malade de chagrin. Cette maladie avoit été occafionnée par l'indifcrétion de Jamet de Tillay, Bailli du Vermandois. C'étoit un de ces importuns, qui ne s'introduifent & ne fe foutiennent dans les Cours des Princes, que par leur impudence & par le mal qu'ils font; fâchés même fouvent de n'en pas commettre davantage. Peu jaloux de leur honneur, ils content que leur témerité leur doit tenir lieu de mérite : c'eft par-là qu'ils fe produifent, c'eft par-là qu'ils fe maintiennent en des lieux d'où on devroit les exclure à jamais. La Cour étoit encore à Nancy dans les fêtes de Noël : de Tillay s'avifa fur le foir d'entrer dans l'appartement de la Dauphine. Elle avoit avec elle Jean d'Eftouteville, Sire de Blainville, & une autre perfonne qui étoit un peu éloignée. La chambre n'étoit éclairée que par un grand feu. Jamet de Tillay dit tout

PRÉFACE.

haut en entrant, que c'étoit une honte que Madame la Dauphine fût ainſi. Diſcours inſolent dans un homme auſſi ſubalterne, & qui fut néanmoins différemment interpreté. De Tillay voulut s'excuſer, mais après coup, & prétendit qu'il n'avoit eu deſſein que de blâmer la négligence des Officiers de la Dauphine, qui n'avoient pas encore allumé les flambeaux. Mais il dévoila toute la malignité de ſon caractere par d'autres diſcours indiſcrets ſur cette vertueuſe Princeſſe ; il n'épargna pas non plus les Dames qui avoient l'honneur de la ſervir, & pouſſa la méchanceté juſques à ſuborner le nommé Jacques des Parcs, qu'il engagea d'écrire au Roy des Lettres très-offenſantes contre la Dauphine & contre toute ſa Maiſon. Cette Princeſſe ne put apprendre ces bruits fâcheux ſans être pénétrée de la plus vive douleur de voir que par de telles calomnies, & par des diſcours ſi peu vraiſemblables, on lui voulût faire perdre les bonnes graces du Roy & la tendreſſe du Dauphin. Elle crut s'en conſoler devant les Autels ; elle alla donc à pied du Château de Sarry, près Châlons, où elle étoit logée, à Notre-Dame de l'Epine, Egliſe & dévotion célebre dans la Province. On étoit alors dans les plus ardentes chaleurs de la Canicule; à son retour elle changea d'habits, mais dans un lieu bas & humide: elle fut surprise d'un gros rhume, qui, par l'alteration que le chagrin avoit produit dans son sang, dégénéra en fluxion de poitrine. Enfin elle mourut le 16 Août. Elle fut inhumée dans l'Eglise Cathédrale de Châlons; & ce ne fut qu'environ 34 ans après, qu'on la transporta dans la Chapelle de S. Sauveur (a), qu'elle avoit fondée dans l'Abbaye de S. Laon de Thouars en Poitou, où elle avoit demandé d'être inhumée.

On ne sçauroit, dans une occasion aussi importante, excuser la négligence & l'insensibilité de Charles VII. Convenoit-il à ce Prince de laisser courir des bruits défavantageux & des discours équivoques contre l'honneur & la réputation de la Dauphine, sans lui-même en punir l'auteur, qui en étoit connu, & qui même, par le cours de la procedure, ne pouvoit se justifier? Le Dauphin de son côté, ne devoit-il pas mettre tout en œuvre pour obtenir la punition des coupables? On en vint cependant, quoique long-temps après, à des infor-

―――――――――――
(a) Huitiéme Compte de Jean de Xaincoins, dans les Recueils de M. l'Abbé Le Grand.

mations qui allerent (a) assez loin, puisque la Reine souffrit d'être interrogée. Mais la procedure ne fut pas suivie, quoiqu'on vît bien que de Tillay n'étoit pas innocent & qu'on fût persuadé qu'il avoit parlé d'une maniere indécente & même criminelle, dès qu'il s'agit de l'honneur & de la vertu des Princesses & des Dames de la Cour. Tillay devoit donc être puni. On sent bien que la seule indolence de Charles VII rendoit cet homme encore plus impudent, & lui donnoit lieu de se faire craindre. Le Roy même porta la foiblesse plus loin; il exila les Seigneurs qui vouloient tirer vengeance d'une insulte faite au Dauphin en la personne de la Princesse son épouse.

La Cour partit de Châlons & se rendit à Sens, où le Dauphin n'eut pas moins de chagrins pour des soupçons bien ou mal fondés & pour des contestations désagréables entre lui & les Ministres, ausquels le Roy se livroit trop aveuglément. Il suffisoit même que Charles se laissât gouverner par ceux ausquels il devoit commander en maître, pour donner lieu à de perpétuelles cabales. Chacun s'empressoit à perdre celui qui étoit le

(b) Voyez les informations dans le Recueil des Pieces de M. Duclos, p. 26, 40 & suivantes.

plus en faveur; chacun vouloit dans ces occasions, qui ne font que trop éclater la foibleſſe du Prince, avoir la ſatisfaction de le gouverner ſeul. Les affaires s'aigriſſoient donc à la Cour, & le Dauphin ne put s'empêcher de témoigner ſon mécontentement. Il chercha même à ſe faire un parti, pour mettre le Roy hors de tutelle. Il en fit confidence au Comte de Dammartin, qui revenoit de Savoye, où il avoit été envoyé pour les affaires du Dauphiné. Dammartin, ſoit par jalouſie contre les favoris du Dauphin, ſoit par amour de ſon devoir, ſe crut obligé de tout découvrir au Roy, & donna ſa dépoſition devant le Chancelier Guillaume Jouvenel des Urſins : elle fut écrite par Adam Rolland (a), Secretaire du Roy. Et s'il eſt vrai que le projet fût de ſe rendre maître de la perſonne de Charles, le Dauphin n'étoit pas excuſable, & Dammartin avoit raiſon de faire connoître un deſſein ſi pernicieux & ſi préjudiciable au Souverain.

Louis qui vit manquer une entrepriſe auſſi éclatante, ne pouvoit plus demeurer agréablement à la Cour, & il en ſeroit ſorti s'il n'eût pas cru qu'il étoit de ſon devoir d'aſſiſ-

(a) Voyez cette dépoſition dans le Recueil des Pieces de M. Duclos, p. 61.

PRÉFACE.

ter aux couches de la Reine, qui étoit dans le septiéme mois de sa grossesse : en effet elle accoucha d'un fils le 28 Décembre 1446. C'est Charles de France, Duc de Berry & de Guyenne, fort connu sous ce Regne. Et soit de son plein gré, soit par l'ordonnance du Roy, le Dauphin partit pour le Dauphiné avec tous ceux qui lui étoient attachés, & qui formoient une Cour trop nombreuse pour le revenu qu'il avoit.

Dès que Louis fut arrivé dans le Dauphiné, il fit assembler les Etats de la Province, & par la bouche d'Yves de Scepeaux, son Chancelier, il demanda un don gratuit (a), qui lui fut accordé, de la somme de quarante-cinq mille florins, sans néanmoins que ce présent, qui se donnoit de plein gré & volontairement pour la joyeuse entrée du Dauphin, pût préjudicier aux privilèges & immunités de la Province : ce qui continua sur le même pied & avec les mêmes clauses jusques à la derniere année de son séjour en Dauphiné, & que les Etats l'augmenterent, & par cette générosité suppléerent à la diminution que ce Prince souffroit dans ses reve-

(a) Premier Compte de Nicolas Erland, Receveur général de Dauphiné, dans les Recueils de M. l'Abbé Le Grand.

nus qui étoient en France. De son côté le Dauphin usa d'un retour généreux envers la Province, & la maintint dans tous les privilèges qui leur avoient été accordés par leurs anciens Souverains. La sagesse de son gouvernement ne lui procura pas moins d'estime & de réputation que l'avoit fait son courage. Il voulut prendre connoissance de tout; & pour prévenir les abus, il se forma à cet esprit de détail qu'il conserva toute sa vie. Les principales Puissances de l'Europe s'empresserent de lui demander son amitié. Il n'y eut pas même jusqu'aux Génois qui recherchèrent sa protection. Cette République fatiguée & presque détruite par les étranges révolutions qu'elle éprouva ; tantôt jettée dans le précipice & tantôt élevée au comble de la prosperité, crut ne pouvoir mieux fixer sa situation qu'en se (a) soumettant au Dauphin. Mais les Ministres de Charles VII jaloux de l'estime que les Peuples, même les Etrangers, ne pouvoient refuser à ce Prince, empêcherent qu'il ne passât en Italie; & ils aimerent mieux voir périr, pour ainsi dire, la République de Gènes que de la secourir par le moyen d'un Prince qui leur étoit

(a) Mémoire manuscrit original, dans les Recueils de M. l'Abbé Le Grand.

PRÉFACE.

en but. Cette jalousie du Ministere ne servoit qu'à prouver la foiblesse de Charles VII & à augmenter la gloire du Dauphin, & ce jeune Prince étoit alors attentif à ne perdre aucune occasion de la mériter.

Louis pénetré d'un grand respect pour le saint Siege avoit reçu des Papes toute la reconnoissance qu'un Prince Chrétien en peut raisonnablement attendre. Le Chef de l'Eglise exact à se maintenir dans d'intimes liaisons avec tous les Souverains, lui en avoit donné des marques. Dès l'an 1445 Eugene IV l'avoit (a) fait Gonfalonier, c'est-à-dire Généralissime ou Défenseur armé de l'Eglise, & avoit mis le Comtat Venaissin sous sa protection. Ce Pape mourut le 23 Février 1447, lorsque le Dauphin étoit le plus occupé du gouvernement de ses Etats. Nicolas V qui lui succeda le 6 Mars suivant, écrivit d'abord à ce Prince, pour lui faire part de son élevation, & Louis envoya pour Ambassadeur à Rome le célebre Jurisconsulte Guy-Pape, dont la posterité subsiste dans les Marquis de S. Auban, & dont les Ouvrages (b)

(a) Bulle d'Eugene IV du 26 May 1445.
(b) Il ne mourut qu'en 1487 dans une grande vieillesse. Voyez Pancirole au Livre *de claris Legum Interpretibus*, in-4. p. 470.

font encore aujourd'hui très-eſtimés dans la Juriſprudence. Le nouveau Pontife auſſi attentif, mais moins vif que ſon prédeceſſeur, s'appliqua uniquement à pacifier les troubles de l'Italie & à déraciner un reſte de ſchiſme, auquel les dernieres ſéances du Concile de Baſle avoient donné lieu. Amedée VIII Duc de Savoye y avoit été élu Pape au mois de Novembre 1439, ſous le nom de Felix V. Le nouveau Pontife s'adreſſa au Roy Charles VII & au Dauphin, pour les prier d'employer toute leur autorité & tout leur zèle pour pacifier l'Egliſe. Les Prélats de France étoient alors aſſemblés à Bourges. L'Electeur de Treves s'y trouva, & il promit au nom de l'Electeur de Cologne & de Saxe, & du Duc de Baviere, de s'en tenir à tout ce que le Roy & le Dauphin feroient pour le bien & l'utilité de l'Egliſe. Ils avoient déja parole du Duc Louis de Savoye, que ſon pere Felix acquieſceroit à tout ce que l'un & l'autre jugeroient le plus avantageux. Le Roy donc & le Dauphin envoyerent (a) leurs Ambaſſadeurs vers l'Antipape Felix, qui n'avoit été reconnu que dans les Etats qu'il avoit remis à ſon fils, & dans quelques parties de

(a) Minute originale, dans les Recueils de M. l'Abbé Le Grand.

l'Allemagne.

PRÉFACE.

l'Allemagne. Il ne fit pas difficulté de renoncer à son élection pour donner la paix à l'Eglise. Quelque facilité que Felix apportât, il fallut du tems pour en regler les conditions. On s'assembla d'abord à Lyon, puis à Geneve, où Felix abdiqua; & si l'on en croit Chorier (a), le Dauphin se rendit caution de l'accomplissement des promesses faites de part & d'autre. Ainsi on peut dire qu'il eut presque tout l'honneur de cet accommodement. Felix n'avoit rien de cette ambition aigre & sans bornes qui avoit caracterisé tous les autres Antipapes. Il conservoit toûjours dans l'esprit les vrais principes du Christianisme, & dans le cœur cet amour de la paix qui convient à une ame Chrétienne, & qui lui a merité de justes éloges jusques dans ces derniers (b) tems. Cependant malgré les bonnes intentions des Chefs, l'affaire ne put être terminée que le 7 Avril 1449, après deux ans de négociation; & Felix mourut

---

(a) Voyez Chorier en son Histoire de Dauphiné.
(b) Voyez le Livre intitulé « Amedeus pacificus, » sive de Eugenii IV, & Amedei Sabaudiæ Ducis, Fe- » licis V Papæ nuncupati controversiis, à Petro Monod » Societatis Jesu, in-4. Taurini 1624, & in-8. Paris, 1626 ». On fait dans ce Livre l'éloge de la moderation de l'Antipape Felix V.

chrétiennement en 1451, heureux d'avoir trouvé dans son caractere assez de douceur pour mettre fin au dernier schisme qu'il y ait eu dans l'Eglise.

Dans tous ces mouvemens qui ne tendoient qu'au rétablissement de l'ordre public, le Dauphin eut une affaire fâcheuse qui pouvoit aigrir contre lui l'esprit soupçonneux de Charles VII & de son Ministere. Un homme connu par cette seule aventure, c'étoit Guillaume Mariette (a) crut se rendre nécessaire en fomentant les inquiétudes de ceux qui avoient le maniement des affaires; il s'imaginoit tirer quelque avantage des désordres qu'il alloit causer. Il se porta donc pour délateur du Dauphin & se rendit à la Cour. Il s'ouvrit d'abord à Pierre de Brézé, alors Sénechal de Poitou, qui n'aimoit pas, dit-on, ce Prince, ou, si l'on veut, qui n'en étoit pas aimé. Mariette lui marqua que Louis se préparoit à revenir auprès du Roy son pere pour chasser tous les Ministres & les Favoris; en quoi il devoit être assisté par le Duc de Bourgogne. Le délateur ne donnoit aucunes preuves de ce qu'il avançoit, & Brézé le renvoya en Dauphiné pour avoir des éclaircissemens sur

(a) Rémission accordée à Pierre de Brezé, dans le Recueil de Pieces publiées par M. Duclos, p. 74.

PRÉFACE.

son accusation. Mais il lui ordonna de prendre garde de rien avancer qui ne fût très-véritable. Mariette après avoir été en Dauphiné, retourna vers Brézé & l'assura que l'entreprise alloit être exécutée, & qu'il étoit absolument nécessaire d'en avertir le Roy. Brézé fit plusieurs questions à Mariette; mais peu satisfait de ses réponses, il refusa d'en parler au Roy. Il dit à cet homme que l'affaire étoit assez importante pour que lui-même se présentât à Charles VII. & qu'il n'avoit besoin de personne pour s'y introduire ; mais ayez soin, dit Brézé, de ne me citer en rien. Mariette poussa donc l'impudence jusqu'à se présenter au Roy, & croiant lui faire plaisir il chargea extrêmement le Dauphin & presque tous les Princes du Sang; &, selon ce dénonciateur, Louis en vouloit sur-tout à Brézé qu'il haïssoit à la mort, à ce qu'il prétendoit. Le coupable se décèle toujours par quelque endroit; ce fut cette derniere circonstance qui fit naître de justes soupçons contre Mariette. Brézé assura que le Dauphin lui avoit plus d'une fois témoigné, & même avec serment, qu'il ne lui restoit aucun mécontentement contre lui, & soutint qu'il ne croyoit pas le Dauphin assez perfide pour avoir fait un faux serment.

Mariette alla pour la seconde fois en Dauphiné, où sur le champ il fut arrêté & conduit prisonnier à la Côte Saint-André, d'où il fut transferé à Saint-Estienne de Juher. Il y tomba malade; mais le Dauphin, qui appréhendoit qu'il ne mourût avant l'entiere conviction de ses calomnies, en fit prendre un soin extraordinaire. Ce Miserable, quoique gardé à vûe, ne laissa pas de se sauver; mais heureusement on le reprit. Il fut mené à Lyon, où le Parlement de Paris envoya des Commissaires pour instruire cette affaire, d'autant plus importante qu'elle regardoit les deux premieres personnes de l'Etat. Enfin Mariette fut conduit à Paris & confronté avec Brezé, & on le condamna comme calomniateur à perdre la tête; punition trop legere pour un si grand crime. Mais Brézé lui-même fut obligé de prendre une rémission, pour n'avoir pas découvert dès le commencement ce prétendu crime, tant on a toujours été persuadé que celui qui sçait une trahison contre le Roy ou l'Etat, est criminel dès qu'il ne la releve pas. Le coupable fut donc puni mais les soupçons ne furent pas dissipés. Ils produisirent même cette méfiance continuelle, qu'il y eut entre Charles & le Dauphin son fils; méfiance peu séante,

PRÉFACE.

qui les empêcha néanmoins de se réunir.

Le Dauphin débarrassé d'une affaire épineuse & desagréable, se rendit tout entier au détail du Dauphiné. Les Evêques de la Province avoient de tems immémorial usurpé beaucoup de biens & de droits qui appartenoient originairement aux Dauphins; mais comme il n'y a point de prescription contre le Souverain, Louis les fit revenir à son domaine, qui par-là devint plus considérable. Cependant il n'en fut pas moins attaché à l'Eglise, & les Evêques de leur côté ne furent pas moins fideles à leur devoir & soumis au Prince. On ne laissa pas de le lui reprocher dans la suite. Louis crut que pour sa propre tranquillité, il lui étoit avantageux de contracter une alliance avec le Duc de Savoye, trop voisin du Dauphiné, pour que les anciennes querelles ne se renouvellassent pas de tems en tems. Ce fut même, suivant le traité, une alliance perpetuelle entre eux, leurs hoirs & successeurs, qui fut signée à Briançon le 2 Août 1449, avec promesse de s'assister mutuellement envers & contre tous. Le Dauphin néanmoins en excepta, comme il devoit, le Roi son pere & les Princes du Sang de France; comme le Duc

PRÉFACE.

de Savoye fit les mêmes réserves, tant pour l'Antipape Felix son pere, que pour le Duc de Bourgogne & les Bernois. Ils s'engageoient même par serment & par la foi de leur corps, c'estoit le style du tems, de s'aimer & cherir mutuellement, & de s'avertir des entreprises qu'on voudroit faire contre l'un des deux, dès qu'ils en auroient connoissance : la liberté du commerce entre leurs sujets y fut stipulée, avec promesse de réparer les pertes qu'on auroit faites de part ou d'autre, sur les plaintes qui en seroient portées par les parties intéressées; enfin on y prit toutes les mesures que des gens prudens, qui paroissent se vouloir aimer, peuvent prendre pour se reconcilier & se joindre mutuellement. Croiroit-on cependant que malgré tant de sages précautions & les flateuses espérances d'une paix perpétuelle & d'une éternelle union, l'année suivante ne se passa point sans altération entre ces deux Princes, & l'alliance pensa être rompue. Le Dauphin avoit ordonné de saisir tous les biens de Dauphiné qui appartenoient aux sujets de Savoye, ce qui fut ponctuellement executé; mais l'affaire fut accommodée.

Le desir d'étendre son autorité porta le

PREFACE.

Dauphin à écouter plutôt son (a) ambition que les regles de la prudence. Le Roy fit la même année la conquête de la Normandie, d'où il chassa les Anglois; Louis hasarda d'en demander le Gouvernement, sous prétexte que cette Province avoit besoin d'une personne d'autorité pour la contenir & la garder, si les Anglois se présentoient pour l'attaquer. Cette démarche outra le Roi de colere: & si Louis se fût trouvé dans les mêmes circonstances où il étoit avec le Roi son pere, l'eut-il souffert dans son propre fils? N'étoit-ce pas insinuer que Charles n'avoit ni assez de pouvoir, ni assez de crédit pour conserver une Province, qu'il avoit eu le courage de conquérir? Malgré ce refus Louis ne laissa pas de retomber l'année suivante dans la même faute, en demandant au Roi la permission de faire à ses dépens la conquête de la Guyenne sur les Anglois, pourvû que Charles voulût lui ceder cette Province. Le Dauphin étoit-il en état de faire les frais de cette conquête? Où en auroit-il trouvé le fond, lui qui en cherchoit continuellement de nouveaux pour vivre &

―――――――――

(a) Thomas Bazin, Histoire manuscrite de Louis XI, dans la Bibliotheque de S. Victor.

PRÉFACE.

pour faire subsister une Cour qui l'environnoit, & qui avoit tout abandonné pour suivre sa fortune ? D'ailleurs pouvoit-il ignorer que les Favoris & les Ministres qui gouvernoient alors, ne lui fussent entiérement opposés, & qu'ils auroient mieux aimé voir éternellement la Guyenne entre les mains des Anglois, qu'en celles du Dauphin, & lui donner lieu par-là d'augmenter sa gloire & son autorité.

Le Dauphin étoit veuf depuis plusieurs années, & il paroissoit nécessaire, tant pour lui que pour le bien de l'Etat, qu'il eût des fils. Il pensa (a) donc à se marier. Il en écrivit au Roy, moins pour obtenir son consentement, comme il y étoit obligé, que pour lui faire part de la résolution qu'il avoit prise d'épouser une fille de Savoye. Toutes les conventions en étoient reglées, & ce fut envain que le Roy envoya un Héraut (b) à Chamberry pour s'y opposer, la cérémonie s'en fit le jour même que le Héraut présenta ou fit présenter ses lettres au Duc de Savoye. Ce fut le dixieme jour de Mars 1451.

(a) MSS. de Menars, dans les Recueils de M. l'Abbé Le Grand.

(b) Voyez le Procès-verbal du Roi d'armes, Normandie, dans le Recueil de Pieces de M. Duclos.

Le Duc en écrivit (a) au Roy, non pour s'excuſer, mais pour faire connoître que le Légat du Saint-Siege l'avoit aſſuré, en préſence même de ſon Conſeil, que Charles y avoit donné ſon conſentement, & que le mariage s'étoit accompli en conſéquence. Louis reſta peu en Savoye après la concluſion de ſon mariage: il donna ſeulement Procuration à l'un de ſes Officiers pour recevoir les deux cens mille écus d'or ſtipulés pour la dot de la Princeſſe Charlotte de Savoye. Guichenon (b) Hiſtorien célèbre, n'étoit pas bien informé, lorſqu'il aſſure que le Duc de Savoye paya comptant toute cette ſomme. Le premier payement, qui ſe fit au tems des nôces, ne fut que de quinze mille écus; & le Dauphin en diſtribua plus de trois mille à ceux ou celles qui eurent l'honneur d'accompagner la Dauphine juſqu'à la Côte S. André, d'où elle retourna pour quelque tems en Savoye avec ſon pere. Les autres payemens furent plus forts, auſſi le Dauphin fit-il de plus grandes largeſſes. Les liberalités de ce Prince le mettoient ſouvent dans la néceſſité d'em-

---

(b) Lettre du Duc de Savoye, dans le même Recueil, p. 89.

(b) Voyez Samuel Guichenon, Hiſtoire généalogique de la Maiſon de Savoye.

prunter & de tirer de ſes ſujets plus qu'ils ne pouvoient payer.

Les cérémonies du mariage furent à peine terminées que Louis ſe livra plus que jamais aux affaires. Sa premiere attention ſe porta ſur les monnoies, nerf eſſentiel de toutes les entrepriſes. Il donna cours dans le Dauphiné à toutes celles des Princes étrangers; fit fabriquer des eſpeces de billon, hauſſa le prix du marc d'or & d'argent, chercha tous les moyens de faire fleurir le Commerce. Il abolit ſur-tout cet abus invéteré des guerres particulieres des Gentilshommes les uns contre les autres; imitation ou reſte de ces guerres fatales que les grands Vaſſaux ne ſe déclaroient que trop ſouvent les uns aux autres ou à leur Souverain. On pouvoit dire alors qu'être voiſin d'un Gentilhomme, c'étoit avoir un ennemi contre lequel une ſage précaution demandoit d'être toujours armé. Cet uſage, qui a donné lieu à tant de Romans de Chevalerie, s'étoit conſervé en Dauphiné; & la Nobleſſe le regardoit comme un de ſes plus beaux privileges. C'étoit permettre la vengeance publique de particulier à particulier; c'étoit autoriſer le crime & l'homicide. Le Dauphin cependant vint à bout de mettre fin à cette fureur, tant

PREFACE.

qu'il fut dans le Dauphiné; mais elle ne tarda point à se réveiller aussi-tôt aprés sa retraite en Brabant.

La méfiance entre Charles & son fils augmenta l'an 1452, jusques à priver ce dernier de plusieurs domaines qu'il avoit en France. Louis fit faire d'inutiles remontrances; il fallut plier sous la volonté du Roy, qui rendit au Comte d'Armagnac les Châtellenies de Rouergue, dont il avoit donné la confiscation au Dauphin. Louis fit plus : il avoit acheté la Seigneurie de Beaucaire de la Dame de Severac; il voulut bien, pour s'accommoder au tems, en faire don au Comte d'Armagnac. Il paroissoit par le premier transport, qui est du 3 de Juillet, que c'étoit gratuitement & généreusement; mais par un contrat du 8 Novembre, il fut reglé que le Comte payeroit au Dauphin vingt-deux mille écus d'or. Cependant, malgré tant d'égards & de condescendance, la colere du Roy contre son fils ne s'appaisoit pas (a) graces aux Favoris & aux Ministres. Il paroissoit même que Charles lui vouloit déclarer la guerre. Le Dauphin avoit d'autant plus lieu de croire

(a) MSS. de M. de la Mare, dans les Recueils de M. l'Abbé Le Grand.

que les troupes qui avançoient vers Lyon étoient destinées contre lui, qu'il étoit informé que son pere ne se prétoit que trop aisément aux mauvais offices qu'on lui rendoit. Louis dépêcha Gabriel de Bernes, son Maître-d'Hôtel, qui trouva le Roy à la Palice en Bourbonnois. Cet envoyé représenta que son Maître étoit averti que le Roy marchoit contre lui, dans la résolution de le chasser du Dauphiné, de lui faire son procès, & même de le priver de tous les droits qu'il avoit à la Couronne. Le Roy reçut Bernes avec bonté & lui marqua que son fils étoit mal informé du sujet de son voyage; qu'à la vérité il avoit reçu dans sa route beaucoup de plaintes de son mauvais gouvernement, & s'il ne se corrigeoit, il se croyoit obligé & comme pere & comme Roy d'assembler les Seigneurs du Sang & plusieurs autres pour y pourvoir. Louis ne fut pas content de cette réponse; & peu de jours après il fit partir Bernes pour la seconde fois avec de nouvelles instructions. Il prioit le Roy d'envoyer en Dauphiné ou un Seigneur du Sang ou quelque personne distinguée, pour s'informer exactement de ce qui se passoit dans cette Province. Bernes qui vit que la réponse du Roy étoit toujours la même, s'hazarda de dire, que si le Dauphin étoit poussé à l'extremité, il prendroit le parti de sortir du Royaume.

Cette parole obligea Charles de depêcher Jean de Jambes Seigneur de Montsoreau, pour aller vers le Dauphin, qui le reçut très-gracieusement & lui dit qu'il étoit prêt d'obéir au Roy son pere, qu'il le supplioit néanmoins de ne le pas obliger à l'aller trouver. Il sçavoit à quel point on l'avoit prévenu contre lui ; d'ailleurs il lui avoua qu'il avoit fait quelques vœux, dont il vouloit s'acquitter avant tout. Il régala Montsoreau le mieux qu'il lui fut possible, & renvoya Bernes avec lui pour lui rapporter la réponse du Roy. Charles fut content de la maniere dont Monsoreau avoit été reçu ; mais il ne put goûter ce caractere de défiance & ce refus opiniâtre que faisoit son fils de le venir trouver. Cependant, sans s'expliquer nettement sur cet article, il repondit à Bernes qu'il enverroit vers le Dauphin quelqu'un de son Conseil, pour lui faire sçavoir sa volonté. Louis aussi peu satisfait de cette réponse que le Roy l'avoit été des propositions de son fils, obligea Bernes d'écrire à Montsoreau que pour toute grace il ne demandoit que deux choses à son pere ; l'une, de ne lui pas ordonner de se rendre auprès de lui par le

PRÉFACE.

peu de sûreté qu'il y voyoit; l'autre, de ne pas exiger qu'il chaffât aucun des Officiers qui lui étoient attachés.

Sur ces lettres le Roy affembla fon Confeil, qui fut d'avis qu'on envoyât vers le Dauphin quelques perfonnes de confiance; & fur l'heure on dépêcha Jean d'Eftouteville, Seigneur de Torcy, Maître des Arbalêtriers, accompagné néanmoins du même Montforeau. Leurs inftructions portoient que le Roy, comme trés-Chrétien, vouloit que le Dauphin réparât ce qu'il pouvoit avoir fait contre les droits de l'Eglife, dont le Saint-Siege étoit mécontent; qu'il laiffât jouir Jean du Châtel de l'Archevêché de Vienne, dont il avoit été pourvû par le Pape, fur la démiffion du dernier Archevêque; qu'il remît à l'Eglife de Lyon les Places du Dauphiné, dont il s'étoit rendu maiftre. Charles y ajoutoit qu'il eût à renvoyer tous ceux qui fous prétexte de mécontentemens, abandonneroient le fervice de France pour fe retirer auprès de lui. Il exigeoit même qu'il ne fouffrît dans le Dauphiné aucuns malfaiteurs ou autres qui pourroient lui déplaire; enfin il marqua que touché des raifons que Montforeau lui avoit dites de fa part, il ne l'obligeroit pas de le venir trouver; & que fi

PRÉFACE.

Louis s'appliquoit à se conformer aux bons exemples que lui avoient donné ses prédécesseurs, il oublieroit tout ce qui s'étoit passé & rendroit son amitié à son fils.

Torcy & Montforeau ne pûrent s'empêcher de témoigner au Roy la satisfaction que leur avoit fait le Dauphin. Ils furent suivis par Jean de Montemagno, Archevêque d'Embrun, par Guillaume de Courcillon, Bailly du bas Dauphiné, par Bernes, & par Jean Fautrier, chargés de la réponse de Louis. Il remercioit le Roy non-seulement d'avoir dépêché vers lui Torcy & Montforeau, mais encore de lui avoir accordé les deux points de ses demandes, dont il étoit le plus touché, & l'assuroit de son exactitude à lui obéir & à le servir. A ce témoignage de reconnoissance il ajoute une protestation fort sage ; qu'humble enfant de l'Eglise il seroit fâché de rien faire qui pût déplaire au Pape ; mais que si, contre sa volonté, cela étoit arrivé, il offroit de le reparer : qu'il osoit assurer néanmoins qu'on n'avoit pas rapporté fidellement la contestation sur l'Archevêché de Vienne ; que le Saint-Siege lui avoit accordé la réserve de cet Archevêché par Bulles & par Brefs dont il étoit muni : mais que par respect pour le Roy son pere, il étoit prêt de se soumettre au Jugement du Cardinal d'Estouteville, tant sur le fait de cet Archevêché que sur toutes les autres matières Ecclésiastiques. Il fit connoître son étonnement sur ce qu'on lui faisoit un crime de retirer & d'assister d'anciens serviteurs du Roy; par-là il voyoit que l'avenir ne lui seroit pas plus favorable que le passé, puisqu'il auroit toujours les mêmes ennemis à combattre: mais qu'une troisiéme & derniere grace qu'il demandoit avec instance, étoit de ne le pas condamner sans l'entendre; & pour la mériter il promettoit que désormais il ne recevroit aucune personne de celles qui ne seroient point agréables à son pere. D'ailleurs il remercie le Roy des bons avis qu'il lui donne, & lui proteste qu'il aimeroit mieux mourir que de ne pas vivre honorablement, enfin que s'il lui a déplu en quelque chose il lui en demande pardon & l'assure qu'il n'a rien plus à cœur que de le servir, lui complaire & lui obéir.

Ces soumissions, toutes respectueuses qu'elles étoient, ne satisfirent point le Roy: il trouvoit que le Dauphin ne s'expliquoit qu'en termes généraux : ce fut aussi le sentiment de presque tout le Conseil, dont il voulut avoir les avis avant que de répondre aux Envoyés

PREFACE. 49

Envoyés de son fils. Il leur dit donc, Louis ne répond clairement à aucun des articles que nous lui avons envoyés par les Seigneurs de Torcy & de Montforeau; mais pour vous expedier, nous vous ferons délivrer par écrit notre réponse, dont voici la substance. Que la volonté du Roy est que sans aucun retard il accorde la main levée des biens saisis sur l'Eglise de Lyon ou qui en dépendent : que pour les Eglises de Dauphiné & pour celles des Comtés de Valentinois & de Diois, aussi bien que sur les plaintes que font ceux d'Avignon & du Comté Venaissin, il souhaite que Louis s'en tienne à ce qui sera decidé par le Cardinal d'Estouteville ou par ses Délegués, conjointement avec les Commissaires du Roy, ou par ces derniers seuls, au cas que le Cardinal refuse de s'en mêler. Et pour les autres chefs, il prétend que le Dauphin s'explique d'une maniere plus nette & plus précise.

La lenteur du Conseil à répondre aux Envoyés du Dauphin, le jetta dans de si vives allarmes, qu'il donna ordre d'acheter des armes; & pour engager la Noblesse de la Province à le servir fidellement, il confirma ses anciens Privileges (a) & lui en accorda de

_____
(a) Mémoire original, dans les Recueils de M. l'Abbé Grand.

nouveaux. Il promit à ceux qui se rendroient auprès de lui de leur remettre ce qu'ils pouvoient lui devoir pour les droits qui lui étoient dûs, aussi-bien que les amendes ausquelles ils auroient été condamnés, & même de prolonger de trois années le terme du rachat des biens par eux aliénés. Ces graces attirèrent auprès de lui plusieurs Gentilshommes, qu'il distribua par Compagnies sous des Capitaines expérimentés qu'il leur donna.

Tout se disposoit à une guerre civile d'autant plus fâcheuse qu'elle devoit être entre le pere & le fils, entre le Roy & le présomptif héritier de la Couronne : mais tout se dissipa, tout fut pacifié par la nouvelle que Charles reçût, lorsqu'il étoit encore dans le Forêt, que le Général Talbot à la tête (a) de quatre à cinq mille Anglois étoit descendu dans le Pays de Medoc, & que les habitans de Bordeaux lui avoient ouvert leurs portes. Le Dauphin eût la même nouvelle, & comme il étoit armé, il envoya ou le Bâtard de Poitiers, ou le Sieur de Barry, l'un de ses Chambellans, ou peut-être tous les deux, offrir ses services au Roy pour chasser les Anglois, s'il vouloit bien lui en

_____
(a) Mémoire manuscrit, dans les Recueils de M. l'Abbé Le Grand.

donner la commiſſion. Le Roy leur répondit, comme il avoit déja fait (a), que les Provinces de Normandie & de Guyenne avoient été conquiſes ſans lui; & que les troupes qu'il avoit levées dans le Dauphiné n'avoient pas été deſtinées pour cette conquête; & que s'il eût obéi, comme il devoit, ſes offres auroit été mieux reçues. Cette réponſe ne ſervit qu'à réveiller les inquiétudes du Dauphin, qui en fit reſſentir les effets au Comte de Dunois, par lequel il crût avoir été deſſervi auprès du Roy ſon pere; & pour l'en punir, il le priva de la Terre de Valbonnais, qu'il lui avoit donnée depuis près de dix ans, & la réunit à ſon Domaine. D'ailleurs Charles chaſſa les Anglois, & Talbot périt dans cette expedition, âgé de 80 ans.

La France fut aſſez heureuſe pour jouir de la paix, à la faveur des troubles qui s'éleverent en Italie, auſquels le Roy crut devoir prendre part. Louis profita de cette lueur de tranquillité pour regler la Province du Dauphiné; après avoir publié pluſieurs Ordonnances ſur la maniere de rendre la Juſtice à ſes ſujets, il établit un Parlement au lieu du

(a) MSS. de la Marre, dans les Recueils de M. l'Abbé Le Grand.

Conseil Delphinal, créé par Humbert II, le même qui fit don du Dauphiné à la Couronne, en 1343. Ce Parlement souffrit les mêmes difficultés qu'avoit souffert autrefois le Conseil auquel on le substituoit. Ainsi la Commune ou la Justice Bourgeoise de Grenoble, aussi-bien que la Cour de Graisivaudan, s'en prétendirent exemptes. L'établissement ne laissa pas de se faire avec les mêmes prérogatives qu'avoit eu le Conseil Delphinal & avec les mêmes droits dont jouissoient les autres Parlemens.

L'affaire de la Mouvance du Marquisat de Saluces tombe dans cette année. Le Duc de Savoye la vouloit usurper ; mais après bien des délais affectés de la part du Duc pour prouver sa prétention, la possession en resta au Dauphin, & par conséquent à la Couronne de France, jusqu'en 1601, que le Roy Henry IV l'échangea contre la Bresse & le Bugey : cette contestation du Dauphin avec le Duc de Savoye dégénera en une espece de guerre, qui ne dura que trois mois, après quoi Louis se rendit tout entier au gouvernement du Dauphiné, & il établit l'Université de Valence sur le même pied que celles d'Orléans, de Montpellier & de Toulouse ; établissement utile qu'il confirma dès qu'il fut parvenu à la Couronne; & en 1480 il lui donna les Greffes de la Cour des Confervations, avec pouvoir de les affermer & d'en employer les revenus pour l'entretien des Profeffeurs.

Le retranchement de la penfion du Dauphin, qui fe fit en 1455, diminua confidérablement fon revenu: le Don gratuit de la Province n'alla point cette année à la fomme de quarante-cinq mille florins; cependant les inquiétudes continuelles qui agitoient ce Prince, l'obligeoient d'augmenter fes dépenfes. Pour y fuppléer, il fe vit contraint de mettre un nouvel impôt de deux livres par feu. Les peuples n'étoient point accoutumés à ces fubfides extraordinaires, ils fe plaignirent au Roy. Les Avocats furent les premiers qui fe prétendirent exempts par leur profeffion. Le mécontentement devint bientôt général; Eccléfiaftiques, Nobles & Bourgeois, tous fe plaignirent au Roy & furent écoutés, au lieu que toute audience étoit refufée au Dauphin. Charles, pour intimider fon fils, fe rendit en Bourbonnois & de-là en Auvergne. Les plaintes ne furent qu'un prétexte, Louis le fentit & fit demander au Roy s'il vouloit qu'il fe rendît auprès de lui. Toute la réponfe qu'il reçût marquoit qu'on ne lui ordonnoit ni de venir à la Cour, ni de rester en Dauphiné ; que ce Prince exigeoit trop de vouloir obliger le Roy de renvoyer ses plus fidelles serviteurs, ceux-mêmes qui l'avoient aidé dans la conquête de son Royaume, qu'ils feroient gloire de lui obéir s'il étoit auprès de lui : qu'il ne voyoit pas pourquoi son fils refusoit de se fier à sa parole, puisque ses plus grands ennemis y prenoient confiance ; que bientôt il l'auroit s'il le vouloit avoir ; mais que quand les Seigneurs du Sang & les Etats mêmes s'assembleroient pour le faire revenir, il aimeroit mieux que cela se fît malgré lui que d'y consentir. Ce n'est plus ici la tendresse d'un pere qui cherche à ramener un fils égaré, c'est un maître irrité qui paroît ne vouloir plus faire aucune grace.

Le Dauphin sentit vivement toute la suite de cette résolution ; c'est ce qui l'engagea à envoyer Courcillon (a) pour supplier le Roy de lui pardonner ce qui lui avoit déplû dans sa conduite : il ajoute que depuis long-tems son état le fait souffrir, qu'il est impossible que l'on n'ait pas fait d'étranges rapports qui en même-tems ont donné au Roy de

(a) Instructions du Dauphin du 17 Avril, dans les Recueils de M. Le Grand.

PRÉFACE.

grands soupçons & causé au Dauphin d'extrêmes inquiétudes; qu'il est tems de dissiper tous ces nuages, qu'il prie son pere de vouloir être content de lui, puisqu'il n'a d'autre dessein que de lui plaire, & que dans la crainte qu'il a de laisser échaper quelque parole qui puisse lui être désagréable ou l'ennuyer, il le supplie de nommer quelqu'un avec qui Courcillon puisse s'expliquer clairement & entrer dans tout le détail qu'exige l'éclaircissement qu'il demande.

Courcillon n'eût pas l'honneur de voir le Roy; il ne parla qu'au Chancelier; c'étoit Guillaume Jouvenel des Ursins, que le Roy nomma pour entendre ce qu'il avoit à proposer. Courcillon dit au Chancelier que le Dauphin étoit prêt de faire tel serment qu'il plairoit au Roy, de le servir envers & contre tous; de renoncer à toute autre alliance qu'à celle de son pere, & de n'en faire aucune sans son aveu; de ne jamais passer le Rhône, ni entrer dans le Royaume sans le consentement du Roy; enfin, que comme il étoit persuadé qu'il ne pouvoit être en sûreté à la Cour, après les faux rapports qu'on avoit faits de lui, il le prie de lui permettre de rester en Dauphiné avec les serviteurs qui lui étoient attachés. Le

Chancelier répondit, que quand le Dauphin feroit quelque demande, il s'employeroit pour lui plus qu'il ne pouvoit espérer. Ainsi Courcillon, sans avoir l'honneur de voir le Roy, sans même être muni d'aucunes Lettres de sa part, fut obligé de retourner vers son Maître. Louis comprit par toute cette conduite qu'il n'y avoit plus de grace à espérer pour lui ; il crût donc pendant quelque tems qu'il devoit faire des alliances pour se maintenir ; il envoya ses principaux Officiers chez divers Princes & même jusques à Rome. Peut-être étoit-ce moins un dessein formé de se défendre, qu'une feinte pour donner le change à ses ennemis. Les négociations ne finirent pas de son côté, il renvoya Bernes vers le Roy avec Simon le Couvreur, Prieur des Célestins d'Avignon, homme habile dans l'art de manier les esprits ; mais l'effet fut le même que dans les députations précédentes. Enfin Louis crut devoir faire un dernier effort, & sur la fin du mois de May il renvoya ce même Prieur, qu'il fit accompagner par Courcillon & par Bernes; ils eurent leur audience le 8e jour de Juin. Ils remercièrent le Roy de la bonté qu'il avoit eue d'agréer les offres du Dauphin, ils l'assurèrent qu'il n'estoit rien que son fils

PRÉFACE.

ne tentât pour regagner & conserver ses bonnes graces : d'ailleurs c'étoient toujours les mêmes propositions que Courcillon avoit faites au Chancelier.

Le Roy exigea de plus amples éclaircissemens & un plus grand détail. Alors Courcillon & le Couvreur le supplièrent très-instamment de ne pas obliger le Dauphin de se rendre à la Cour, ni de se défaire de ses serviteurs. Charles pour leur repondre commença par une maxime générale, qu'il souhaitoit que le Dauphin exécutât ce qu'un fils sage & raisonnable doit faire à l'égard de son pere ; qu'alors de son côté il accompliroit ce qu'il doit à un fils obéissant. Mais que la proposition de Louis, de se soumettre & d'obeïr, ne s'accordoit pas avec les conditions qu'il y mettoit, de ne pas venir à la Cour, & de conserver des serviteurs qui le conduisoient dans le précipice. Que depuis le premier voyage de Courcillon, il ne paroissoit pas que le Dauphin voulût sincerement s'humilier, ni rien exécuter de ce qu'il promettoit. Que Courcillon dans un premier voyage avoit apporté deux instructions, l'une fort sage, & l'autre qui contenoit des conditions non recevables ; qu'il avoit publié la premiere, mais qu'il s'étoit bien gardé de faire connoître la seconde. Et quoiqu'il eût reçu une réponse, dont il devoit être content, cependant le Dauphin écrivoit à plusieurs personnes, qu'il avoit offert de se soumettre; mais que se voyant rebuté, il prioit les Seigneurs du Sang, & les Grands du Royaume d'employer leur crédit auprès du Roy, pour en obtenir l'effet de ses demandes; & qu'au cas que le Roy persistât dans son refus, il fut supplié de remettre à son Conseil les griefs qu'il avoit contre son fils, & de marquer les déplaisirs qu'il en avoit reçûs. Qu'il esperoit se justifier de manière que toute la Cour seroit contente. Par-là, continua le Roy, on apperçoit bien que le Dauphin loin de reconnoître ses fautes, prétend justifier sa conduite passée, & faire croire que le Roy seul avoit tort. Que même actuellement il tomboit dans des contradictions évidentes, puisque d'un côté il le remercie de sa bonté, & de l'autre, il se plaint aux (a) Seigneurs du Sang, des réponses dures qu'on lui a faites; qu'ainsi il est résolu de ne plus souffrir auprès de son fils des personnes qui lui donnent des conseils si pernicieux. Qu'on pouvoit juger aisément si les craintes du Dauphin

(a) MSS. de Menars, vol. 762, dans les Recueils de M. l'Abbé Le Grand.

PREFACE.

étoient bien fondées, & s'il avoit raison d'appréhender la colère d'un père qui lui tend les bras, lui qui dans tous les tems avoit si généreusement pardonné à ses plus grands ennemis.

Louis ne fut pas découragé par cette réponse, que luy rapportèrent ses envoyés; il fit incontinent retourner le même Prieur avec Gabriel de Bernes, & fit glisser secrettement à la Cour d'autres gens, mais sans caractère, tels furent le Gardien des Cordeliers de Grenoble & celui des Cordeliers de Moyran. Il fit enfin ce que font la plûpart des hommes, lorsque les secours humains leur manquent, il eut recours au Ciel. Ce n'étoient de sa part que vœux & qu'offrandes dans les Eglises & dans les Chapelles distinguées par quelques dévotions particulières, tel est le Mont Saint-Michel, Notre-Dame-de-Clery, Saint-Jacques-de-Compostelles, Saint-Claude, & quantité d'autres. Dès le mois de Mars il avoit été lui-même en Pélerinage à la Sainte-Baume où il s'étoit arrêté quelques jours. Le Ciel fut sourd aux prières d'un fils inquiet & désobeissant : le Roy ne s'appaisa point. Il y eut néanmoins (a) une difference

(a) Original en parchemin, dans les Recueils de M. l'Abbé Le Grand.

entre cette dernière audience & les précédentes données à Courcillon : Charles voulut que le Cardinal d'Avignon se trouvât à celle-ci. Le Pape Calixte III, sollicité par le Dauphin, cherchoit à rétablir l'union dans la maison Royale. Cette audience, qui se donna le 20 jour du mois d'Août 1456, n'eût (a) pas un succès plus favorable, que les autres ; comme les instructions étoient les mêmes, la réponse fut à peu près semblable : mais le Roy y joignit une menace, que si son fils ne se soumettoit incessamment, il alloit proceder contre ceux de ses Officiers qui lui donnoient de mauvais conseils (*).

L'effet alloit suivre de près. Le Comte de Dammartin à la tête d'un corps de troupes, n'attendoit que l'ordre du Roy pour entrer en Dauphiné : il sçut que le Dauphin avoit fait armer tous ses sujets de l'âge de dix-huit ans & au-dessus : il étoit informé de toutes les forces que ce Prince avoit rassemblées ; & par les avis qui lui venoient de toutes parts, il apprit que la Noblesse se déclareroit (b) pour le Roy, dès qu'il entre-

(a) MSS. de Menars, dans les Recueils de M. l'Abbé Le Grand.

(*) Voyez le nº. 4 des Preuves de la Préface.

(b) Voyez sa Lettre du 19 Septembre au Recueil de

roit dans cette Province. Le bruit cependant courut chez l'étranger, que le pere & le fils s'étoient reconciliés. Le Duc de Bourgogne en écrivit au Roy pour lui témoigner fa joye. Le Roy de Caftille Henri IV, qui eut la même nouvelle, en écrivit aussi & s'avança vers les frontieres du Royaume, pour mettre la dernière main à l'accommodement, au cas qu'il ne fût pas entierement terminé; des affaires imprévûës rappellèrent Henri au centre de fes Etats, & il fe contenta d'envoyer fes Ambaffadeurs, pour travailler à cette reconciliation. Mais toute médiation devint inutile; Charles & fon fils s'en tinrent tous deux, l'un aux propofitions, & l'autre aux réponfes qu'ils avoient faites. Ainfi dès que le Dauphin ne vouloit pas revenir à la Cour, il n'avoit que deux partis à prendre, ou celui de la retraite, ou celui de réfifter à fon pere à main armée; crime dont il fe feroit chargé; exemple funefte qu'il auroit donné à la poftérité. Il préfera donc le premier, en quoi dans fon malheur il eft eftimable.

Et comme fes inquiétudes le tenoient con-

___

M. Duclos, p. 132, tirée du Regiftre des Minutes communiqué par M. Baluze.

tinuellement fur fes gardes, il fut averti de l'arrivée de Dammartin, & de l'ordre qu'il avoit de l'arrêter, peut-être même ce Seigneur lui en fit-il fecrettement donner avis. Louis toujours foupçonneux, réfolut de tromper les Officiers de fa Maifon, il feignit une grande partie de chaffe; la plûpart de fes gens allèrent au rendez-vous qu'il avoit donné. Mais au lieu de les fuivre, il quitte le Dauphiné lui feptiéme, traverfe le Bugey & le Valromey, alors de la domination de Savoye; & après une marche très-difficile de quarante lieues, il arriva enfin à Saint-Claude, petite Ville de Franche-Comté. Son premier foin fut d'écrire (a) au Roy, & s'il avoit trompé fes Officiers par une prétenduë partie de chaffe, il cherche à tromper le Roy fon père, qui vraifemblablement ne le crut pas, lorfqu'il lui marque, qu'en qualité de Gonfalonier de l'Eglife, il defire à la réquifition du Pape, accompagner fon oncle le Duc de Bourgogne, qui avoit fait vœu d'aller contre le Turc. Il écrivit à peu près dans le même fens à tous les (b) Evêques de

(a) Voyez fa Lettre dans le Recueil de Pieces de M. Duclos, p. 125; elle eft tirée du vol. 6762 des MSS. de Bethune dans la Bibliothèque du Roy.

(b) La Lettre eft au même Recueil, p. 126.

PREFACE.

France, & il leur demande le secours de leurs prieres, tant pour le succès de cette pieuse entreprise, que pour obtenir du Ciel sa reconciliation. On ne remarque pas sans étonnement que le Dauphin aime mieux se mettre entre les mains de Louis de Châlon, Prince d'Orange, & du Sieur de Blamont, Maréchal de Bourgogne ses plus grands ennemis, que de se fier au Roy son père.

A peine le Duc de Bourgogne fut informé que le Dauphin étoit arrivé à Saint-Claude, dans le dessein de se rendre aux Pays-Bas, qu'il crût en devoir avertir (a) le Roy : & le Maréchal de Bourgogne fut chargé de conduire ce Prince en sûreté. Une marche de plus de quatre-vingt-dix lieues les obligea de traverser avec beaucoup de difficultés toute la Franche-Comté, la Lorraine, les Trois Evêchés & le Luxembourg, pays de bois & de montagnes, pour se rendre à Namur, à Louvain, & enfin à Bruxelles. Le Duc de Bourgogne étoit à Utrecht; mais il écrivit à la Duchesse son épouse & au Comte de Charolois son fils, pour leur ordonner de recevoir & de traiter le Dauphin comme le fils aîné de leur Souverain,

(a) Lettre de Philippe Duc de Bourgogne, du 15 Septembre, dans le Recueil de M. Duclos, p. 135.

& de lui rendre les respects dûs à l'héritier de la Couronne de France. Le Duc de Bourgogne revint, & il ouit tranquillement le récit que Louis lui fit de ses malheurs, c'est-à-dire, de sa sortie de la Cour du Roy son père, & de sa fuite hors du Dauphiné, enfin de tous les perils qu'il avoit courus dans sa retraite. Philippe ne crut pas devoir approuver la conduite du Dauphin, pour ne pas donner lieu au Comte de Charolois, Prince d'un caractère dur & inquiet, d'imiter de semblables excès : & pour ne pas affliger Louis il évita de le blâmer. Il se contenta de lui dire qu'il pouvoit disposer de sa personne & de ses biens ; qu'il seroit le maître de tous ses pays, & qu'il pouvoit être assûré qu'il l'assisteroit envers & contre tous, hormis contre le Roy son Souverain, à qui, pour quoi que ce soit, il ne voudroit pas causer le moindre déplaisir.

Charles n'apprit qu'avec peine l'évasion de son fils ; & pour remedier aux désordres que pouvoit causer cette fuite, il écrivit une lettre circulaire (a) en forme de manifeste. Il est triste de voir un pere & un Roy contraint de parler & d'écrire aussi publique-

(a) Voyez la Lettre circulaire du Roy Charles VII, dans le Recueil des Pièces de M. Duclos, p. 127.

PRÉFACE.

ment contre son fils. Si l'obstination de ce dernier étoit une faute, peut-on dire que le pere ne pechât point lui-même contre les régles de la prudence, & de la plus saine politique, de sacrifier, pour-ainsi-dire, son propre fils à ses Ministres & à ses favoris, au lieu que c'étoit à ceux-ci à se sacrifier eux-mêmes plutôt que de perdre l'héritier présomptif de la Couronne ; mais l'interêt particulier, c'est-à-dire, l'envie de dominer à la Cour, l'emporta sur l'interêt public & sur la tranquilité de l'Etat. La Province du Dauphiné ne fut pas moins allarmée, elle se voyoit abandonnée à la vengeance d'un père irrité. Mais Charles a soin de calmer les inquiétudes des peuples par la même lettre circulaire, où il marque les grands secours qu'il a reçus dans tous les tems des sujets de cette Province. Loin de les abandonner ou de chercher à les opprimer, il envoye, dit-il, à Lyon le Maréchal de Loheac, & le Sire de Bueil, Comte de Sancerre, Amiral de France, pour obvier aux inconveniens qui pourroient arriver, si quelque mal-intentionné vouloit faire aucune entreprise contre une Province qu'il veut soulager & consoler dans la triste situation où elle se trouve. Les Etats de Dauphiné furent convoqués pour le 15 Octobre ; les peuples cependant n'étoient pas fans crainte, ils apprirent que le Roy étoit arrivé à Lyon avec une partie de fa Gendarmerie & un grand train d'Artillerie. On lui députa donc l'Evêque de Valence, pour lui repréfenter que tant de troupes & ce grand appareil de guerre alloient répandre la terreur dans l'efprit des peuples, & qu'il n'y avoit pas loin de la terreur au défefpoir, & du défefpoir à la révolte. Le Prélat s'expliqua avec tant de force & de prudence, que Charles fe contenta de mener fa garde avec lui. Dès que le Roy fut arrivé à Vienne, il manda le Confeil, & lui repéta ce qu'il avoit deja marqué dans fa Lettre circulaire, qu'il venoit uniquement pour prendre foin d'un pays que le Dauphin avoit abandonné, fans donner aucun ordre pour fa fûreté. On prit la liberté de lui faire connoître que le Prince fon fils avoit pourvû à tout, foit pour des Gouverneurs capables de garder & maintenir la Province, foit par le Confeil, le Parlement, & par tous les autres Officiers néceffaires pour y faire obferver la police & le bon ordre ; qu'ils apprehendoient que le moindre changement qu'on y feroit n'aigrît l'efprit des peuples, & ne caufât plus de

PRÉFACE.

dommage que de profit. Charles persista néanmoins dans sa résolution; sous prétexte que le Dauphin avoit fortifié quelques places, rassemblé des provisions de guerre & de bouche, & levé des troupes, qui pouvoient occasionner quelques troubles: mais on lui représenta que loin qu'il y eût à craindre, on étoit assûré de l'obéissance & de la soumission des peuples, & on le supplia de ne rien changer que son fils n'en eût été averti. En effet, l'Evêque de Valence & Louis de Laval, Seigneur de Châtillon, écrivirent au Dauphin tout ce qui se passoit; & Guillaume de Meulhon lui manda (a) que l'Evêque & le Conseil ont été trouver le Roy, qui leur a dit que jamais il n'avoit été plus affligé que quand il avoit appris que son fils avoit quitté le Dauphiné; qu'il ne s'en approchoit que pour lui tendre les bras, & l'assurer de son affection, qu'il ne feroit aucun changement, & qu'il ne cherchoit qu'à pourvoir à la sûreté de la Province; que la Noblesse qui lui étoit toujours attachée, ne permettroit pas qu'on fît rien à son préjudice.

Le Duc Philippe de Bourgongne ne perdoit pas de vûë la réconciliation de Charles avec

(a) Voyez sa Letttre dans les Recueils de M. l'Abbé Le Grand.

son fils, c'est ce qui l'obligea d'envoyer pour Ambassadeurs, Jean de Croy, Grand Bailli de Haynaut, Simon de Lalain, Seigneur de Montigni, Jean de Cluni, Maître des Requêtes, & le Héraut, Toison d'Or. Ils partirent de Bruxelles à la fin du mois d'Octobre, & n'arrivèrent à Saint Saphorin d'Auzon, que vers la fin du mois suivant. Ils présentèrent au Roy non-seulement les Lettres (a) du Duc de Bourgogne, mais encore celles du Dauphin, (b) qui lui marque son étonnement sur les mauvais bruits que l'on avoit fait courir, qu'il voulût défendre l'entrée du Dauphiné à main armée, & que rien n'a jamais été plus éloigné de sa pensée. Cluni qui portoit la parole, fit connoître au Roy que le Duc (c) son Maître ne pouvoit se dispenser de recevoir avec honneur le fils aîné de France, & de lui rendre le respect justement dû au premier Prince de la maison dont il étoit sorti lui-même. Il y a été d'autant plus engagé, qu'il a trouvé le Dauphin désolé & rempli de frayeur des dangers qu'il avoit courus dans une longue traite ; qu'il est si

(a) Sa Lettre au Recueil de M. Duclos, p. 138.
(b) Voyez sa Lettre au même Recueil, p. 139.
(c) Instruction des Ambassadeurs du Duc de Bourgogne, au même Recueil, p. 144, &c.

PREFACE.

abbatu par la douleur, le chagrin, & par des gemiſſemens continuels, que le Roy n'auroit pû s'empêcher d'en être touché. Le refus que le Duc leur Maître lui auroit fait de l'entrée de ſes Etats, le couvriroit immanquablement d'une tache, dont il ne pourroit ſe laver aux yeux des Seigneurs & du peuple François : refus qui auroit jetté ce jeune Prince dans le déſeſpoir. Au lieu que dans l'azile qu'il lui donne, il cherche à ramener ſon eſprit à ſes véritables devoirs. C'eſt ce qui porte le Duc à ſupplier le Roy avec humilité, de préférer la pitié & la miſéricorde paternelle à la rigueur d'un Maître & d'un Roy irrité; qu'il daigne oublier les chagrins & les déplaiſirs qu'il a reçûs d'un fils repentant, pour lui rendre ſes bonnes graces.

Le tems n'étoit pas encore venu où Charles devoit reprendre les ſentimens de la tendreſſe paternelle ; il s'en tint à ſes premieres réponſes. Le Dauphin perſiſta toujours à demander grace ; c'eſt pourquoi il renvoya pour la ſeconde fois, Croy & Montigny avec une Lettre (a) plus ſoumiſe encore que toutes celles qu'il avoit écrites juſqu'alors. Mais l'inſtruction qui accompagnoit la Lettre, le

(a.) Lettre & inſtruction du Dauphin, dans le Recueil de M. Duclos, p. 154 & 156.

prenoit fur un autre ton. Louis y marquoit, que quoiqu'il n'eût point offenfé le Roy, & que lui-même au contraire eût été lezé, il offroit néanmoins de demander pardon à fon père, & il exige en même tems la reftitution du Dauphiné & le rétabliffement de fa penfion de vingt-quatre mille livres. Il promet enfuite de pardonner aux Miniftres du Roy tout le mal qu'ils lui ont fait, s'ils veulent s'employer à fon entière réconciliation. Il marque enfin qu'il demandera pardon, ou par Lettres, ou par le moyen de la Dauphine fon époufe, ou même qu'il le fera en perfonne, & à genoux à celui que le Roy voudra bien commettre pour recevoir fes foumiffions en fon nom, & comme repréfentant fa perfonne. Le Roy ne fit aucune attention à cette ambaffade; la réconciliation paroiffoit s'éloigner, & les chofes fembloient s'aigrir, puifqu'une troifième ambaffade que le Duc de Bourgogne envoya au mois de Février fuivant, n'opera pas plus que les autres : le Roy ajoûta même de nouveaux griefs à ceux qu'il avoit anciennement, puifque le Dauphin, outre fes plaintes réïterées contre le Roy fon père, en formoit auffi de nouvelles.

Louis, privé de toute efperance fe retira

à Geneppe, petite ville du Brabant, que le Duc de Bourgogne lui avoit donnée pour fa demeure. C'étoit un lieu de retraite & de chaffe. Il s'y livra, mais cependant il eut foin d'employer à la lecture des momens d'oifiveté, où il ne pouvoit prendre ce divertiffement. Quelque prévention qu'on ait contre le Dauphin, on ne fçauroit s'empêcher de croire que la perfécution ne fût grande, & que fes craintes ne duffent être bien fondées, puifque ce Prince qui étoit généreux, aimoit mieux être à la charge du Duc de Bourgogne, que de fe rendre à la Cour du Roy fon pere, où fa qualité de fils aîné & de préfomptif héritier de la Couronne, le devoit faire honorer & refpecter. Peut-être même le Dauphin fe fentoit-il coupable de quelque faute effentielle envers le Roy, dont il apprehendoit la punition. Louis, quoiqu'exilé & fugitif, fe vit traité dans les Pays-Bas avec toute la diftinction que demandoit fa naiffance, il fut choifi pour parrain de la Princeffe Marie de Bourgogne, fille de Charles, Comte de Charolois, & d'Ifabelle de Bourbon. Elle naquit le 12 Février, environ quatre mois après la retraite du Dauphin. C'eft là cette riche & célèbre héritière qui a porté dans la maison d'Autriche ses domaines les plus utiles.

Rien ne faisoit plus d'honneur à la générosité du Duc de Bourgogne, que l'azile qu'il donnoit au premier Prince de la maison de France, dont il étoit issu; cependant l'apprehension de déplaire au Roy Charles, autant que l'amour de la paix & de l'union dans la Famille royale, l'engageoit à faire de tems en tems quelques tentatives, pour adoucir l'esprit d'un père irrité, & ramener le fils à ses devoirs ; mais les circonstances ne faisoient que les aigrir : le Roy rendit plusieurs Déclarations contre ceux qui suivroient le parti du Dauphin, qui n'esperant plus rien de la part de son père, prit la résolution de faire venir dans le Brabant Charlotte de Savoye son épouse, qui étoit restée à Grenoble. Elle en partit le 22 Juin, & le 10 de Juillet, après une marche de plus de six-vingt lieues, elle arriva à Namur, où Louis fût la recevoir. On ne pouvoit pas dire que le Roy, en cédant le Dauphiné à son fils, s'en fût entiérement dépouillé; c'étoit un usufruit accordé, & non un domaine alienné, il y conservoit son droit de souveraineté; ainsi il prétendoit avec raison, que l'évasion du Dauphin lui rendoit l'entier gouvernement

PRÉFACE.

de cette Province Il donna donc de nouvelles provisions de Gouverneur du Dauphiné à Louis de Laval, Seigneur de Châtillon. Le fils outré de cette démarche du père, donna de son côté d'autres provisions au (a) Bâtard d'Armagnac; non content de faire l'éloge de ce brave Officier, il va jusqu'à insulter Châtillon, comme s'il avoit livré le Dauphiné aux ennemis de l'Etat & leur eût prêté serment. Mais à qui ce Seigneur avoit-il fait serment, c'étoit au Roy. Ainsi le Dauphin n'avoit pas lieu de se révolter. Charles offensé de cette conduite hautaine de son fils auroit bien voulu s'en prendre au Duc de Bourgogne, qui lui avoit donné retraite dans ses Etats; mais attaquer ce Prince, n'auroit servi qu'à renouveller des querelles assoupies depuis plus de vingt ans. D'ailleurs, Philippe le Bon étoit assez puissant, & par lui-même, & par d'illustres Alliés, pour se faire respecter & craindre. On attaqua des personnes moins puissantes; il suffisoit d'être parens ou amis de ceux qui avoient suivi le Dauphin pour être exposé à la persécution; c'est ce qu'on fit à l'égard de gens sans défenses, qui n'avoient que la voye de remontrance pour éviter les mauvais traite-

(a) Voyez ces provisions au Recueil de M. Duclos, p. 360.

mens, ou de la patience pour les supporter dès qu'ils avoient le malheur d'être attaqués.

Louis dans la disgrace devint un objet de haine à ses ennemis : ils crurent sans doute se rendre agréables au Roy, en impliquant ce Prince dans les intrigues de Jean, Duc d'Alençon, Prince du Sang de France, qui avoit négocié avec les Anglois pour les engager à faire une descente dans le Royaume. On ne fit pas difficulté par de fausses Lettres, d'y vouloir mêler aussi le Bâtard d'Armagnac ; mais ils furent justifiés & déclarés innocens par l'Arrêt de mort (a), rendu contre ce Duc. Ces accusations quoique fausses, laissoient toujours de fâcheuses traces ; c'étoit ce que souhaitoient les ennemis du Dauphin, dès qu'ils ne pouvoient pas porter plus loin les effets de leur animosité. Le Duc de Bourgogne avoit été sommé comme premier Pair de France, d'assister au procès du Duc d'Alençon, mais il s'en excusa par une ambassade. Le Dauphin saisit cette occasion, pour se recommander à divers Seigneurs de la Cour, & sur-tout à son oncle le Comte

___

(a) Voyez l'extrait de l'Arrêt, dans le Recueil de M. Duclos, p. 172.

PREFACE.

du Maine. Le Roy qui en fut inftruit, fit dire au Dauphin qu'il eût à s'adreffer directement à lui dans les demandes qu'il auroit à faire. Ce font ici les premières étincelles de l'amour paternel qui commençoit à renaître dans le Roy. Son fils ne manqua pas de lui en écrire (a) pour l'en remercier; & par une feconde lettre il confirme à fon père la groffeffe de la Dauphine fon epoufe, dont il lui avoit déja fait part : il eut occafion l'année fuivante, de lui faire fçavoir que cette Princeffe étoit accouchée d'un Prince le 27 Juillet. Louis eut foin d'en écrire au Duc de Berry fon frere, à l'Evêque de Paris, au Parlement, à la Chambre des Comptes, & au Prévôt des Marchands. La difgrace du Dauphin empêcha tous ceux qui reçurent ces Lettres (b) de les ouvrir; ils les envoyèrent au Roy pour fçavoir fes intentions. Charles ne fe contenta pas de répondre à fon fils, & de le féliciter fur l'heureux accouchement de la Dauphine, quelques mois après on lui voit reprendre la tendreffe d'un père pour un fils égaré.

(a) Voyez fa Lettre, p. 174 du Recueil de M. Duclos.

(b) Voyez le Recueil de M. Duclos, p. 158 & fuivantes.

PRÉFACE.

Le Duc de Bourgogne, fut peut-être après le Dauphin celui qui témoigna plus de joye de la naissance du jeune Prince. Ce fut peu de chose pour lui de donner mille livres à celui qui lui en apporta la nouvelle; il ordonna que dans tous ses Etats on fît des réjouissances publiques, qui selon les Ecrivains du tems, alloient au-delà de toute expression. Les parrains furent, le Duc de Bourgogne lui-même, & Antoine de Croy, son premier Chambellan; & la maraine, la Dame de Ravastein, femme d'Adolfe de Cleves, neveu du Duc. Le jeune Prince fut baptisé dans la Paroisse de Geneppe le 5 Août, & nommé Joachim, comme le desiroit le père, sans qu'on en sçache la raison. Le Duc qui étoit le Prince le plus magnifique de son siècle, fit présent à l'enfant d'un meuble d'or & d'argent, qu'il envoya dans la chambre de la Dauphine, & Croy lui donna une nef d'argent du poids de soixante marcs. Le Dauphin frappé de la générosité du Duc, l'en remercia d'une manière touchante, & lui dit tête nuë; « Mon très-cher Oncle, » je vous remercie du bien & de l'honneur » que vous me faites, je ne le pourrai ni » sçaurai desservir (*), car c'est chose im-

(*) Mériter.

» possible ; sinon que pour tout guerdon (*),
» je vous donne mon corps, le corps de ma
» femme & le corps de mon enfant. » A'
peine le Dauphin eut ôté son chapeau,
que le Duc qui n'étoit pas moins sensible
que généreux, mit un genou en terre &
ne voulut jamais se lever que Louis ne fut
couvert. Ce combat d'amitié, de respect &
de reconnoissance, attendrit tous les assistans:
le Dauphin auroit été louable, s'il avoit
toujours conservé ces sentimens, plus rares
entre les Princes qu'entre les particuliers.
La joye & les fêtes furent suivies de la tristesse qu'apporta la mort de ce jeune Prince,
qui décéda le 29 de Novembre suivant. Et
la Dauphin en conçut une si vive douleur,
qu'il fit vœu avec serment de ne toucher
jamais d'autre femme que la sienne; serment
qu'il garda exactement, si l'on en croit Philippe de Comines. Il paroît par là, que quatre filles naturelles qu'il eut, furent avant
ce tems-là les fruits de son oisiveté & de
sa retraite. Le reste de sa vie se trouva trop
agité, pour croire que ce Prince ait joint
dans la suite la passion de l'amour avec celle
de l'ambition.

(*) Récompense, reconnoissance.

PREFACE.

Le deuil de la mort du jeune Prince n'étoit pas encore passé, lorsqu'on vit arriver à Bruxelles l'Evêque de Coutance..... & le Sieur d'Esternay, Général des finances de Normandie, que le Roi Louis XI fit noyer depuis; ces Ambassadeurs de Charles VII venoient principalement pour répéter le Duché de Luxembourg. Le Roy avoit acquis les droits que Guillaume Duc de Saxe tenoit du chef d'Elizabeth, sœur & héritière de Ladislas, Roy de Bohême & de Hongrie, qui étoit mort en 1457 sans laisser de postérité. Le Duc de Bourgogne prétendoit posséder légitimement ce Duché, qu'il avoit, disoit-il, acheté de sa tante... On ne douta plus de voir bientôt la guerre allumée entre ces deux Princes. On en fut encore plus persuadé, lorsque ces mêmes Ambassadeurs suivant leurs instructions, pressèrent le Dauphin de retourner (a) auprès du Roy, qui ne souhaitoit rien avec tant de passion, que de revoir son fils après une absence de treize années. Ils firent connoître à ce Prince que ses soupçons & ses craintes certaines ou imaginaires, avoient eu le tems de se dissiper.

(a) Discours de l'Evêque de Coutance, au Recueil de M. Duclos, p. 185, & le Numéro 1º des preuves qui servent à la Préface.

PREFACE.

Cependant les desirs du pere ne furent point accomplis, Louis resta toujours dans les Pays-Bas : & il avoit raison de ne vouloir point paroître devant le Roy, s'il est vrai, comme le fait entendre une Chronique du tems (a), qu'on l'accusât d'avoir avancé les jours de la belle Agnès Sorel. Cette audience qui se donna le 21 Novembre, en présence de toute la Cour de Bourgogne, fut une des plus célèbres & des plus marquées. Le Duc répondit qu'il n'avoit pas séduit le Dauphin, mais que plein de respect pour la Maison Royale dont il avoit l'honneur d'être, il lui avoit donné un azile volontaire, & lui rendoit tout ce qui étoit dû à sa naissance; qu'en cela il croyoit servir le Roy (b); qu'il auroit voulu mieux faire, & qu'il ne l'abandonneroit jamais. D'ailleurs le Dauphin étoit libre, il ne le retenoit point, & s'il vouloit retourner à la Cour, il le feroit accompagner par le Comte de Charolois, ou le conduiroit lui-même en si bonne compagnie, qu'il n'auroit rien à craindre.

L'Evêque d'Arras, Jean Joffrey ou Joffredy, qui étoit près du Dauphin, répon-

(a) Chronique manuscrite de la Bibliotheque du Roy, Vol. 6762 p. 224 du Recueil de M. Duclos.
(b) Mémoires manuscrits de M. l'Abbé le Grand.

dit pour ce Prince par un Discours assez étendu & rempli de l'éloquence embarrassée & bisarre de ces anciens tems. Il ne laissa pas néanmoins, après un éloge (a) outré du Roy Charles VII, de dire beaucoup de vérités sur la conduite que l'on tenoit envers le fils aîné de France & le présomptif héritier de la Couronne; & adressant toujours la parole à l'Evêque de Coutance, qui avoit parlé pour les autres Ambassadeurs, il lui rappelle ce que Louis avoit fait de remarquable dans le Royaume, & le compare avec l'extrême abaissement où on le tient en le privant de toute subsistance. Il marque combien de fois le Dauphin a envoyé vers le Roy son père lui demander pardon, & lui offrir de se soumettre à tout ce que les Seigneurs du Sang trouveroient juste & raisonnable sur les sujets de plainte qu'on formoit contre lui, quoiqu'il ne se crût pas coupable. Non-seulement il n'avoit jamais eu de réponse favorable, mais toutes ses offres avoient été rejettées avec quelque sorte de mépris; loin de l'attirer par la douceur & par une prudente condescendance, on s'étoit appliqué à le maltraiter par la privation de ses do-

---

(a) Voyez le Recueil de M. Duclos, p. 219.

maines

maines en France, de sa pension & de tout ce qu'il pouvoit posséder. Qu'enfin après avoir soulevé le Dauphiné contre lui, on l'en avoit chassé, & même on l'avoit poursuivi assez avant sur les terres du Duc de Bourgogne, on s'étoit appliqué à lui débaucher ses serviteurs & ses Officiers, jusques à persécuter même ceux qui lui étoient restés fidèles : que loin de traiter la Dauphine avec tous les égards dûs à une grande Princesse & à l'épouse du fils aîné de France, comme le Roy l'avoit promis, on l'avoit privée du nécessaire : à peine même lui laissa-t'on une mauvaise robe déchirée, lorsqu'elle prit la résolution de venir rejoindre son mari. Il a soin néanmoins de disculper le Roy sur toutes ces entreprises odieuses, qu'il rejette avec raison sur des instigations particulières, ce qui donne lieu au Dauphin de tout appréhender, dans la pensée où il est qu'il ne seroit pas le premier Prince que de semblables cabales auroient fait périr misérablement ; ce qu'il montre par l'exemple de Joseph & de Scipion, que la jalousie persécuta jusqu'à vendre le premier comme un vil esclave, & le second se vit contraint de passer tristement le reste de ses jours dans un exil forcé.

Tome X. F

PRÉFACE.

Lorsque les Ambassadeurs de France partirent de Bruxelles, Louis leur remit une lettre soumise & respectueuse (a) pour le Roy son pere; mais comme c'est une lettre de créance, il paroît qu'il les avoit chargés de quelque chose de plus particulier que ce qui regardoit sa réconciliation. Quoiqu'il parût vivre à Geneppe dans une sorte d'indolence & d'oisiveté, il ne laissa pas néanmoins sur la fin de l'année, d'envoyer Houarte, son premier Valet-de-Chambre, vers le Roy son pere, avec une pareille lettre de créance. Charles ouit ce domestique assez long-tems en particulier, & le fit ensuite expédier par le Conseil, le 10 Janvier 1461. On voit par cette réponse que les envoyés du Dauphin aigrissoient souvent leur Maître, en ne lui rapportant pas fidellement l'état des choses; peut-être Louis en avoit-il quelque soupçon, puisqu'il prend le parti d'envoyer celui de ses Officiers commensaux, en qui il avoit plus de confiance. Il semble que les choses tendoient à un accommodement: le Roy, par cette réponse plus favorable qu'aucune de celles qu'il avoit faites, rentroit dans les véritables sentimens d'un pere. Il ne souhai-

_____

(a) Cette Lettre est p. 215 du Recueil de M. Duclos.

PRÉFACE.

toit qu'une chose, c'étoit de voir son fils auprès de lui, n'eusse été que pour peu de jours. Houarte revint, ce n'étoit pas ce que Charles demandoit, il vouloit voir le Dauphin; il n'eut pas cette consolation; ce père infortuné, toujours obsédé par les ennemis de son fils, se persuada que ce Prince en vouloit à sa vie. On lui inspira si fortement cette triste & fatale imagination, qu'il en tomba malade; il s'abstint volontairement de toute nourriture pendant plusieurs jours; & lorsqu'on voulut lui faire prendre quelque chose, il n'étoit plus tems. Ainsi les ennemis du Dauphin ne cherchèrent à perdre le fils qu'au dépens de la vie du père, qui mourut à Meun-sur-Yevre, le 22 Juillet 1461, entre une & deux heures après midi. Prince qui auroit été le plus heureux de tous les Souverains, si au lieu de s'abandonner aveuglément à ses Ministres & à ses Favoris, il avoit sçû prendre sur eux l'empire qui convient à un grand Roy, qui veut gouverner sagement. Tout le tems de la maladie de Charles (*) se passa en mouvemens, mais rien ne fut proposé au préjudice du

(*) Lettre du Comte de Foix, n°. 3 des Pieces justificatives de la Préface

Dauphin, c'est-à-dire, de la Loi de l'Etat. Il ne pouvoit y avoir aucun doute, il n'étoit pas vraisemblable qu'il se formât aucun parti contre une loi claire & reconnue, contre une loi pratiquée dans tous les tems, & à laquelle on n'avoit jamais dérogé. On s'attacha seulement à faire connoître à ceux du Conseil, qui faisoient encore les importans, qu'il n'étoit pas séant de les voir continuellement opposés aux Seigneurs & en différends avec eux. C'est ce que marque Gaston de Foix dans sa lettre, au Roy Louis XI. On jugea donc qu'il falloit que tous unanimement Seigneurs & Ministres écrivissent au Dauphin, pour lui apprendre la situation du Roy, qui mourut quatre jours après la datte de la lettre qu'on lui avoit envoyée.

Louis sçut la mort de son pere le 24 ou le 25 de Juillet. Comme il étoit préparé à cet évenement, il partit aussi-tôt de Genep & se rendit à Maubeuge, d'où il écrivit au Maréchal de Saintrailles, pour lui ordonner d'aller prendre possession de la Guyenne en son nom, & de faire prêter serment aux habitans de cette Province. Voici son Ordonnance.

« LOYS, par la grace de Dieu, Roy de

PRÉFACE.

» France, à notre amé & féal le Sire de
» Saintrailles, Maréchal de France, Salut.
» Comme par le trépas de noftre très-chier
» Seigneur & Pere, la Couronne & Sei-
» gneurie de noftre Royaume nous foit ad-
» venue, vous mandons que fans délai vous
» vous tranfportez par toutes les bonnes
» villes & places fortes de noftre pays de
» Guyenne, & d'icelles prenez la poffeffion
» pour & au nom de nous; & fe befoing
» eft, faites affembler tous les habitans,
» nobles, gens d'Eglife & autres, & leur
» dittes & expofez de par nous le bon vou-
» loir & efpoir que avons à eulx, & ce fait,
» leur faictes faire le ferment de nous bien
» fervir & obéir. De ce que fait aura efté,
» nous faictes faire réponfe par deux des
» plus notables Bourgeois des principales
» villes de Guyenne. Donné à Maubeuge le
» 27 Juillet 1461 (a) ». Je rapporte cette
lettre d'autant plus volontiers, que les Hiftoriens ne font pas mention du féjour de
Louis XI à Maubeuge. Le Maréchal mourut
quelques femaines après avoir reçû cet ordre. De Maubeuge la Cour fe rendit à Avef-

___
(a) Voyez l'original dans les Recueils de M. Le
Grand, où le Sceau manque.

nes, où Louis avoit donné rendez-vous au Duc de Bourgogne, lorsqu'il lui fit part de la mort du Roy son pere. On soupçonnoit que ceux qui avoient fait sortir ce Prince du Royaume, voudroient peut-être l'empêcher d'y rentrer; les bruits même en furent assez grands. Mais ces rumeurs populaires, quoique sans fondement, obligerent le Duc de Bourgogne de mander toute sa noblesse pour surmonter les obstacles qui pourroient s'y trouver. Loin que cela fut, on vit arriver de toutes parts un si grand nombre de Seigneurs François, que le nouveau Roy crut devoir prier le Duc Philippe de congédier une partie des Gentilshommes de ses Etats, & de ne retenir que les principaux avec sa Maison. Le Parlement députa le 25 de Juillet trois Présidens & un certain nombre de Conseillers, avec le Procureur-Général & un Huissier, pour aller recevoir à Avesnes les ordres du nouveau Roy. Jean Jouvenel des Ursins, Archevêque de Reims, s'y rendit aussi. Il étoit à la tête de la députation de sa ville, qu'il présenta au Roy. Lorsqu'il demanda audience, le Roy lui dit, & lui répéta même d'être court. Il pressa ce (a)

―――――――――――
(a) MSS. de Dupuy, vol. 519, p. 252 du Recueil de M. Duclos.

Prince d'aller à Reims pour s'y faire sacrer. Le Duc de Bourgogne que Louis attendoit à Avesnes, y vint accompagné du Comte de Charolois son fils. Lorsqu'ils furent arrivés, on célébra un Service pour le feu Roy. Mais comme Louis rentroit dans le Royaume dénué de tout, il se vit contraint de faire une levée extraordinaire sur son peuple pour les frais du Sacre, & pour d'autres besoins pressans.

Dès que la cérémonie fut faite, le Roy prit avec toute sa Cour le chemin de Reims, & sa reconnoissance le porta à commander que par-tout où passeroit le Duc de Bourgongne, on lui rendît les mêmes honneurs qu'à sa propre personne. Il ordonna que la ville de Reims vînt au-devant de ce Prince jusques à l'Abbaye de Saint Thierry, que l'Archevêque le reçût à la porte de la ville, qu'on lui présentât les clefs, & que dans la Harangue qui lui seroit faite on ne manquât pas de dire qu'on lui étoit redevable de la conservation du Roy. Louis voulut que tant que ce Duc seroit dans la ville, on prît l'ordre de lui ; & que si quelqu'un de sa suite commettoit quelques excès, on se contentât d'écrire leurs noms, & que lui-même se chargeoit d'en parler selon que la chose le mériteroit.

PRÉFACE.

Les ordres du Roy furent exécutés, Philippe fut loger à Reims & Louis attendit quelques jours dans l'Abbaye de Saint Thierry que l'on apprêtât tout ce qui étoit nécessaire pour son Sacre. Le 14ᵉ d'Août 1461, veille du Sacre, le Duc de Bourgogne accompagné du Comte de Charolois son fils, des Comtes de Nevers & d'Estampes ses neveux, du Comte de Saint-Pol, du Seigneur de Ravestein & d'un grand nombre d'autres Seigneurs, qui étoient l'élite de la Noblesse de ses Etats, alla prendre le Roy à Saint Thierry & l'amena à Reims, & le lendemain 15ᵉ il fut sacré avec les cérémonies ordinaires, en présence du Légat du Saint-Siege & de plusieurs autres Prélats. Ce fut inutilement que le Duc de Bourgogne, auquel le nouveau Roy ne devoit rien refuser, se prosterna pour demander grace pour tous les Officiers du feu Roy, qui l'avoient mécontenté lorsqu'il n'étoit que Dauphin. Louis n'aimoit point à pardonner, ç'a été son vice le plus marqué, ainsi il n'accorda au Duc qu'une partie de sa demande ; mais du moins corrigea-t'il ce refus par le bien qu'il fit à ceux (*) qui l'avoient servi dans sa disgrace :

(*) C'est ainsi que les premiers jours de son règne, il récompensa Imbert de Batarnay sieur du Boucage, qui l'avoit suivi dans ses disgraces. Il lui donna les Capi-

PRÉFACE.

Antoine de Croy fut fait Grand-Maître de sa maison. Il donna le Bâton de Maréchal au Bâtard d'Armagnac, aussi-bien que le Comté de Comminges & la Seigneurie de Mauleon-de-Soule, entre le Bearn & la Navarre. Il avoit déja le Gouvernement de Dauphiné, & Louis y ajouta celui de Guyenne : il fut le mieux récompensé de tous ceux qui avoient suivi la disgrace du Dauphin. Joachim Rouaut, Seigneur de Gamaches (a), obtint la dignité de Maréchal de France; cependant sa faveur déclina sur la fin de ce Regne, & ses services n'empêcherent pas qu'il n'y eût un Arrêt rendu contre lui pour concussions & malversations. Ce Prince sçavoit récompenser; mais il ne vouloit pas qu'on lui manquât en rien, ni qu'on se récompensât soi-même. Il exigeoit que ses Favoris lui eussent obligation des graces qu'ils sçavoient mériter par des services ou par un attachement sans bornes. Deux jours après le Sacre, le Duc de Bourgogne fit hommage au Roy (**) de tout ce qu'il tenoit de la Couronne. De Reims toute

taineries & la garde de Blaye & de Dax. (Voy n°. 5).
(Note des Éditeurs).

(a) Près de la ville d'Eu au pays de Caux.
(**) Voyez les Preuv. de la Préface numéros 15 & 16.

la Cour se rendit à Meaux & à Saint Denis, où l'on fit un Service pour le repos de l'ame du feu Roy; enfin le dernier jour du mois, Louis fit à Paris l'Entrée la plus célèbre qu'on eût vû jusqu'alors.

Les premiers soins du nouveau Roy le porterent à régler les affaires du Gouvernement. Jamais Prince ne monta sur le Trône dans des conjonctures plus favorables, ni avec des qualités plus propres pour en profiter. Il avoit passé les premiers feux de la jeunesse; sa réputation étoit bien établie au dedans & & au dehors. Les disgraces & les persécutions avoient augmenté son expérience, & devoient l'empêcher de se livrer à son humeur. Il courut trop tôt à la vengeance; il commença par la Robe, & alla successivement aux autres Etats. La prison que souffrit d'abord Guillaume Cousinot, Bailli de Rouen, homme d'un rare merite, fut un avertissement aux autres, d'éviter par la fuite un pareil traitement; on ne vit que changemens dans la fortune de ceux qui par la fidelité & leurs services, avoient merité sous le feu Roy, d'être mis dans les grands postes de la Cour, & des Provinces, qu'ils remplissoient avec honneur. On étoit au contraire étonné de ne voir entrer à leur place que des hommes nouveaux dans des emplois, dont ils s'acquitterent très-mal. Louis eut tout lieu depuis de se repentir de cette conduite, aussibien que des remissions qu'il accorda & de la liberté qu'il rendit au Duc d'Alençon & au Comte d'Armagnac, justement condamnés sous le dernier regne. Le premier par un crime d'Etat, avoit cherché à introduire dans le Royaume les Anglois, anciens ennemis de la Couronne ; & le Comte d'Armagnac fut convaincu, non-seulement de crime de leze-Majesté, mais encore d'un inceste habituel avec sa propre sœur, qu'il avoit épousée sous l'autorité d'une fausse dispense, enfin il étoit coupable de sédition, de meurtres, & de tous les autres excès, ausquels se livre un Seigneur, soutenu de forces considérables, mais qui n'avoit ni mœurs, ni aucun des principes de la vie civile ; on le verra périr dans la suite, d'une maniere cependant moins funeste que ses crimes ne meritoient. Les séditions de Reims, d'Angers, d'Alençon, d'Aurillac, furent de tristes présages d'un règne qui seroit agité & tumultueux.

Quand le Roy fut sorti des embarras que donnent les commencemens d'un gouvernement aussi étendu que celui d'un grand

Royaume, il envoya vers le Pape Pie II pour faire au Saint Siége, l'obedience filiale, que nos Rois nouvellement arrivés à la Couronne, (*) rendent comme très-Chrétiens & fils aînés de l'Eglise. Les lettres d'obedience font de la fin du mois de Novembre. L'Ambaffade néanmoins ne partit que vers le commencement de l'année 1462 ; Louis fit dans cette occafion une démarche qui furprit l'Eglife de France ; il promit au Pape l'abrogation de la Pragmatique fanction, loi peu agréable à la Cour de Rome, parce qu'elle remettoit en vigueur les Elections aux Prélatures, conformement au droit commun ancien ; & par là, elle privoit cette Cour de beaucoup de droits qu'elle croyoit lui appartenir. Cette affaire avoit été négociée par Jean Joffredy, Evêque d'Arras & Légat du Pape auprès de Louis XI ; il en eut le Chapeau de Cardinal, & devint enfuite Evêque d'Albi. Cependant le peu de menagemens que les Papes eurent alors pour nos Rois, empêcherent l'entier anéantiffement de cette loi, qui fubfifta encore jufques au commencement du regne de François I, c'eft-à-dire,

(a) Voyez ces Lettres d'obédience, vol. 8445 de la Bibliothèque du Roi, folio 8 parmi ceux de Bethune.

PRÉFACE.

pendant près de soixante ans. L'Evêque d'Angers, Jean de Beauveau, qui fut de cette ambassade, conduisit avec lui à Rome, Jean Baluë, homme célèbre sous le regne de Louis XI soit par sa grande faveur auprès du Roy, soit par sa trahison, soit enfin par une disgrace complette, qu'il n'avoit que trop meritée. Louis ne put tirer aucun fruit de l'abolition de la Pragmatique : le Pape néanmoins lui envoya une épée benite, par son Nonce, Antoine de Nocetis ou de Noxe, à qui le Roy fit des presens qui valoient beaucoup plus que cette épée. L'ambassade du Roy fut reçûë très-favorablement à Rome, on lui prodigua les honneurs; le Pape fit l'éloge (*) de la pieté de nos Rois, & surtout de Louis XI. Il s'épuisa en paroles pour louer un Prince qui venoit de supprimer une loi odieuse; en quoi, selon le Souverain Pontife, il avoit plus fait que tous les Rois & les Empereurs de la Maison de France, qui avoient été les défenseurs de la Réligion, & les protecteurs du S. Siége.

Le Pape fit bien voir qu'il parloit d'affection dans cette rencontre, puisqu'il ordonna

(a) La harangue du Pape Pie II se trouve au vol. 529 des MSS. de Dupuy.

que toutes les boutiques de Rome seroient fermées pendant trois jours; qu'on seroit des processions en actions de graces dans toutes les Eglises; que le soir il y auroit dans toutes les ruës, des illuminations & des feux. Ces ordres si exactement donnés, firent croire au peuple, qu'il ne pouvoit témoigner trop de joye pour la suppression d'une loi, qui paroissoit à Rome la plus inique de toutes les loix. On la représenta donc par des Phantômes, que l'on traîna dans les ruës, & qu'enfin on brûla avec éclat & solemnité. Cette Capitale du monde Chrétien retentissoit des éloges d'un Pape qui avoit terminé une affaire que ses trois prédecesseurs immédiats n'avoient osé entreprendre. Louis cependant n'étoit pas content, il avoit demandé pour l'abolition de la Pragmatique que le Pape accordât à René, Duc d'Anjou, l'investiture du Royaume de Naples; mais Sixte en avoit disposé autrement. Et comme la première ambassade n'avoit pas reussi, le Roy en depêcha une seconde; il envoya au Pape, Hugues Massip, connu sous le nom de Bournasel, Sénéchal de Toulouse. Il remit à Pie II une lettre de plaintes de la part du Roy; il parla ferme dans l'audience qui lui fut donnée : mais le Pape étoit guidé par le Cardinal d'Arras, qui lui conseilla de répondre avec encore plus de fermeté. Le Roy avoit fait la demarche que Rome demandoit, il n'y avoit plus à en revenir. Ainsi, le Pape suivit ses propres interêts, d'une maniere plus exacte, que n'avoit fait Louis XI.

Dès que le Roy Charles VII fut décédé, François II, Duc de Bretagne, envoya vers le nouveau Roy, pour lui faire des complimens sur la mort de son pere, & sur son avénement à la Couronne. Quoique Louis ne fut pas content de la conduite que le Duc avoit tenue à son égard; il eut cependant la prudence de n'en faire rien connoître; on sçait que la dissimulation fut la baze de sa politique. Le Duc de Bretagne, qui étoit vassal de la Couronne, se disposa pour venir faire hommage au nouveau Roy. Il tint un grand Conseil, pour sçavoir de quelle manière il se conduiroit; enfin après bien des difficultés formées de part & d'autre, il fut résolu (a) que ce seroit conformément à

(a) DÉLIBÉRATION DU CONSEIL DU DUC DE BRETAGNE SUR SON HOMMAGE.

« Furent ordonées & délibérées les choses qui ensuivent, qui sont à besongner touchant le voyage que fait le Duc en France,

PREFACE.

ce qu'avoient fait ses prédécesseurs. Tel fut le sage témpéramment que l'on trouva pour empêcher toutes les contestations qui pouvoient naître entre le Roy & son vassal. Le Duc, muni des avis de son Conseil, se rendit à Tours, près de Louis XI, où il se fit accompagner par ce qu'il y avoit de plus distingué dans la noblesse de Bretagne. Comme il vouloit paroître dans ce premier

» Le Duc faisant son homage du Duché de Bretagne,
» dira qu'il ne fait point l'homage lige ; mais fait son
» homage en la maniere que ses prédécesseurs ont fait : &
» quelque réiteration de paroles qu'il ait en cette ma-
» tiere de la part du Roy, le Duc & ses gens demeu-
» reront en celui entendement, & leur en demeureront
» les dernieres paroles. Et à servir cet article le Tré-
» sorier des Lettres baillera au Vice-Chancelier les
» Lettres & instrumens des précedens homages, tant de
» la part du Duc que de la part du Roy : & à difference
» dudit homage de Bretagne en faisant son homage de
» la Comté de Montfort & des autres Terres qu'il tient
» en France, fera l'homage-lige déceint & à genoux.

» Item. De la Pairie de France ne sera fait nul ho-
» mage ; & si le Roy & ses gens en parlent, sera ex-
» pressément dit qu'il n'en fait point d'homage pour le
» présent.

» Item. D'obtenir cassation & annulation des exploits
» faits par M. Arnould Boucher & Guillaume de Paris,
» Commissaires du Roy, & Nicolas Furant, Sergent
» du Roy.

voyage

PRÉFACE.

ge avec magnificence, il fit marcher avec lui fes plus riches meubles, fa tréforerie, & tout ce qu'il s'imagina pouvoir éblouir Louis & toute fa Cour. Il fe difpofoit à faire beaucoup de préfens; mais le Roy qui craignoit qu'on ne féduisît fes Courtifans, ne le trouva pas bon; il permit feulement au Comte de Dunois, à l'Amiral de Montauban, & à quelques autres de régaler le Duc, qui fut contraint de remporter les préfens qu'il avoit deftinés à plufieurs perfonnes de marque. Il

» Touchant l'execution de l'Arrêt contre l'Evêque
» de Nantes, fi on peut trouver moyen, ou en com-
» muniquant des autres matieres du Roy & du Duc, ou
» fur les remontrances d'aucunes novalités qui ont été
» faites fous une claufe génerale ou autrement, de fur-
» féoir l'execution dudit Arrêt, fans parler de la com-
» munication autrefois accordée, feroit bon d'impetrer
» ladite furféance en plus long terme qu'eftre fe pourra,
» & en doit-on paffer (ou parler) avec Meffieurs de
» Dunois & l'Amiral (c'étoit Montauban) afin que par
» leur moyen on y puiffe parvenir, fi eftre peut.

» Sinon on remonftrera la matière de ladite conven-
» tion, pendant laquelle a été toujours furfife l'execution
» dudit Arrêt; & requerra, dit-on, ladite Surféance jufqu'à
» ce que ladite convention fe fera, ou par le moyen de
» mefdits Sieurs mettre le terme au plus loing qu'eftre
» fe pourra. Expedié à Nantes en Confeil, le 5 Décem-
» bre 1461 » (V. les Recueils de M. l'Abbé Le Grand.)

fit fon hommage tel qu'il avoit été reglé; & le Roy, loin de faire paroître aucun mécontentement, voulut lui-même gagner le Duc par fes bienfaits, & par quelque forte de confiance. Il lui donna des lettres de Lieutenant-Général des Provinces d'audeça de la Loire, pour le tems que Sa Majefté employeroit à un voyage qu'elle avoit réfolu de faire vers les frontières de France & d'Efpagne. Louis cependant ne vouloit point partir fans aller auparavant en Pélérinage à Saint Sauveur de Redon, ville & Abbaye célèbre du Diocèfe de Vannes. Mais le Duc appréhendoit que ce Prince ne cachât quelque deffein, fous un prétexte de dévotion : il ne fe paffa rien néanmoins au préjudice du Duc de Bretagne; & le Roy fut cette fois vrayment dévot.

Louis revint à Nantes, d'où il prit la route de Bordeaux; il s'arrêta quelque tems aux environs de cette ville, pour attendre que le Roy d'Arragon fût au rendez-vous qu'ils s'étoient donnés. Le fujet de leur entrevuë, étoit la pacification des troubles de Catalogne, dont les habitans foulevés avoient pris les armes. Louis marcha de Bordeaux à Dax & à Ortez; & de-là à Sauveterre dans le Bearn. Jean II, Roy d'Arragon, fe rendit

PRÉFACE.

à Saint-Palais dans la basse Navarre : on convint du tems & du lieu de l'entrevuë, qui se fit au pont de Serain, à moitié chemin des endroits où s'étoient rendus les deux Rois. Cette entrevuë produisit une ligue offensive & défensive, entre Louis XI & le Roy d'Arragon. Ce dernier manquoit d'argent, sans quoi il ne lui étoit pas possible de soutenir la guerre, ni de soumettre ses sujets révoltés. Louis lui prêta trois cents cinquante mille écus d'or ; & pour sûreté d'une somme aussi considérable, il lui engagea (*) le Roussillon & la Cerdaigne, & principalement les places de Perpignan & de Collioure : ce traité fut signé à Bayonne le 9 de May, & ratifié par le Roy Jean à Sarragoce le 23 du même mois ; & par le Roy Louis à Chinon le 15 Juin suivant. Les rebelles furent soumis par les (**) armes de France ; mais le Roy d'Arragon, qui croyoit n'avoir plus besoin du secours de Louis XI, employa des intrigues secrettes pour faire soulever les habitans de Perpignan ; la revolte dura peu, mais il fallut y employer la voye des armes.

(*) Voyez les Preuves, n°. 28.
(**) N°. 39 des Preuves.

PRÉFACE.

Henri IV Roy de Castille, eut tout lieu d'être inquiet des secours que Louis donnoit au Roy Jean d'Arragon, avec lequel le Castillan avoit quelques contestations : les inquiétudes de Henri étoient d'autant mieux fondées, qu'il y avoit depuis plus de 300 ans des alliances entre les Royaumes de France & de Castille; ces alliances renouvellées depuis peu, étoient stipulées, non-seulement de Couronne à Couronne, & de Roi à Roi; mais même de peuple à peuple. Il fallut en venir à des éclaircissemens qui exigeoient une entrevuë entre ces trois Rois. Louis s'y prêta volontiers, & crut qu'il pourroit trouver moyen d'accorder ces deux Puissances, qui l'avoient pris pour médiateur. Il se rendit donc à Bayonne : on tint des conférences, où chacun cherchoit à se tromper; le Roy d'Arragon vouloit retirer le Roussillon, sans payer Louis XI, qui d'un autre côté s'appliquoit à tromper l'Arragonois, par les droits qu'il avoit du chef de sa mere sur l'Arragon. Elle étoit aussi-bien que son ayeule, de la Maison d'Anjou, dont Louis soutenoit les intérêts. Henri IV ne parloit que de ses prétentions sur le Royaume de Navarre; prétentions également extraordinaires & mal-fondées. Louis fut donc arbitre de leurs différens, & toutes les parties se plaignirent de son jugement; les uns prétendoient qu'il ne leur avoit point accordé assez; les autres publioient qu'il avoit traité leur partie trop favorablement. Louis en se rendant à Bayonne, passa par la Rochelle, où il vit la Reine sa mere pour la derniere fois. Cette Princesse avoit résolu, suivant la dévotion du tems, d'aller en Pélérinage à Saint Jacques de Compostelle, dans la Galice; elle y fut, & mourut peu de tems après son retour. Dans sa route, le Roy reçut un courier de Jacques d'Armagnac, Duc de Nemours, qui lui annonçoit la réduction entière de la ville de Perpignan, qui s'étoit revoltée, & pour laquelle il fallut expédier une rémission. (*)

Henri Roy de Castille eut beaucoup de peine à consentir à l'entrevuë, cependant il s'y détermina & le fit. Comme il étoit magnifique, il y parut avec tout l'éclat d'un Roy qui aimoit extraordinairement le faste; toute sa Cour ne fut pas moins brillante : le Roy d'Arragon n'y vint pas, il se contenta d'y envoyer la Reine son épouse avec un Conseil : le Roy Louis XI y fut, mais d'une

_____
(*) Voyez cette rémission, n°. 40 des Preuves.

maniere simple, n'ayant pour toute décoration que le titre de Roy Très-Chrétien. Sa fuite composée des Seigneurs du Sang, & d'autres personnages distingués par leur naissance & par leurs charges, imita la simplicité du Roy. Henri de Castille passa la riviere de Bidassoa, & vint trouver Louis XI qui l'attendoit. Ces deux Princes s'embrasserent & se retirerent à l'écart sur une petite éminence; après une demi heure de conversation, le Roy de France appella l'Archevêque de Tolede, le Marquis de Villena, le Comte de Cominges, & Alvare Gomez, Secrétaire Espagnol, qui avoit écrit tout ce qui s'étoit passé. Il lui commanda de lire le traité qui venoit d'être conclu. Après les conférences, Louis alla voir le 10 d'Avril la Reine d'Arragon, qui étoit à Ustariz, à quatre lieues au sud de Bayonne; il lui envoya quelques rafraichissemens, & toute la Cour de cette Princesse, aussi-bien que celle du Roy de Castille, fut comblée des présens que Louis leur distribuoit avec une sorte de profusion. Cependant les deux Rois se séparerent assés mécontens l'un de l'autre.

Deux grandes affaires terminèrent cette année, l'une étoit particuliere, & l'autre in-

PREFACE.

téressoit l'Etat ou l'ordre public. La premiere est celle du Comte de Dammartin; la seconde regarde le rachat des villes de la riviere de Somme. Antoine de Chabannes, Comte de Dammartin, étoit un de ces hommes rares, dont on a peine à trouver deux exemples dans chaque siécle. Né d'une Maison qui remonte par les femmes aux anciens Comtes de Bigore; il soutint, & par ses services, & par la dignité de son caractere, la noblesse de sa naissance; il avoit suivi le Dauphin dans presque toutes ses expéditions, même dans l'affaire de la Praguerie en 1440, aussi-bien qu'à celle de Dieppe & des Suisses. Mais il étoit devenu désagréable à ce Prince, pour avoir refusé de tuer Pierre de Brezé, Grand Sénéchal de Normandie, (a) que Louis avoit pris en aversion. Dammartin vouloit bien se battre, suivant les régles de l'honneur, mais point autrement : le Dauphin au contraire exigeoit que ce fut de guet-à-pens. Telle fut la premiere cause de leur refroidissement; Dammartin eut même la prudence de passer sur un démenti que lui donna le jeune Prince, en présence du

(a) Vies de Jacques & Antoine de Chabanes, in-12, Paris, 1617, p. 38, &c.

Roy, quoiqu'il fçût lui faire fentir combien il en étoit touché. L'indifférence augmenta par la dépofition dont nous avons parlé: enfin elle fe tourna en haine, à l'occafion des ordres que Dammartin reçut de Charles, de pourfuivre le Dauphin, lorfqu'il abandonna le Dauphiné en 1456. L'intime faveur où il fut enfuite auprès du Roy, ne fit qu'aggraver l'averfion que Louis avoit conçue pour lui. Ainfi qu'on ne foit pas étonné de voir Dammartin exclu de l'amniftie, que le Dauphin parvenu à la Couronne, accorda aux autres Officiers du Roy fon pere, qui lui avoient été contraires. Ce Seigneur fentit tout ce qu'il devoit craindre d'un Prince irrité, tel que Louis XI, & d'autant plus à redouter, qu'il avoit tort. Dammartin auroit tenté de fortir du Royaume, s'il eut crû le pouvoir faire avec fûreté; mais tous fes domeftiques le quittèrent, un feul lui refta fidèle; ce fut le nommé Voyault Dimonville, qui lui protefta que jamais il ne l'abandonneroit (b). Dammartin (*) le chargea de plufieurs lettres pour

(b) Voyez la Chronique extraite.
(*) Voyez le n°. 4 des Preuves.

PRÉFACE.

le Duc de Bourgongne, pour l'Amiral de Montauban, son ancien ami, aussi-bien que pour Boniface de Valpergue, & pour Joachim Rouault, Seigneur de Gamaches. Voyault part de Mehun, & se rend à Avesnes, muni d'amples instructions de la part de son Maître. Il s'adressa d'abord à Montauban. Ce Courtisan tout bouffi de la grace que le nouveau Roy venoit de lui faire, en lui accordant la charge d'Amiral, eut à peine apperçu la signature de Dammartin, qu'il déchire la lettre & la foule aux pieds; il arrête même ce fidèle domestique; & prie un Chevalier Flamand, homme hardi & courageux qu'il menoit dîner avec lui, de tenir Voyault jusqu'à ce qu'il eut trouvé quelqu'un pour le conduire en prison. Le Chevalier le fit, croyant qu'il s'agissoit de quelque grand crime : il ne laissa pas d'interroger ce domestique; mais, dit l'Historien, « quand le Chevalier eut bien entendu tout
» le cas & la mauvaisté & ingratitude de
» l'Admiral, si le print par le bras en lui
» disant, Monsieur, que voulez-vous faire?
» Vous sçavez qu'il n'y a gueres que le Roy
» vous a donné l'office d'dAmiral, & par-
» avant n'en aviez point d'autre; montrez
» que vous êtes sage & homme digne de

» mémoire, & devez tâcher d'acquérir bruit
» & honneur, & non pas croire votre fu-
» reur. Vous fçavez que du tems du feu Roy
» Charles, le Comte de Dammartin vous
» a fait tous les plaifirs qu'il a pû faire :
» confidérez auffi fi vous envoyiez un mef-
» fage par devers un, que vous penfiffiez,
» qu'il fût votre ami, & le requeriez d'au-
» cune chofe, & il lui fît defplaifir, vous
» ne feriez pas joyeux ». Sans cette fage
remontrance du Chevalier Flamand, Voyault
couroit rifque d'être jetté dans la riviere ;
c'étoit le ftyle du tems. Valpergue en ufa
de même, & fit de pareilles menaces.

L'émiffaire du Comte de Dammartin quoiqu'affligé, quoique trifte, ne fe décourage
pas. Il rencontre heureufement un domeftique
de fa connoiffance, qui étoit auprès de Jean
de Reilhac, Secretaire du Roy, qui l'emmene
avec luy. Reilhac au retour de chez le Roy,
voyant un homme inconnu, s'informe de fa
condition, lui parle & lui remontre la faute
qu'il faifoit d'abandonner un maître bienfai-
fant, parce qu'il eft dans la difgrace. Voyault
avoit d'abord déguifé fa miffion ; il difoit qu'il
avoit quitté le fervice de Dammartin pour
chercher un maître : mais la remontrance
de Reilhac lui donna lieu de s'ouvrir fur

le sujet de son voyage. Ce Ministre, chose rare dans ces tems orageux, fut touché de compassion pour un homme disgracié; il fit sçavoir à Dammartin qu'il eût à prendre courage, & qu'il esperoit qu'on le rappelleroit dans peu : mais que jusques-là, il lui conseilloit de mettre sa personne à couvert. Joachim Rouault étoit parti d'Avesne, pour aller exécuter à Laon quelques ordres du Roy. Voyault le va trouver, & il en tira une réponse aussi favorable qu'avoit été celle de Reilhac. Dammartin qui attendoit à Saint Fargeau, le retour de ce fidèle domestique, trouva quelques consolations dans les Lettres de Reilhac & Rouault : mais il ne falloit point en rester là. Voyault fut donc envoyé à Reims, où la Cour s'étoit renduë pour le Sacre du Roy. Un parent de Dammartin le présenta au Duc Philippe de Bourgogne & à Jean Duc de Bourbon. Ces Princes remplis des sentimens d'honneur & d'humanité qui convenoient à leur naissance, promirent d'agir auprès du Roy. Le Duc de Bourgogne, qui auroit souhaité attirer le Comte à son service, prévit dès lors que Louis ne regneroit pas long-tems en paix; & le Duc de Bourbon fit sçavoir à Dammartin, qu'il auroit de ses nouvelles dans quelque tems : il soupçonnoit déja quelque orage. C'étoit à la verité une consolation, qui donnoit de l'esperance à ce Comte, mais qui ne le retiroit pas encore d'un état de tristesse, qui l'obligea d'être pendant deux ans errant & fugitif. Ennuyé de se voir exclu d'une Cour, où il avoit brillé, & dont il ne connoissoit que la douceur, il résolut de s'aller jetter aux pieds du Roy, qui étoit alors à Bordeaux. C'étoit au retour de la Conference de Bayonne. Louis surpris de voir le Comte à ses genoux, lui fit quelques reproches sur sa conduite à son égard, & lui demanda ce qu'il vouloit, ou justice, ou misericorde; Justice, répondit Dammartin : hé bien, lui repliqua ce Prince, je vous bannis pour toujours de mon Royaume; & sur le champ, il lui fit donner une somme considerable pour les frais de son voyage : on dit quinze cens écus d'or, c'étoit beaucoup; il ordonna même de défrayer les Archers qui le devoient conduire : cette démarche du Roy n'empêchoit point les poursuites que l'on faisoit contre Dammartin. Le Parlement qui l'avoit jugé par défaut, le déclara coupable du crime de leze - Majesté. Cependant le Comte, ennuyé de vivre dans les Pays Etrangers, & ne pouvant se résoudre à rester toujours caché, se mit entre les mains

PRÉFACE.

du Bailli de Mâcon, qui le conduisit dans les prisons de la Conciergerie du Palais à Paris, d'où il fut transferé dans la grosse Tour du Louvre. Enfin, à la poursuite de Charles Comte de Melun son ennemi, le Parlement rendit un Arrêt le 20 Août de cette année, qui déclare Dammartin convaincu de tous les crimes, dont il étoit accusé. La déposition qu'il avoit faite en 1446, fût déclarée injurieuse, & lacerée en sa présence. L'Arrêt le condamne à un bannissement perpétuel dans l'Isle de Rhodes, & déclare tous ses biens acquis & confisqués au Roy. Mais ce Prince commua la peine du bannissement en celle d'une prison; & Dammartin fut enfermé à la Bastille. Il eut néanmoins le bonheur de s'évader au commencement de la guerre du bien public: il s'attacha aux Princes ligués; & après la paix de Conflans & de Saint Maur, Louis XI le reçut en graces, & il devint un des plus intimes favoris de ce Prince: non pas un de ces favoris inutiles, qui sont un objet d'aversion pour les sujets qui les méprisent; il fut comme l'avoit été Jacques de Chabannes son frere, Grand Maître de France; & se rendit par ses talens pour la guerre, l'un des hommes les plus nécessaires de ce règne. L'Arrêt donné contre lui, fut cassé en 1468, pour raison d'une erreur intervenue dans la procedure. Cependant il ne laissa pas d'être disgracié (*) une seconde fois en 1480, mais sans rien perdre de ses pensions, ni des dignités qu'il avoit meritées par les plus importans services. Il a conduit sa vie jusqu'à l'âge de 97 ans, qu'il est mort le jour de Noël 1508, après avoir servi honorablement sous trois de nos Rois, & avoir vécu sous cinq.

Le rachat des villes de la riviere de Somme, fut beaucoup plus important, & eut des suites plus considérables. Ces places, depuis S. Quentin jusqu'à Abbeville, aussi-bien que le Comté de Ponthieu, n'étoit proprement qu'un gage pour indemniser le Duc de Bourgogne au cas que les Anglois vinssent à entamer ses frontieres dans la guerre qui subsista encore long-tems après ce traité entre les deux Couronnes. Cependant l'engagement de ces places étoit conditionnel, & le rachat avoit été stipulé de la somme de quatre cens mille écus d'or, payables en deux payemens, au Duc de Bourgogne, ou à ses Successeurs. Le Roy Charles VII avoit

(a) Voyez les numéros 4 & suivans qui concernent le Comte de Dammartin.

PREFACE.

projetté dès l'an 1449, de retirer ces villes; sur quoi il y eut un Conseil, où l'affaire fut examinée : mais on la remit à un autre tems. Le Roy Louis XI qui n'avoit plus de guerre avec les Anglois, crut que ce gage devenoit inutile; il resolut donc de rentrer dans les Places engagées, en se conformant néanmoins au traité, c'est-à-dire, en payant la somme de quatre cents mille écus d'or. Dès que le Comte de Charolois fut informé de cette résolution (*), il fit prier le Roy de ne point penser à retirer ces villes, qui mettoient, disoit-il, à couvert, tout le pays d'Artois : ce n'étoit là qu'un prétexte. La vraie cause fut, que le Roy avoit fait espérer au Comte, qu'il lui remettroit à lui-même les quatre cens mille écus qui devoient revenir de ce rachat ; cependant au grand chagrin du Comte, cette somme fut remise au Duc de Bourgongne, d'où elle passa en celles de Jacob Bresille, garde des Joyaux du Duc, à qui il devoit rendre compte, & non au Comte de Charolois. (a) Comme Loüis n'étoit pas content du Comte, il fit peu d'attention à ses prieres, & le marché fut conclu avec

(*) Preuves, numéro 43.
(a) Olivier de la Marche, en ses Mémoires, Liv. I, Chap. 35.

le Duc de Bourgogne, par le moyen d'Antoine de Croy, favori de Philippe; ce fut un nouveau motif qui augmenta l'aversion du Comte de Charolois contre ce Seigneur & ceux de sa maison. Dès que le Roy eut nouvelles de la conclusion, il fit partir de Paris, Etienne Chevalier, (*) Trésorier de France, avec deux cents mille écus, qui devoient servir au premier payement. Il étoit accompagné de cinquante Lances, c'est-à-dire trois cents hommes, & de cent Archers de ceux du Bailli d'Evreux. A Beauvais, Chevalier augmenta son escorte d'une centaine d'hommes de la Compagnie du Maréchal de Gamaches : il se rendit auprès du Comte d'Eu, au pays de Caux, chez lequel il mit en dépôt les deux cens mille écus, suivant les ordres du Roy. De-là, il fut trouver le Duc de Bourgogne, pour lui faire part de sa commission, & il lui étoit ordonné de se conduire en tout suivant les avis du Seigneur de Croy. Ce premier payement fut fait à Hedin; la quittance du Duc de Bourgogne (**) est du douziéme de Septembre & le second se fit le huit Octobre suivant. Louis

⸻

(*) Preuves, numéros 48 & 49.
(**) Voyez le numéro 45 des Pieces justificatives.

PRÉFACE.

qui n'avoit pas les fonds nécessaires pour ce dernier payement, demanda au Parlement l'argent qui étoit aux Consignations, & l'on se servit même de celui qu'on avoit destiné pour payer les gages des Officiers. Le Parlement persuadé que les vuës du Roy étoient louables, se prêta de bonne grace à ce qu'il desiroit, & tout reussit à l'avantage du Royaume. Le Roy, pour rembourser les sommes empruntées, fit assembler les Etats de chaque Province, & toutes y contribuèrent, peu à la verité, mais assez pour former la somme dont le Roy avoit besoin.

L'affaire du rachat des villes de la riviere de Somme, n'étoit pas entierement consommée, que l'on arrêta un Exprès qui revenoit de Rome de la part du Duc de Bretagne. On lui prit ses instructions qui portoient, que ce Prince introduiroit plutôt les Anglois dans ses Etats, que de se soumettre au Roy. On fut informé à la Cour par la voye d'Ecosse, & par quelques autres moyens, que Romillé, Vice-Chancelier de Bretagne, étoit à Londres, où il sollicitoit le Roy Edouard, de fournir au Duc six mille Archers; & il promettoit de le recevoir dans sa Province, au cas que ce Prince voulût déclarer la guerre à la France. D'abord Louis se plaignit de

PRÉFACE.

cette perfidie; le Duc protesta qu'il ignoroit cette négociation. Il fit informer lui-même, il ne trouva point de coupables. Il envoya vers le Roy pour se justifier: mais on avoit des preuves si convainquantes de sa mauvaise conduite, qu'aucun du Conseil ne le crut. On se contenta pendant quelque tems d'opposer la ruse à la ruse. On parut content de ses excuses; on l'en fit assurer par un Maître des Requêtes, qu'on lui envoya pour lui donner avis que le Roy venoit de nommer des Commissaires, pour terminer à l'amiable tous les differens qu'il avoit avec lui. Il y eut même quelque chose de plus sur les défiances du Duc de Bretagne & du Comte de Charolois. C'étoit entre ces deux Princes, une correspondance reglée, dans laquelle ils prenoient des mesures contre le Roy, avec promesse de s'assister mutuellement. Le Duc s'étoit allié avec le Roy d'Angleterre, sans l'aveu du Roy. Ce Prince & son Conseil avoient oublié sans doute, que Jean de Montfort & son pere, tous deux Ducs de Bretagne, s'étoient vûs contraints de prendre des Lettres d'abolition, pour de pareilles alliances, qui deviennent des crimes d'Etat dans un Vassal. On avoit même arrêté un Exprès du Pape, sur lequel on trouva des papiers, par où il paroiſſoit que l'intention du Duc étoit de ſe ſouſtraire entierement à la Couronne de France, & de s'en rendre indépendant. Il eut la témérité de faire dire au Conſiſtoire par ſon Procureur en Cour de Rome, qu'il ne relevoit point du Roy; & qu'il mettroit plutôt les Anglois en Bretagne, que d'y ſouffrir les François. Tel étoit l'inconvénient des Grands Vaſſaux, qui déclaroient ſouvent la guerre à leurs Souverains, & qui cherchoient par les voyes les plus odieuſes à ne les plus reconnoître pour avoir moyen de traiter de paix avec eux.

Tous ces mouvemens n'empêchèrent pas Louis de ſe rendre à Hedin, vers la fin du mois de Septembre, pour engager le Duc de Bourgogne à terminer une treve entre la France & l'Angleterre, avec promeſſe de lui donner les ſecours néceſſaires pour obliger le Comte de Charolois, qui étoit mal avec ſon pere, à rentrer dans ſon devoir. Ce fut encore un nouveau motif qui augmenta le mécontentement que ce Comte avoit contre le Roy, qui ne s'éloigna pas de la frontiere de Picardie. Tant de voyages capables de troubler la tranquillité de tout autre Prince, ne lui faiſoient pas perdre de vûe les affaires de l'intérieur du Royaume, ſoit en reglant les Monnoyes, soit en ordonnant aux Gens d'Eglise de fournir des déclarations de leurs biens; on se plaignoit de tous côtés des usurpations qu'ils faisoient. Il envoya des Commissaires dans les Provinces pour la recherche de la Noblesse & des Franc-Fiefs; accorda le droit de Committimus à l'Université de Paris, confirma les Privilèges des Officiers du Parlement, établit une Université à Bourges, lieu de sa naissance; enfin rien ne lui échappoit de tout ce qui exigeoit ses soins & son autorité. Il prit occasion, se trouvant sur la frontiere, d'aller à Tournay, pour satisfaire aux instances réitérées de cette Ville, ancien patrimoine de la Couronne qui n'avoit jamais été aliénée. Louis s'y rendit au commencement de Février, & y fut reçû avec tant d'éclat & de zéle, qu'il crut, par reconnoissance, en devoir augmenter les privilèges; & les habitans, pour témoigner leur affection à leur Souverain, lui rendirent l'obligation de vingt mille écus qu'ils lui avoient prêtés depuis quelques mois, pour lui aider à racheter les Villes de la Riviere de Somme. De-là il se rendit à Lille où il resta peu de jours.

Le Duc de Bretagne qui soupçonnoit que ses intrigues pernicieuses avec l'Angleterre

PRÉFACE.

étoient découvertes, s'avisa, pour donner le change, d'accuser lui-même impudemment le Roy de vouloir introduire les Anglois dans le Royaume, pour leur rendre la Normandie & la Guyenne ; accusation qu'il porta jusques à Rome & qu'il réitera à Charles, Duc d'Orléans (a), que Louis envoya pour ramener le Duc à son devoir ; mais ce fut inutilement : ce Prince, loin de se soumettre, avoit fait toutes ses pratiques au-dedans & au-dehors, & le mal étoit prêt d'éclater. Il donnoit depuis long-tems retraite au Duc d'Alençon, qui avoit renoué ses correspondances avec les Anglois pour les attirer dans le Royaume : crime pour lequel le Roy à son avénement à la couronne lui avoit accordé une abolition : & ce ne fut qu'après d'instantes sollicitations qu'il accorda au coupable un nouveau pardon. Louis étoit retourné au mois de May sur les frontieres de Picardie, pour mettre la derniere main à la trève avec Edouard Roy d'Angleterre ; trève nécessaire, qu'il souhaitoit avec ardeur, & qu'il ratifia enfin le 20 de May ; après quoi, pour convaincre d'imposture le Duc de Bretagne, il fit publier la lettre de ce Prince, par la-

(a) Lettre de Louis XI au Duc d'Orleans, dans les Recueils de M. Le Grand.

quelle on découvroit fes deffeins pernicieux; & pour en donner une entiere conviction, le Roy avoit réfolu de faire prendre mort ou vif Jean de Romillé, Vice-Chancelier de Bretagne, qui étoit paffé en Hollande en habit de Dominicain, pour y négocier en faveur de fon Maître. Il chargea de cette expédition le Bâtard de Rubempré, homme hardi & entreprenant, jufqu'à la témérité. On lui fit armer une fregate de vingt-cinq hommes d'équipage; il partit du Crotoy, petite Place à l'embouchure de la riviere de Somme, alla & vint dans la Manche & relâcha à Walkeren, l'une des Ifles de Zélande, où il defcendit lui troifiéme, & fut fecrettement à Gorcum, médiocre ville de la Hollande, où le Comte de Charolois étoit comme relegué par fon pere. Il croyoit y trouver Romillé. L'imprudence de Rubempré lui fit affecter un air myftérieux; & comme rien ne fçauroit être caché dans un petit endroit, il n'en fallut pas davantage pour donner lieu de le foupçonner. Il fut arrêté, & fur la réputation qu'il avoit d'être un avanturier & un téméraire, ou plutôt, comme on le qualifioit alors, un garnement & un mauvais garçon (a), on fit courir le bruit qu'il

(a) Monftrelet, fur l'an 1464.

n'étoit venu en Hollande que pour enlever le Comte de Charolois, après quoi on se seroit rendu maître du Duc Philippe de Bourgogne son pere, & de sa fille Marie. Olivier de la Marche, Maître d'Hôtel du Comte, fut choisi pour porter cette fausse nouvelle à Hedin où le Duc étoit alors, il aggrava même si fort la méchanceté de cette entreprise, que Philippe saisi de frayeur croyoit déja être arrêté; Louis eut beau lui écrire de l'attendre le lendemain à dîner, il n'en fit rien & partit aussi-tôt, c'étoit le premier Octobre, pour se rendre à Lille. Dès-lors on publia contre le Roy une infinité de calomnies jusques dans les Prédications. Le Duc laissa néanmoins Adolphe, Duc de Cleves son neveu, à qui il ordonna de recevoir le Roy au cas qu'il vînt à Hedin. Mais Louis affligé de ces bruits calomnieux, se retira à Rouën : il voulut néanmoins tirer raison de l'injustice qui lui étoit faite, & dépêcha une Ambassade vers le Duc de Bourgogne. Elle étoit composée du Comte d'Eu, Prince du Sang, d'une expérience consommée, d'Antoine du Bec-Crépin, Archevêque de Narbonne, Prélat sage & modéré, & du Chancelier Pierre de Morvilliers, homme dur & violent, qui porta la parole, & qui le fit avec trop peu de modération. Ils arrivèrent à Lille le 5 Novembre 1404 & eurent audience le lendemain. Comme c'est à cette Ambaſſade que Comines commence ſes Mémoires, je me diſpenſerai de continuer cet extrait hiſtorique, pour le laiſſer parler.

Mais, pour revenir ſur l'affaire du Bâtard de Rubempré, le Roy pouvoit-il ſe juſtifier d'une entrepriſe qu'il faiſoit contre le droit des gens? Lui étoit-il permis de faire enlever de force en tems de paix un ſujet, qui ſe trouvoit ſur un territoire, qui ne relevoit pas de lui? A le prendre de ce côté ſeulement, Louis n'étoit pas innocent aux yeux de toute l'Europe : il eſt vrai qu'il en fut puni par la guerre que lui attira une ſi grande témérité.

Je ſçai combien il eſt difficile de donner au vrai le portrait de Louis XI & faire exactement connoître le caractere de ce Prince. La prévention eſt ſi forte à ſon égard, elle a ſi bien pris le deſſus, qu'il eſt comme impoſſible de ramener les eſprits. Je vais rapporter d'abord ce qu'en dit un de nos plus célebres Ecrivains. « On fait l'honneur à Louis XI
» de dire qu'il a mis les Rois de France hors
» de braſſieres, ce ſont les paroles de Gom-
» berville (a), mais on l'accuſe de n'y avoir

(a) Vertus & vices de l'Hiſt. par Marin Le Roi de

» pas procedé en homme de bien ; que c'é-
» toit un renard qui fans fortir du Cabinet,
» faifoit la guerre à tous ceux qui nuifoient
» à la grandeur de fa Courone. Je voudrois
» bien que l'on me pût proüver qu'il eft plus
» jufte de déclarer ouvertement la guerre
» & d'aller attaquer fon ennemi avec tous
» ces grands appareils, qui accompagnent
» les armées. J'aime bien mieux la ruine de
» Catilina fans bataille, fans tumulte & fans
» fédition, que la perte de Pompée avec
» tant de meurtres, tant de Romains égorgés
» & tant d'autres malheurs qui fuivent tou-
» jours les grandes défaites. Pourquoi Louis XI
» ne fera-t'il pas auffi eftimé de s'être défait
» de ceux qui l'avoient enfermé dans des
» bornes fi étroites, fans y avoir prefque
» rien contribué que fon Confeil, que s'il
» les avoit tous défaits avec une grande
» armée, comme Charlemagne défit tant de
» Sarrafins & d'autres Peuples dans l'Eu-
» rope. Quant à moi je ne trouve point en
» cela d'occafion de calomnier la mémoire
» d'un Prince, & je louerai auffi hardiment
» l'artifice de Louis XI, que la valeur de
» Charlemagne. Ce font des effets différens
» qui n'ont tous qu'une même caufe ».

Gomberville, in-4. Paris, 1620, p. 149 & 150.

PRÉFACE.

Ce n'est-là néanmoins qu'une partie de son portrait. D'autres ont crû le devoir peindre autrement, en marquant que ce Prince, quoique sage, heureux & grand politique, quoique bon maître pour ceux qui savoient être véritablement valets, ne laissa point de passer pour un ami méfiant, pour un ennemi cruel, & pour un voisin dangereux : qu'il fut aussi mauvais pere & mauvais mari, qu'il avoit été mauvais fils. C'est ce qu'on a dit pour le caractériser : en faut-il davantage pour montrer que c'étoit un assemblage de tout le bien qu'on pouvoit souhaiter, & de tout le mal qu'on devoit le plus redouter dans un Prince.

Le dernier qui nous a peint Louis XI, est M. Duclos, dans son élégante Histoire de ce Roy. « La principale erreur (a) où l'on » tombe, dit-il, en voulant peindre les » hommes, est de supposer qu'ils ont un » caractère fixe, au lieu que leur vie n'est » qu'un tissu de contrariétés : plus on les » approfondit, moins on ose les définir. J'ai » rapporté plusieurs actions de Louis XI » qui ne paroissent pas appartenir au même » caractère. Je ne pretends, ni les accorder, » ni les rendre conséquentes. Il seroit même

(a) Duclos, Histoire de Louis XI, Tome III, p. 466.

» dangereux de le faire : ce feroit former
» un fyftême, & rien n'eft plus contraire à
» l'Hiftoire, & par conféquent à la vérité.
» J'ai repréfenté Louis XI dévôt & fuperfti-
» tieux, avare & prodigue, entreprenant
» & timide ; clement & fevere, fidèle &
» parjure : tel enfin que je l'ai trouvé fui-
» vant les différentes occafions ». C'eft fur
cette efquiffe que Monfieur Duclos forme
enfuite fon tableau, qu'il étend, qu'il per-
fectionne, & qu'il prouve par les différens
faits, qui caracterifent ce Prince.

Mais feroit-il permis de donner avec plus
d'étendue ce même tableau, fur les traits
que Louis XI nous en a laiffés lui-même
dans fes Lettres ; par-là je m'éloigne également de la fatyre & de la flatterie. C'eft le
cœur qui parle dans ces Ecrits familiers ; au
lieu qu'on fe déguife fouvent dans des actions,
qui doivent paroitre au grand jour. Ces der-
nières font quelquefois équivoques, mais le
langage du cœur ne l'eft jamais. Sa pieté ne
fçauroit paffer en tout pour un problême. Je
n'en tire pas la preuve des préfens faits aux
Eglifes, comme au Puy Notre-Dame (a) en

(a) LETTRE DE LOUIS XI A M. DUPLESSIS
BOURRÉ.

Monfieur Dupleffys, j'ai ordonné à Maiftre Pierre

PRÉFACE.

Anjou, à Notre-Dame de Bonne-Espérance (a) en Brabant, au Mont-Saint-Michel, Parent vous bailler la fomme de IIII mille efcus, pour l'employer en rentes pour une Meffe que je vueil fonder en l'Eglife du Puy Noftre-Dame en Anjou à (chacun) jour, & pour ce recouvrez incontinent dudit Maiftre Pierre Parent lefdits IIII mille efcus, & faites qu'ils foient employez en rentes dedans ung an, ou pluftoft; & qu'il n'y ait point de faute, car je ne ferai à mon aife, jufques à ce que ladite Meffe foit fondée. Efcrit à Eftrées-au-Pont le VII*e* jour de Juin. Signé, LOYS, & plus bas, Picot. Tiré du MS. de Gagnieres 272 fol. 3 dans la Bibliotheque du Roy.

Le Puy-Noftre-Dame eft en Anjou. Voici un Etat des dons que lui a fait Louis XI. Le 14 Janvier 1482 par les mains de M. Bourré, 1°. 4550 liv. 2°. 4750 liv. 3°. 4605 liv. 4°. 4250 liv. 5°. 6416 liv. 13 f. ce qui fait au total 27571 liv. Tiré du Volume 378 des MSS. de Gagnieres, fol. 38 dans la Bibliotheque du Roy; & au fol. 39 font énoncées diverfes rentes données à ladite Eglife.

(a) *ORDONNANCE du Roy Louis XI à M. Dupleffis Bourré, pour remettre trois mille fept cens écus d'or, pour préfenter à Notre-Dame de Bonne-Efperance en Brabant.*

Maiftre Jehan Bourré, baillez & délivrez à Frere Laurent Albert, Prieur de Rochemore, la fomme de trois mille fept cens efcus d'or, pour porter à Noftre-Dame de Bonne-Efperance en Brebant, pour illec l'offrir de par Nous, laquelle nous vous avons baillée en

PRÉFACE.

à Saint Martin de Tours, & à beaucoup d'autres, ausquelles il fit des dons immenses. Les offrandes & les fondations ne sont pas toujours des marques certaines d'une piété solide; mais je la tire de sa charité pour les pauvres, sur-tout ceux des Hôpitaux (a), dont la triste situation implore le secours de la pieté des fidèles : je la tire de son attention à remercier Dieu, lorsqu'il lui arrivoit quelque prospérité : je la tire de son respect pour le S. Siége, respect qu'il sçut allier avec la Majesté royale : enfin ses soins se portoient sur la réformation des mœurs des Ecclésiastiques & des Religieux. Il vouloit que chacun pratiquât les devoirs de son état. Je regarde la reconnoissance comme

garde. Et par ces Présentes nous vous en tenons quitte & deschargié. Donné au Montils le XVIIe jour de Avril, l'an mille cccc. soixante-neuf, aprés Pasques, Signé, LOYS. Et plus bas, FAMENGS. Tiré du MS. 372 de Gagnieres, fol. 92, dans la Bibliotheque du Roy.

La quittance & reçu se trouve Vol. 375 des MS. de Gagnieres, fol. 80.

(a) Volume 8441 de la Bibliotheq. du Roy, fol. 23 où sont quelques quittances des Curés & Supérieurs des Hôpitaux, ausquels le Roy faisoit des charités.

une vertu qui suit la piété. L'ingratitude est aussi-bien un vice dans la Religion que dans la vie civile. Louis a pratiqué exactement cette vertu, sur-tout à l'égard de ceux qui pour le suivre dans sa disgrace, avoient abandonné leurs biens & leur famille. Les Princes comme les autres hommes, font beaucoup plus par esperance des services qu'on leur doit rendre, que par reconnoissance pour ceux dont il n'y a plus rien à esperer.

L'amour de la justice vient après la religion, on la trouve dans ce Prince portée aussi loin qu'elle peut aller. Il apprend qu'on se plaint d'un Procès mal jugé dans une Province ; il en fait venir la procedure pour l'examiner lui-même. Le Chapitre d'Evreux lui représente le peu de justice de son Procureur ; sur le champ il écrit au Chancelier en ces termes. *Monsieur le Chancelier* (a), *ceux du Chapitre d'Evreux se sont venus plaindre à moi de mon Procureur. Oyez tout ce qu'ils voudront dire, & leur faites bonne & brieve justice ; & gardés bien que telles choses de justice ne viennent plus à moi, car c'est à vous & non pas à moi, pour ce que je ne m'y*

_____
(a) Tiré du MS. 8438 de la Bibliotheque du Roy, fol. 6.

PRÉFACE.

congnois; & adieu. Ecrit à Saint Laurent des Eaux, le 3 jour d'Août. Signé LOYS, & plus bas, BESSONAT. Et dans une autre Lettre il parle en ces termes. *Chancelier,* (a) *faites justice incontinent de celui qui a tort, & incontinent me mandez, & laissez toutes mes besognes pour ce faire.* On l'avoit averti que les Loix de Venise & de Florence, étoient plus justes & plus équitables que toutes les autres (b), il veut en être informé, par le désir qu'il a de donner ordre à la justice & à la police du Royaume. Je sçai néanmoins qu'on lui reproche, & même avec raison, d'avoir poussé trop loin ce qui regarde l'exercice de cette même justice & d'avoir été jusques à la rigueur. On voit par-là combien il est difficile de se contenir dans les bornes de la vertu ? Cet amour de la justice engageoit souvent des Etrangers à recourir à lui. C'est ce qui porte l'Abbé & les Religieux de Saint Hubert dans les Ardennes, à implorer sa protection (c), & à le supplier

(a) Recueil de Pieces de M. Duclos, p. 459.
(b) Même Recueil, p. 449.

(c) *LETTRES des Abbés & Religieux de S. Hubert en Ardennes, à un Seigneur de la Cour, pour implorer la protection du Roy Louis XI.*

Très-honoré Seigneur & bienfaiteur, très-hum-

de continuer à les prendre en fa fauve-garde.
Il n'auroit pas fouffert qu'une puiffance Etrangere s'appliquât à perfecuter cette Abbaye célébre, comme on a fait depuis peu. L'exactitude de Louis, à payer & à rendre les fommes qu'il avoit empruntées, firent partie de fon efprit de juftice. Auffi dans fes befoins avoit-il la facilité de faire de nou-

blement nous recommandons à votre bonne grace, en fieuvant vos lettres qu'avons reçues touchant l'Ordonnance à vous faite de par le Roy noftre fouverain Seigneur, nous envoyons prefentement vers vous notre Confreire le Prieur de Periers, commis de par nous, pour faire & conclurre avec vous felon le contenu de vos Lettres, & vous fupplions très-humblement que à noftre dit Confreire vous plaife ordonner & conclurre en cefte matiere, comme à nous mefmes, fe nous eftoiens prefens, & nous prierons à Dieu & au benoift Saint pour l'Eftat de noftre dit fouverain Seigneur & pour vous, qui par les mérites & interceffion dudit glorieux Corps faint vueille préferver en toutes félicitez felon nos defirs. Efcript le xviie jour de Novembre, an LXXII. Signé, Vos très-humbles Chappelains & Orateurs les Abbé & Couvent du Monaftere de Saint Hubert en Ardenne. (Tiré du MS. 373 de Gagnieres, dans la Bibliotheque du Roy, fol. 42).

Et au MS. 8435 fol. 102 de la même Bibliotheque fe trouve la Requête de l'Abbé & des Religieux de S. Hubert, qui prient Louis XI de continuer à les prendre en fa fauve-garde.

veaux

PRÉFACE.

veaux emprunts dans la bourse de ses sujets (a).

(a) ORDONNANCE *de Louis XI, en faveur de Charles de Gaucourt, pour lui faire payer une somme de trois mille livres pour partie de celle de trente mille livres dont il avoit répondu pour le Roy.*

DE PAR LE ROY.

Jehan Briçonnet, Receveur Général de nos finances, pour ce que à nostre Requeste nostre amé & féal Conseiller & Chambellan Charles Seigneur de Gaucourt s'est obligé en son propre & privé nom & constitué principal débteur envers nos chers & bien amés Jehan de Beaune & Jehan Briçonnet, Marchans & Bourgeois de Tours, en la somme de trois mille livres tournois, pour partie de trente mille livres qui par eulx nous a esté prestée & avancée, pour fournir au payement & entretenement des gens de guerre, & autres affaires de nostre armée, estant de present en nostre Pays de Roussillon; nous voulons & vous mandons que sur la somme de xxvi mille liv. que avons premierement ordonné estre mise sus és mettes de votre recepte pour le fait de ladite armée, vous payez & baillez à notre dit Conseiller & Chambelan ladite somme de trois mille livres tournois, pour l'employer en son acquit ou payement de semblable somme, dont il s'est obligé, comme dit est, aux dessusdits Jehan de Beaune & Jehan Briçonnet; & ou cas que icelle somme ne se pourroit recouvrer sur les deniers dessusdits, nous voulons

Son activité alloit au-delà de tout ce qu'on en peut dire. On voit par ses Lettres écrites de presque tous les endroits du Royaume, qu'il doit en avoir fait le tour deux ou trois fois. Cette même activité le porte à entrer dans une infinité de détails. Il n'est pas surprenant de voir qu'il veuille prendre connoissance par lui-même du Procès du Comte de Perche (a); cette affaire où il s'agissoit d'un Prince du Sang, le regardoit personnellement: mais on doit être étonné de remarquer combien il entroit dans l'intérieur des familles bourgeoises,

qu'elle soit prinse & payée sur les premiers & plus clers deniers de nos autres finances des mettes de vostre dite recepte, tant de cette presente année que de l'année prouchaine, & paravant toutes autres charges & assignations quelconques; & en rapportant ces Presentes signées de nostre main, nous employerons ladite somme de trois mille liv. tournois en vos roolles sans difficulté. Donné à Amboise le septiéme jour de Juillet l'an mille cccc soixante-treze. Signé, LOYS. Et plus bas, FAMENGS. (Tiré du MS. 375 parmi ceux de Gagnieres, dans la Bibliotheq. de Sa Majesté, fol. 86.

(a) Monsieur le Chancelier, j'ai reçu vos Lettres. Envoyez-moi incontinent le Procès de M. le Comte de Perche, & adieu. Ecrit à Chaumont le 12ᵉ jour de Mars (1482). Signé, LOYS. Et plus bas, BARBISEY. (Tiré du MS. 8432 de la Bibliotheq. du Roy, fol. 9).

PRÉFACE.

pour fe mêler de mariages (a). Il vouloit tout connoître par lui-même, & il exigeoit fouvent que les particuliers lui écriviffent. C'eft le moyen qu'il avoit trouvé pour éviter les tromperies, que lui auroient pû faire fes Miniftres : malgré ces précau-

(a) DE PAR LE ROY.

Cher & bien amé, nous avons fceu par notre amé & féal Chevalier Jehan de Saint Gelays les termes qui ont été tenus touchant la fille de la Dame Dauge, en quoi de votre part & pour l'amour de nous vous êtes très-grandement porté, dont vous favons très-grand gré & très-fort vous en remercions; & pour ce que noftre defir & affection eft que notre amé & féal Joffelin du Boys, Bailly des Montaignes d'Auvergne & notre Maréchal des logis, ait ladite fille en mariage, pour laquelle caufe l'envoyons préfentement pardevers, lad. Dame Dauge, & par vous y être befoignié, ainfi que pour le mieulx fera advifé ; nous vous prions derechef bien à certes que en perfeverant toujours en notre bon vouloir, vous y veuillez toujours tenir la main & y faire comme avez encommencé, & que notre affection & defir & de notre part le recognoiftrons vers vous & vos parens & amys en temps & en lieu, tellement que de nous devrés être content. Donné à Tours le VIIIe jour de Decembre. Signé, LOYS. (Et plus bas,) F. LE PREVOST. Tiré fur l'original communiqué par M. de Mandajors, de l'Académie Royale des Belles-Lettres.

tions, il ne laiſſoit pas d'être quelquefois trompé. Tel eſt le malheur des Princes & des Seigneurs, qui ne ſauroient tout voir par eux-mêmes. L'occaſion s'en préſenta dans un de ces mariages, auquel il ſe portoit avec inclination pour un de ſes domeſtiques. Le fait eſt ſingulier, & mérite d'être tiré de l'obſcurité.

Jean le Tellier, Marchand de Rouen, homme riche, ou du moins fort aiſé, avoit une fille nubile. Le Roy lui fit l'honneur de lui écrire, & lui demanda ſa fille en mariage, pour Pierre de Lille, l'un de ſes Valets de chambre, & Grenetier à Coſne. Les Négocians s'aſſemblèrent, & pluſieurs opinèrent que le Tellier devoit préſenter ſa Requête, après quoi on croyoit qu'il falloit écrire au Bailli de Rouen, pour ſçavoir de lui ſi on s'adreſſeroit directement au Roy, ou ſi on ſe ſerviroit de la médiation du Patriarche de Jéruſalem, ou du Chancelier, ou de Guillaume Picart, Général des Finances de la Province. Roger Gouel, concitoyen de le Tellier, fit connoître qu'en Normandie on étoit franc & libre, & qu'on étoit maître de marier ſes enfans à qui l'on jugeoit à propos; que ſon ſentiment étoit que l'on écrivît ſeulement au Patriarche,

PRÉFACE.

au Bailli, & à Guillaume Picard, & non au Roy, pour lui dire que le Tellier vouloit marier sa fille à un homme de son état, supposé qu'elle voulût se marier. Regnault de Villeneuve, autre Bourgeois, fut d'avis qu'on écrivît au Roy, & que la Lettre fût adressée à Wast de Montespedon, Bailli de Rouen. Enfin, après bien des consultations, la conclusion qui parut la plus simple, la plus sage & la plus raisonnable, fut que la mere de la fille écriroit au Roy, & supposeroit que son Mari étoit absent. Voici la Lettre, telle qu'elle a mérité d'être insérée dans un Registre des Priviléges de la Ville de Rouen.

(a) *Lettre d'Etiennette, femme de Jean le Tellier, au Roy.*

« MON Souverain Seigneur, je me re-
» commande à votre bonne grace, tant & si
» humblement que je puis; & vous plaise
» sçavoir, Mon très-Souverain Seigneur,
» que j'ai reçu une Lettre qu'il vous a plû
» écrire à mon Mari & à moi, par laquelle
» vous mandez qu'avez entendu, qu'avons

(a) Tirée des Recueils de M. l'Abbé Le Grand à l'an 1464.

» une fille prête à marier, & pour ce qu'i-
» celle voulions donner en mariage à Pierre
» de Lille, votre Valet de chambre, Grene-
» tier à Cofne : furquoi, Sire, vous plaife
» fçavoir que mondit Mari pour le prefent
» & paravant la reception de vofdites Let-
» tres, n'étant point ici, par quoi bonne-
» ment fur ce, ne fçaurois faire réponfe,
» forfque les corps & biens de mondit Mari
» font voftres, pour en faire & ordonner à
» voftre plaifir, & vous remercie fi très-hum-
» blement que je puis, de ce qu'il vous a plû
» nous écrire de l'avancement de noftre fille.
» Toute fois, Sire, il y a ja long-tems que
» par plufieurs advertiffemens, on a fait re-
» querir notre fille, pour avoir en mariage ;
» à quoy tousjours elle a fait réponfe, qu'elle
» n'avoit aucun vouloir de foy marier ; & de
» prefent lui ai parlé fur le contenu de vof-
» dites Lettres, laquelle derechef en la pre-
» fence de Meffieurs les Vicaires de Rouen,
» Maître Robert Viote, dudit Pierre de Lille
» & autres, a fait réponfe qu'encore ne
» veut fe marier : & pour ce, Sire, fe voftre
» plaifir eft, fi aurez mondit Mari & moi &
» auffi noftredite fille pour recommandés,
» mon Souverain Seigneur. Je prie à notre
» Seigneur qu'il vous donne très-bonne vie

PRÉFACE.

» & longue. Ecrit à Rouen le 24 jour de
» Juin » (1464). On ne trouve point la suite
de cette affaire, peut-être en resta-t'on à cet
honnête refus.

L'idée populaire est que Louis XI ne prenoit conseil que de lui-même : cependant on peut assurer qu'il y a peu de Princes qui ayent consulté plus exactement les personnes experimentées. C'étoit souvent le Vicomte de la Belliere, c'est-à-dire Tanneguy du Châtel, (a) Gouverneur de Roussillon, auquel même il fait quelquefois des reproches d'amitié, (b) sur ce qu'il ne se rendoit pas auprès de lui pour l'aider de ses lumieres. *Monsieur le Gouverneur. Je vois bien que vous ne tenez compte de moi; car vous ne me daignez venir voir. Et pour ce, je vous prie que incontinent ces Lettres vûes, vous en venez devers moi pour aucunes choses que j'ai à vous dire. Ecrit à Mons, près Blois, le 11 jour de Novembre. Signé LOYS, & plus bas, TILHART. Au dos est écrit, à notre amé & féal Conseiller & Chambellan, le Vicomte de la Belliere, Gouverneur de Roussillon.* Une autre fois il s'adresse au Comte de Dammartin, pour recevoir dans

(a). Voyez le Recueil de M. Duclos, p. 383.
(b). Tiré des Recueils de M. l'Abbé le Grand.

l'ordre de S. Michel, Monsieur de Rohan, qui a, disoit-il, (a) *liberalement delaissé tout son bien en Bretagne, pour venir en mon service, auquel il est continuellement, & qu'il est de bien bonne & grande Maison; de laquelle je pourrois au tems à venir estre grandement servi. Je m'en vais à Tours*, lui dit-il, dans une autre Lettre. (b) *Je ne vous écris autre chose; mais j'ai plus grande faim de parler à vous, afin de trouver le remede en cette matiere de Bourgogne, que je n'eus onc à Confesseur pour le salut de mon ame.* Ainsi Pierre de Brézé, Grand Sénéchal de Normandie ne connoissoit pas l'intérieur de la conduite du Roy, lorsque le voyant monté sur un petit cheval, il s'hazarda de lui dire: *Sire, votre Majesté est très-bien montée; car je ne pense pas qu'il se puisse trouver Cheval de si grande force que cette haquenée. Comment cela*, dit le Roy: *pour ce que*, repartit le Sénéchal, *elle porte votre Majesté & tout son Conseil.*

Quoique Louis n'eût pas de premier Ministre, il ne laissoit pas d'avoir un Conseil & des personnes sages, en qui il mettoit toute sa con-

_____
(a) Recueil de M. Duclos, p. 401 & 436.
(b) Au même Recueil, p. 431.

stante. L'un des plus distingués, fut Imbert
de Bastarnay, sieur du Bouchage, auquel il
écrivoit souvent, comme à un ami, dont il
connoissoit la capacité & la fidelité. Quelquefois il le laissoit maître des affaires qu'il daignoit lui confier ; il lui ordonnoit seulement
de l'avertir de ce qu'il avoit exécuté, afin
de ne se pas trouver en opposition avec lui-
même. J'ai remarqué que les Seigneurs, tels
furent le Roy René de Sicile, & le Cardinal de Saint (a) Pierre aux Liens, ne s'adres-

(a) *LETTRE du Cardinal de Saint Pierre* ad Vincula *à M. du Bouchage.*

Monsieur du Boschaige, je me recommande de très-
bon cueur à vous. Le present porteur est Maistre Jehan
Chardelli, lequel va par delà touchant l'Evesché de
Verdun, ainsi que vous ay rescript par lui mesmes.
J'ay chargé audit Chardelly vous dire & referer aucunes
choses touchant mon Abbaye de Gorze, auquel vueillez en ce & autres choses quelles il vous dira de ma
part ajouter foy & creance, vous priant que vueillez
avoir le fait de madite Abbaye & mes autres affaires
de par delà en singuliere recommendation, & vous me
ferez très-grant plaisir ; & quant en aucunes choses vous
pourray servir par-deçà, en me le signifiant, je le
feray de très-bon cueur. Monsieur, je vous prie derechief que me vueillez recommander à la bonne grace
du Roy, en le suppliant de ma part que son bon
plaisir soit me commander tousjours ses bons plaisirs,

PRÉFACE.

soient pas moins à lui qu'au Roy. Mais il exigeoit que ceux en qui il mettoit sa confiance lui obéissent exactement : *Gardez sur votre vie*, dit-il, *que vous ne faites aucuns payemens* (a) (aux gens d'armes, qui ont abandonné le service de Monsieur de Calabre), *dont nous sommes très-mal content*. Il exigeoit la même ponctualité du Chancelier (b),

pour les accomplir à mon povoir, aydant le benoist Fils de Dieu, qu'il vous doint, Monsieur du Boschaige parfaite joye de vos desirs. Escript à Rome le vi^e jour de Juing. Le tout vostre, le Cardinal *Sancti Petri ad Vincula*. (Tiré du MS. 8436 de la Bibliotheque du Roy, fol. 67. Voyez aussi les fol. 7, 9 & 19 du même Volume.

(a) Lettre de Louis XI au Trésorier des Guerres, Volume 368 des MSS. de Gagnieres, dans la Biblioth. du Roy, fol 2.

(b) *LETTRE de Louis XI, au Chancelier.*

Monsieur le Chancelier, j'ai sçeu que vous avez refusé de sceller le Mandement que j'ai octroyé à Monsieur de Bellenave, dont je ne suis pas content ; & pour ce incontinent scellez-le-lui tel qu'il est, & n'y faites point de faulte, car je vueil qu'il l'ait. Escript aux Forges le xvie jour de Mars. Signé, LOYS. Et plus bas, COURTIN. Tiré du MS. 4838 de la Bibliotheq. du Roy parmi ceux de Bethune, fol. 21.

Autre Lettre au même.

Monsieur le Chancelier, je vous avoye escript dès la

PRÉFACE.

& de tous les autres. Quelquefois il le faifoit en maître, tel eft ce reproche fait à ce Magiftrat; *je vous prie, Beau-Sire,* (a) *que en mes befognes vous ne me foyez pas fi rigoureux; car je ne le vous ai pas été aux vôtres.* Quelquefois il le faifoit en ami; comme on le voit en une Lettre à Dupleffis Bourré. *Monfieur Dupleffis, mon ami, je vous* (b) *efcrit que j'ai fait vœu de ne manger point de chair jufques à ce que le vœu que j'ai fait d'envoyer 1200 écus pour deux cens marcs d'argent, que j'ai ordonné pour faire une Ville de Beauvais, en remembrance de ce que Dieu m'a donné cette Ville, foit accompli :* c'étoit après que le Duc de Bourgogne eût levé le Siége de cette Ville en 1472. Une femaine de Pafques que incontinent feiffez féeler les Privileges que j'ai donnés au Colliege de mes Sécretaires, dont n'avez riens fait; je n'en fuis pas content. Et pour ce incontinent ces Lettres veues, faites-les féeler fans plus y faire de difficultez, nonoftant tous empefchemens, caufes, raifons & autres que vous voudriez dire au contraire; & gardez qu'il n'y ait point de faulte & que je n'en oye plus parler, autrement je ne feray pas content de vous. Efcript au Pleffis-du Parc le XVIIe jour d'Avril. Signé, LOYS. Et plus bas, CHARPENTIER. Tiré du même Vol. fol. 9.

(a) Recueil de M. Duclos, p. 452.
(b) Au même Recueil, p. 399.

autre fois il écrit au Chancelier d'une manière polie & honnête. *Monsieur le Chancelier* (a) *soffrez & permettez assister en mon grand Conseil, Maîtres Jacques Achier, & Hugues Josiam, qui ont Lettres de retenuës de moi ; & leurs permettez & soffrez faire serment ès autres Conseillers, & Adieu. Ecrit au Plessis du Parc, le 12 jour de Janvier.* LOYS, *& plus bas,* BESSONAT. Quelquefois il adoucissoit ce ton severe ; rarement néanmoins, & il falloit qu'il eût affaire à des personnes qui fussent familiéres avec lui, ou dont il eût un extrême besoin. (b) *Je vous donnerai la chose que aimez le mieux, qui est argent,* dit-il en badinant avec du Bouchage ; & dans une autre Lettre au Comte de Dammartin, il lui marque (c), *Vous êtes aussi-bien Officier de la Couronne, comme je suis, & si je suis Roy, vous êtes Grand-Maître, & Adieu.*

Si le Roy Louis XI s'en étoit tenu aux traits que nous venons de rapporter dans la premiere face de ce Tableau, il passeroit

(a) Vol. 8432 des MS. de Bethune, dans la Biblioth. du Roy, fol. 89.

(b) Lettre de Louis XI, à M. du Bouchage, au Vol. 8445 de la Biblioth. du Roy, fol. 6.

(c) Recueil de M. Duclos, p. 444.

PRÉFACE.

avec raison pour un des plus grands Rois de la Monarchie : mais il a eu le malheur de se livrer trop facilement à son humeur inquiette. L'envie de dominer d'une manière impérieuse, a été la cause des chagrins qu'il a reçûs, & de ceux qu'il a donnés à ses sujets & à ses voisins. Elle lui a même fait tort dans la posterité. C'est de cette source qu'est sortie sa premiere désobéissance au Roy son pere, en 1440 : à peine pouvoit-il obéir avec sagesse & avec discretion, qu'il voulut commander en maître, & se mettre, pour ainsi-dire, au-dessus de celui qui avoit droit de le faire. Il prétendoit qu'on ne formât point la plus legere opposition à ses volontés. Il n'y eut pas jusques à la Reine son épouse, qu'il fit trembler en des choses même de peu d'importance. Cette vertueuse Princesse va par son ordre, visiter le Duc Philippe de Bourgogne à Hédin, & il lui marque de n'y rester que deux nuits. Philippe le Bon, par considération pour le Roy, & par amitié pour la Reine la retient quelques jours de plus ; il eut beau se charger d'écrire pour faire trouver bon ce retard. » La pieuse Reine » ploroit de peur, dit l'Historien (*) tant

(*) Voyez les deux derniers Numéros des preuves qui servent d'éclaircissement à cette Préface.

» fremiſſoit-elle de trepaſſer le commande-
» ment du Roy; & la Princeſſe de Piedmont
» qui étoit du voyage, combien qu'elle ſen-
» toit & ſçavoit bien que la Reine avoit cauſe
» d'en avoir peur; ſi n'en faiſoit-elle que
» rire, & lui étoient roſes en cœur le refus
» de ſon partir. Le Duc la retint par puiſ-
» ſance, & n'y avoit ni plorer, ni fremir de
» nully qui le pût vaincre. Je ſuis, dit-il, le
» premier Pair, & le Doyen des Pairs de
» France, & comme ayant celle prééminence,
» ſur tous les autres emprés Monſieur le Roy,
» je vous retiens aujourd'hui de mon auto-
» rité, car j'ay bien tel pouvoir pour vous
» faire honneur & reverence. A ces mots,
» ni avoit femme ne homme qui oſât repli-
» quer, & ſe teuſt chacun; mais oncques
» femmes ne furent tant aiſes que eſtoient
» très-toutes celles de la compagnie de la
» Reine de cette amiable force; ains euſſent
» bien voulu qu'on les eût continué huit jours
» encore, par ſemblable myſtére. » Et le
Duc de Bourgogne fut obligé d'en écrire
au Roy, pour adoucir l'auſterité de cette humeur farouche. Louis ne ſentoit pas que plus
il cherchoit à inquiéter les autres, plus il
travailloit par ſes propres bizarreries à ſe
tourmenter lui-même; & jamais il ne goûta

PRÉFACE.

la douceur qu'ambitionnent les plus grands hommes, de se faire aimer, respecter & regreter: au contraire ce Prince étoit content, pourvû qu'il se fît craindre & redouter. Il répandoit cet air sur tout ce qu'il disoit & ce qu'il faisoit ; il ne connoissoit point de petites fautes. (a) *Ne vous excusés pas en disant que vous l'avez dit:* c'est ce qu'il marque à Duplessis Bourré, son plus intime confident, *car se y a faute, je m'en prendrai à vous.* Il ne traitoit pas moins durement le premier Magistrat du Royaume. On le voit par cette Lettre. (b) *Chancelier, vous avés refusé de sceller les Lettres de mon Maître d'Hôtel, Bouthilas; je sçai à l'appetit de qui vous le faites: & le depêchés incontinent sur votre vie.*

Le peu de fidelité de Louis XI, à remplir ses engagemens fut son principal défaut ; à peine a-t'il accordé à son frere le Duché de Normandie, pour son appanage, qu'il travaille à l'en chasser; il en vient à bout, & l'oblige de se refugier en Bretagne. Il lui donne ensuite la Guyenne ; & il étoit sur le

---

(a) Lettre de Louis XI, à Duplessis Bourré, au Recueil de M. Duclos, p. 357.

(b) Recueil de M. Duclos, p. 453.

point de lui enlever cette Province, lorsque ce frere mourut en 1472. Les Traités d'alliances qu'il avoit faits avec les Suisses, ne pouvoient que lui être utiles. Cette Nation sincere & belliqueuse, s'en rapporte à sa bonne foi: il lui accorde des pensions, & peu de tems après, il fait agiter dans le Conseil, s'il ne doit pas retrancher ces mêmes pensions. Mais rien n'est à comparer aux ordres si singuliers qu'il donne à du Bouchage, dans l'affaire de la Province de Roussillon, dont il falloit appaiser les troubles. *M. Du Bouchage, dira à M. d'Albi,* (ce sont les termes du Roy) *qu'il preigne l'Evesché d'Eaulne* (c'est-à-dire, d'Elne) *en commande; & s'il a quelque mauvais-benefice par deça, qu'il le promette, & puis qu'il n'en tienne rien, & qu'il en laisse faire le Roy, lequel y remediera bien.* Et dans une autre Lettre, au même du Bouchage & dans la même affaire; *endormes-les de paroles le mieux que vous pourrés, dit-il, & y faites tous les appointemens que vous pourrés, vaille que vaille, pour les amuser d'ici à l'hyver; & si j'ai quelque treve, & que je y puisse aller, & Dieu me soutient & Madame & Monsieur Saint Martin, je irai en personne mettre le remede.* Et comme il ne se faisoit aucun scrupule de manquer à

ses

PRÉFACE.

ses promesses, il étoit toujours dans la plus extrême défiance sur tout ce qui l'environnoit; il engageoit par-là ses propres sujets à se méfier aussi de lui. Il avoit commandé verbalement à Jean d'Aillon, Seigneur du Lude, d'arrêter René d'Alençon, Prince du Sang, prévenu de crime d'Etat. Mais après l'exécution de cette commission, le Seigneur du Lude eut la sage précaution sur l'intime connoissance qu'il avoit du caractere de son Maître, de l'obliger à déclarer par des Lettres Patentes qu'il lui en avoit donné l'ordre verbal.

Louis devoit-il donc être surpris, si tous ceux qui traitoient avec lui étoient si attentifs à en exiger tant de sermens; sermens mêmes que l'on auroit de la peine à croire si nous ne les avions pas encore aujourd'hui. Voici un de ceux qu'on l'oblige de faire. » Je jure (a)
» sur la vraie Croix de S. Lo, que je ne
» prendrai, ne tuerai, ne ferai prendre, ne
» tuer, ni ne consentirai qu'on pregne, ou
» qu'on tuë mon beau neveu François, à
» present Duc de Bretagne ; & que je ne
» ferai faire, ne pourchasser mal, dommage,
» ne inconvenient à sa personne; ne ne souf-

(a) Recueil de M. Duclos, p. 434 & 435.

» frirai à perſonne quelconque le lui faire,
» & ſe je ſçai que aucun le veuille faire, en
» avertirai mondit Neveu, & l'en garderai
» & défenderai à mon pouvoir, comme je
» ferois ma propre perſonne ». Le ſerment
du Duc de Bretaigne eſt rélatif à celui-ci,
& preſque le même. Mais il eſt encore plus
étonnant de voir le Roy obliger ſon propre
frere à une pareille démarche, & qui plus
eſt, à la faire avec des circonſtances beaucoup
plus extraordinaires qu'aux autres. Quelle
idée ces ſermens donnent-ils de ces Princes,
chez qui la ſeule parole devoit avoir force
de Loi. Mais ce n'étoit pas tant la foi & la
Religion du ſerment qui retenoit Louis XI
que la crainte de mourir dans l'année, s'il
venoit à y manquer. Telle étoit l'opinion
qu'il s'en étoit formée. (a) *Le dangier d'enfraindre* (ce ſerment) *eſt*, dit-il, *ſi grant, comme de mourir mauvaiſement au dedans l'an, & toujours eſt infailliblement advenu à ceux qui ſont venus contre les ſermens faits ſur la-ditte vraie Croix, ainſi que n'aguieres, on a vû par expérience à aucuns que ſe y ſont*

(a) Tiré de l'Inſtruction originale de Louis XI à M. du Boüchage, en l'envoyant vers M. de Guyenne ſon frere, le 10 Aouſt 1471. MS. 8447 de la Biblioth. du Roy, parmi ceux de Bethune, fol. 3.

PRÉFACE.

parjurés. C'est ce qui arriva au Duc de Guyenne; & Louis XI a grand soin d'en apporter l'exemple dans une Lettre, au Vicomte de la Belliere, Gouverneur de Roussillon. (a) *Monsieur de Lescun (qui a été à Monsieur de Guyenne) me veut faire jurer sur la vraie Croix de Saint Lô, pour venir devers moi: mais je voudrois bien avant être assuré de vous, que vous ne fissiés point faire d'embuches sur le chemin: car je ne voudrois point être en dangier de ce serment-là; vû l'exemple que j'en ai vu cette année, de Monsieur de Guienne.* Il est vrai que ce Prince mourut dans l'année d'une maniere fatale; mais jamais on n'a pû trouver de lumieres certaines sur ce triste évenement.

Enfin pour dernier trait de ce Tableau, je donnerai un essay de la rigueur excessive de Louis XI. Je ne m'en rapporte point aux contes que l'on débite à ce sujet; je n'y ajoute même aucune foi : mais je le prens ce trait, d'une de ses Lettres, au sieur de Saint Pierre, auquel il avoit confié la garde de Jacques d'Armagnac, Duc de Nemours, qui étoit à la Bastille ». Monsieur » de Saint Pierre, dit ce Roy; je ne suis

_____
(a) Voyez le Recueil de M. Duclos, p. 385.

» pas content de ce que ne m'avez averti
» qu'on a ôté les fers des jambes au Duc
» de Nemours; qu'on le fait aller en autre
» chambre, pour besongner avec lui, & que
» l'on l'ôte hors de la cage, & auſſi que
» l'on le mene ouir la Meſſe là où les fem-
» mes vont, & qu'on lui a laiſſé les gardes,
» qui ſe plaignoient de payement; & pour
» ce que die le Chancelier, ne autres :
» gardez-bien qu'il ne bouge plus de ſa cage,
» & que l'on voiſe là béſongner avec lui;
» & que l'on ne le mette jamais dehors, ſi
» ce n'eſt pour le gehenner, & que l'on le
» gêne en ſa chambre ». Sont-ce là les paroles d'un Roy? Cependant le Duc de Nemours ſortoit d'une Maiſon, qui pour l'an-
cienneté le diſputoit à toutes celles du Royaume; & s'il étoit coupable, ſa naiſſance &
les ſervices de ſes Ancêtres, pouvoient demander qu'on le traitât avec moins de rigueur. Je ſuis fâché de finir ce portrait de
Louis XI par une action auſſi peu convenable. Ce Roy alla même juſques à priver de
leurs Offices trois Conſeillers au Parlement,
qui croyoient qu'on devoit civiliſer la cauſe
de ce Duc; il ne vouloit pas, diſoit-il, que
l'on *fit ſi bon marché de ſa peau.*

Ce Prince qui avoit fait paroître dans ſa

PRÉFACE.

jeuneſſe, tant de courage dans les entrepriſes, & tant de valeur dans l'action, donna dans la ſuite des marques d'une extrême timidité en certaines occaſions; c'eſt ce qu'il déclare lui-même dans la Lettre ſuivante au Chancelier. « M. le Chancelier; » (a) je vous mercie des Lettres que vous » m'avez écriptes, mais je vous pry que ne » m'en envoyez plus par celui qui les m'a » apportées; car je lui ai trouvé le viſage » terriblement changé, depuis que je ne le » veis; & vous promets par ma foi, qu'il » m'a fait grand peur; & adieu. Ecript au » Pleſſis du Parc, le xxv jour de May. » *Signé* LOYS, *& plus bas,* TOYART.

(a) Lettre originale de Louis XI, tirée du Volume 8432 des MSS. de Bethune, dans la Bibliotheque du Roy, fol. 36.

Fin de la première Partie.

PRÉFACE.

SECONDE PARTIE DE LA PRÉFACE.

LA partie des Mémoires de Comines, qui regarde le règne de Charles VIII n'est pas à beaucoup près aussi complette, que celle qui traite de l'Histoire de Louis XI ainsi je n'y ferai que peu de remarques : & je les tire d'un Manuscrit curieux, de la riche Bibliothéque de l'Abbaye Royale de Saint Germain des Prez. (a)

J'ai trouvé, dit l'Auteur, deux choses sur

(a) MS. de la Bibliotheque de l'Abbaye de Saint Germain, grand in-4. d'environ 50 feuillets, N°. 2199 sous le titre de *Mémoires sous Charles VIII, ou Remarques & particularités d'Histoire*. Une note qui est dans ce Volume, marque qu'il a été rédigé en 1572 ce qui ne sauroit être, 1°. parce que l'Auteur cite *Belcarii Rerum Gallicarum Commentarii*, qui n'a paru qu'en 1625. 2°. l'Auteur parle de feu M. le Prince, qui rapporta de Moulins une partie du procès fait à Landais. Ce feu M. le Prince ne sauroit être que Henri Prince de Condé mort à la fin de l'an 1646. Ainsi ce MS. est postérieur à cette année, & vient ou de M. Galland, ou de M. de Priezac, tous deux attachés au Chancelier Seguier, par ordre duquel ils travailloient. J'avois pensé d'abord à Theodore Godefroy, mais il étoit à Munster, où il mourut en 1648 & la maniere d'écrire me semble de M. de Priezac; Gallant n'écrivoit pas aussi purement.

PREFACE.

Charles VIII. l'une pour sa naissance, l'autre pour sa mort. Pour sa naissance, quelques-uns ont crû de son vivant & après sa mort, qu'il n'étoit pas fils de Louis XI ni de la Reine; mais que ce Roy voyant qu'il n'avoit pas d'enfans qui pussent vivre, en avoit pris un d'une pauvre femme des environs de Blois, & l'avoit supposé au Berceau à la place du sien, qui étoit langoureux & moribond. De fait, ce Prince ne ressembloit gueres à Louis XI ni de visage, ni d'humeur. Mais ce n'étoit pas là l'origine de ce bruit. Je l'ai découverte dans le procès de mort de Pierre Landais, qui est dans les papiers de la Maison de Bourbon, dont feu Monsieur le Prince apporta une partie, du Château de Moulins. Dans ce procès, Pierre Landais avoüe qu'il a été porté par quelques Grands, à prouver que le Roy Charles avoit été supposé. Il ne specifie point qui étoient ces Grands. Sans doute qu'il le déclara, mais de pareilles choses ne se mettent jamais dans les interrogatoires. Il est aisé de voir néanmoins, que c'étoit Louis Duc d'Orleans, auquel la Couronne appartenoit après lui, ou du moins son Conseil & ceux de son parti. Il ne dit point non plus de quels moyens, ni de quels témoignages il vouloit fe fervir pour prouver cette fuppofition, & quand il les auroit déclarés, les Juges n'avoient garde de les mettre par écrit.

Pour fa mort il y eut auffi un autre foupçon ; fçavoir qu'il fut empoifonné par une orange, qui lui fut baillée par un Valet de chambre. Belle-Foreft en touche quelques mots fur la fin de fa vie. A caufe de cela le Grand Roy François difoit en voyant des oranges, que la fenteur lui en déplaifoit. Ludovic Sforce en étoit accufé, lequel avoit déja traité fon neveu de même, & la Nation Lombarde étoit dans ce tems-là fort décriée de femblables malefices. Mais il me femble que ce n'étoit pas l'interêt de Ludovic, que Charles VIII mourût ; car il avoit de nouveau, fait un traité fecret avec lui, & Sforce avoit bien plus à craindre de Louis, Duc d'Orleans, lequel étoit fon ennemi irréconciliable, pour ce qu'il prétendoit directement à la Duché de Milan ; joint que ce Milanois avoit fouvent tâché de lui donner le boucon, & avoit penfé lui faire perdre l'honneur & la vie dans Novarre ; tellement que par le traité fecret avec le Roy Charles, il étoit dit que le Duc feroit envoyé en Allemagne, afin de l'éloigner de la Cour. Or comme cela étoit prêt

PRÉFACE.

de s'exécuter, & que de l'autre côté on vouloit écarter de lui, Georges d'Amboise, Archevêque de Rouen, qui étoit son Conseil, & l'envoyer à Rome ou à Ast; le Roy Charles vint à mourir, & comme dit Montlieu dans la vie de Louis XII : *Ceux qui avoient brassé cette menée en pensoient une, & il en advint une autre.*

« Si ces anecdotes tomboient en des mains
» plus crédules & moins scrupuleuses, peut-
» être voudroit-on les faire regarder comme
» des curiosités historiques de grande impor-
» tance : mais je crois qu'on doit les réduire
» à leur juste valeur. Qui ne voit dans la
» premiere un de ces doutes populaires, qui
» se trouvent détruits dès le moment qu'ils
» sont semés ? Croit-on qu'il soit possible
» de supposer un enfant en la place d'un
» Dauphin mourant ? Combien de personnes
» doivent entrer dans un pareil complot ?
» Et dès qu'il est sçu de plusieurs il ne tarde
» pas à devenir public. Nos Princes ni les
» enfans de France n'ont jamais été élevés
» dans un Sérail inaccessible, servi seulement
» par des muets & des aveugles. On a vû
» ce qui est arrivé il y a cent ans, lorsqu'on
» a voulu substituer le fameux Tancrede à
» à la véritable héritiere de la branche des

» Ducs de Rohan. A-t'on pu y réussir? Ne
» l'a-t'on pas toujours regardé comme un
» Aventurier, un chetif Garçon de Bouti-
» que, & peut-être le fruit infâme de la
» débauche de quelque Valet; c'est ainsi
» que Patru (a) le qualifie. Cependant Tan-
» crede avoit pour lui le témoignage de la
» Duchesse de Rohan, qui vouloit bien le
» reconnoître pour son fils; & malgré l'Arrêt
» du Parlement de Paris, qui déchira le voile
» honorable dont on vouloit couvrir Tan-
» crede, & qui le remit dans son état natu-
» rel, la Duchesse l'a toujours soutenu dans
» nos troupes avec distinction, & il s'y est
» comporté avec courage : enfin il est mort
» au lit d'honneur dans les guerres civiles de
» la minorité de Louis XIV.

« Peut-on s'imaginer que la supposition
» d'un fils de France soit plus aisée que
» celle d'un héritier d'une grande Maison?
» Croira-t'on que la Nation Françoise qui a
» toujours été si jalouse de la succession lé-
» gitime de ses Rois, se seroit soumise à un
» enfant qu'elle auroit justement soupçonné
» de n'être pas le fils du Roy & de la Reine?
» Une pareille supposition pouvoit-elle être

(a) Olivier Patru, Plaidoy 2 Tome I.

PRÉFACE.

» cachée aux Seigneurs du Sang, interreſſés
» pour eux-mêmes à ne pas laiſſer tomber
» en des mains étrangeres un ſceptre qui les
» regardoit tous ſucceſſivement & ſuivant le
» degré de leur parenté ? Louis Duc d'Or-
» leans, préſomptif héritier de la Couronne
» après Charles VIII auroit-il gardé le
» ſilence avant & après la mort du Roi
» Louis XI ? Et dans les troubles qui arri-
» verent ſous la regence de Madame de Beau-
» jeu, ne ſe ſeroit-il pas ſervi de ce motif
» pour reclamer ſes juſtes droits ; & après
» la pacification des differends, ſe ſeroit-il
» ſoumis avec autant de reſpect qu'il a fait
» à ce jeune Roi, s'il y avoit eu lieu de
» penſer que ce fût le fils de quelque mer-
» cenaire ? Anne de Bretagne, Princeſſe qui
» avoit tant de dignité & de grandeur, pour
» ne pas dire de fierté, auroit-elle ambi-
» tionné d'être mariée à Charles VIII s'il y
» avoit eu de ſon tems quelques ſoupçons
» au ſujet de ſa naiſſance ?

« Mais on cite le procès du fameux Lan-
» dais, indigne favori de François II Duc
» de Bretagne. Qui ne voit que ce diſcours,
» ſuppoſé que Landais ait eu la temerité de
» le tenir n'étoit qu'un ſubterfuge de l'hom-
» me coupable, qui cherche à former des

» incidens & à éloigner une mort infâme
» que ses crimes lui avoient justement atti-
» rée ? Ne retrouve-t'on pas dans cette
» accusation si odieuse le caractere de ce
» miserable, qui avoit rempli l'Angleterre
» & l'Allemagne de dissentions ? Peu satis-
» fait d'avoir armé le Duc de Bretagne son
» Maître contre sa Noblesse & d'avoir sou-
» levé les Seigneurs Bretons contre leur Duc,
» il veut encore en mourant jetter des se-
» mences de révolte dans l'esprit des Fran-
» çois contre leur légitime Souverain. Le
» Duc de Bretagne qui au tems de cette
» procedure étoit armé contre Charles VIII.
» n'auroit-il pas employé ce moyen pour
» montrer que dans sa prise d'armes il travail-
» loit pour la Loi de l'Etat ? N'auroit-il pas
» retardé la condamnation de cet homme,
» ou même n'auroit-il pas fait de plus grands
» efforts pour l'enlever à la justice qui le
» jugeoit & le faisoit mourir malgré le Duc,
» s'il avoit trouvé quelque vraisemblance dans
» la déclaration qu'il faisoit sur la naissance
» du Roi. Le Duc d'Orleans lui-même re-
» tiré en Bretagne, où il avoit pris les armes
» en faveur du Duc, ne se seroit-il pas servi
» de ce motif pour justifier sa démarche ;
» chose néanmoins qu'il n'a jamais faite

PRÉFACE.

» quoiqu'il y fût plus interessé que per-
» sonne par sa qualité de présomptif hé-
» ritier.

» Ce qui regarde la mort de Charles VIII
» n'a pas plus de fondement. Ce Prince étoit
» foible, il se blesse & tombe en apoplexie
» sans aucun signe de malefices. L'endroit
» que l'on cite de Jean de S. Gelais Mont-
» lieu (a), Historien du tems, n'a pas son
» application à cette mort, mais à la re-
» traite du Duc d'Orleans. J'ai cru devoir
» faire ces réflexions pour prévenir les im-
» pressions que ces faits peuvent faire sur
» des esprits superficiels ». Les autres traits
du MS. ont plus de verités, & je les continue.

Il est vray que Charles étoit extrêmement
debile & fresle, & qui naturellement ne
pouvoit vivre long-tems. Barthelemi Coclés
Physionomiste Italien, fort entendu en cette
matiere, fit ce jugement sur sa physionomie,
qui lui fut décrite & envoyée par un de ses
amis en cette sorte. « Il avoit la tête grosse,
» & le nez extrêmement aquilin & grand ;
» les levres un peu plates, le menton rond

(a) Jean de S. Gelais Montlieu, Histoire de Louis
XII, p. 105 Ed. de 1622.

» avec une petite fosse; les yeux grands, &
» sortans au dehors; le col trop court & non
» assez roide, la poitrine & le dos larges; les
» flans assez pleins, le ventre charnu, le siege
» bonne largeur; mais les cuisses & les jambes
» fort gresles quoique bien longues : d'où
» ce Philosophe concluoit que ce corps étoit
» composé de mauvaise pâte, & de ma-
» tiere cathareuse ». Au reste, il étoit de
petite taille. C'est pourquoi le surnom de
petit Roy, lui demeura dans les regnes suivans. les Italiens qui ont eû grande raison de
le haïr, parce qu'il alla remuer une guerre,
qui enfin les a mis sous le joug étranger,
l'appelloient par mépris, *Cabezzucco*, c'est-
à-dire, têtu, faisant allusion à sa grosse tête
& à l'opiniatreté qu'ils lui reprochoient,
comme s'il eut entrepris ce voyage contre
toute sorte d'avis & de raison : mais ceux
qui le vouloient louer lui donnoient cette
devise.

Major in exiguo regnabat corpore virtus.

Louis, Duc d'Orleans qui avoit grande
passion pour ce voyage, se servit du moyen
suivant pour y porter le Roy. Il dressoit tous
les jours de nouvelles parties de joustes, de
tournois, de combats à la barriere. A chaque

PRÉFACE.

coin de ruë dans Lyon, il y avoit des perrons & des échaffaux pour combattre; on ne voyoit que Chevaliers habillés à la Grecque, à la Romaine, à la Morifque, à la Turque avec de belles devifes. Les Poëtes ne chantoient que la guerre; les Dames ne parloient d'autre chofe. Ainfi par ces reffemblances de combats, par ces magnificences, par les fanfares des trompettes, par les chants des Poëtes & les enchantemens des Dames, il éleva le cœur de ce jeune Roy à de hautes entreprifes, & l'enflamma tellement du defir de la gloire, qu'il ne pouvoit dormir jufqu'à ce que le voyage d'Italie fut réfolu.

La feconde partie de ce Manufcrit parle d'une quinzaine de Familles qui ont brillé fous le regne de Charles VIII mais que l'on trouve mieux détaillée ailleurs. Après quoi on lit les particularités fuivantes fur les perfonnes illuftres qui fe diftinguerent à la Cour.

PERSONNES.

CHARLOTTE DE SAVOYE, Veuve de Louis XI & mere de Charles VIII affez belle de vifage, de petite taille, aimoit fort la lecture & les Livres; à quoi elle s'étoit adonnée pour fe défennuyer dans la grande contrainte que son Mari exerçoit en son endroit : car il la tenoit de si court, qu'elle n'osoit parler à personne qu'à deux ou trois de ses domestiques, ni s'éloigner du Château d'Amboise sans sa permission; là où il ne l'alloit jamais voir que pour le desir d'avoir des enfans. Si bien qu'ayant passé sa vie comme dans une prison, elle en devint plus melancholique & plus timide, & contracta même une difficulté de parler. Au reste, elle étoit toute bonne & toute simple : ce qui donna lieu à Madame de Beaujeu de prendre la Regence, que plusieurs disoient lui appartenir, ou du moins la garde de la personne de son fils. Le Comte de Dunois, & Jean Tiercelin, pere du gentil la Roche-du-Maine; lui éveillerent le courage pour ne pas souffrir cette injure, & l'exciterent de telle sorte, qu'elle voulut avoir la personne de son fils; comme l'affaire étoit déja bien avancée par leur moyen, elle vint à mourir, non sans quelque mauvais soupçon (a).

Trois Princes du Sang eurent part au Gouvernement : Jean Duc de Bourbon, Pierre de Beaujeu son cadet, & François Duc de

---

(a) Autre anecdote peu vraisemblable.

PRÉFACE.

Vendôme; tous trois fort bons Princes, doux, équitables, bienfaisans, ménagers selon l'humeur de la Maison. Le Duc de Bourbon, comme le plus puissant, étoit aussi le plus ardent & le moins endurant, comme il l'avoit bien fait voir à Louis XI (a), ayant embrassé la ligue du bien public; au reste, si homme de bien qu'il ne voulut point se mêler de la guerre que ce Roy fit à Marie, fille de Charles Duc de Bourgogne. Il ne dissimula point que Louis devoit donner un meilleur titre à ses armes, que le simple desir de joindre les Pays-Bas à sa Couronne. Ce qui fâcha si fort le Roy, qu'il fit secrettement informer contre lui, & fit prendre ses domestiques, que le Parlement élargit, connoissant bien que c'étoit un artifice pour faire de la peine au maître. La voix publique lui donna le surnom de Bon : & quoiqu'il fût fâché d'obéir à la femme de son cadet, il ne voulut point troubler le repos de l'Etat, & se contenta du titre de Connétable, comme le marque Saint Gelais. Il dissuada le voyage d'Italie, & sollicita fortement la liberté du Duc d'Orléans. Il mourut

(a) Voyez la Lettre du Duc de Bourbon au Roi Louis XI. n°. 12 des Preuves du premier Livre.

l'an 1488, fans laiffer d'enfans légitimes.

Pierre fon frere qui lui fuccéda en la Duché, avoit époufé Anne de France, fille de Louis XI. Pierre qui étoit fin & rufé, prévit bien que le Roy ne la lui avoit donnée que pour ruiner la Maifon de Bourbon. Louis qui vit que l'aîné n'avoit point d'enfans, & que Pierre étoit pauvre & endetté, la lui donna avec cent mille écus d'or, à condition qu'il confentiroit autant qu'il étoit en lui, que toutes les Duchés, Comtés & Seigneuries qui étoient dans la Maifon de Bourbon, retourneroient au Roy & à fes Succeffeurs, au cas qu'il décédât fans enfans mâles. Louis XI en mourant, lui donna toute la charge & gouvernement de fon fils, conjointement avec fa femme, c'eft-à-dire, indirectement la régence. Son naturel étoit bon & facile, bien éloigné des rigoureux procédés de fa femme. Ce fut contre fon avis qu'on détint le Duc d'Orléans prifonnier; & s'il eut été auffi ferme & vigoureux, qu'il étoit bien intentionné, il n'y eût point eu de guerre dans la minorité. Mais fa femme étoit le maître, & avoit toujours gardé fur lui l'autorité de fille de Roy. Il avoit confumé en fa jeuneffe prefque toute fa légitime par des prodigalités exceffives, qu'il

PRÉFACE.

répara avec un grand ménage quand il fut plus âgé. Sa femme étoit altière, impérieuse, inexorable, qui suivoit en tout les maximes du feu Roy son père; & lui ressembloit presque tout-à-fait d'humeur : fort superstitieuse, c'est pourquoi elle porta le Roy à faire restitution du Roussillon, n'étant pas plus conscientieuse d'aimer, qu'elle ne le fut dans ses jeunes ans. Pour se maintenir dans le gouvernement, elle appella le Duc de Lorraine (a), & si elle en eut eû encore plus besoin qu'elle n'eut, on croit qu'elle eut cédé la Provence ou l'Anjou.

Ce Duc René de Lorraine étoit grand homme de guerre, qu'il avoit apprise à ses dépens, contre Charles Duc de Bourgogne. Au reste un peu étourdi, ce qu'il témoigna dans toute la conduite de sa vie; & en ce qu'il fit à Louis Duc d'Orleans, si la tradition est vraie. Car on dit que ce Prince jouant à la paulme aux Halles, il y eut dispute pour un coup. La Régente (j'appelle

(a) C'est sur cette démarche de Madame de Beaujeu d'appeler un Prince étranger pour se mêler du Gouvernement, que Guillaume Coquillart fit les quatre Ballades sur les verds manteaux, couleur qui est la livrée de Lorraine. Voyez œuvres de Coquillart Edition de 1723 page 179 & suivantes

PRÉFACE.

ainsi Madame de Beaujeu) le jugea contre le Duc d'Orléans. Louis ne sçachant pas, comme il est vrai-semblable, qui avoit jugé ce coup, dit que ceux qui le condamnoient en avoient menti; surquoi le Duc de Lorraine lui donna un soufflet, dont il se fut repenti, si le Duc d'Orléans eut été aussi vindicatif, quand il fut Roy, comme l'autre avoit été prompt & leger.

François Comte de Vendôme, Prince d'humeur gaie & joviale, qui aimoit la tranquillité, & s'appliquoit toujours à pacifier les différens, demeurant toujours auprès du Roy, n'y servoit pourtant que pour faire nombre, tandis que Madame de Beaujeu gouvernoit. Mais par après le Roy le prit en grande affection, & l'appelloit son bon parent. Il mourut de dissenterie au retour du voyage d'Italie. Le Roy voulut que le même honneur lui fut fait à son enterrement, que si c'eût été son frere. Aussi étoit-il l'escarboucle des Princes de son tems en beauté, bonté, sagesse, douceur & benignité. Il épousa Marie de Luxembourg, fille aînée & principale héritiere de Pierre, Comte de Saint Pol, à cause de laquelle Henri-le-Grand disoit qu'il touchoit de parenté à tous les Princes de l'Europe. Elle demeura en vi-

PRÉFACE.

duité cinquante-un ans après la mort de son mari.

Durant ce regne, l'Admiral de Graville & la Trimouille, aussi-bien que le Maréchal de Gié (de la Maison de Rohan) bon serviteur du Roy, mais mauvais Breton, furent les plus employez, personnages de grand sens; la Trimouille, grand Capitaine; Graville ennemi du Duc d'Orléans, pour quelques piques particulieres; de sorte qu'il s'opposa toujours à sa délivrance. Lorsque Charles VIII approcha de l'âge de 20 ans, le crédit de Graville diminua; & ses avis qui dissuadoient la guerre d'Italie le rendirent tout-à-fait odieux.

Charles VIII eut pour principal favori, premierement le Comte de Ligni, son cousin, fils du malheureux Comte de Saint Pol, Connétable de France, Prince gentil, vaillant, adroit, généreux, qui étoit l'amour des Dames & l'admiration de la noblesse. Et un peu au-dessous, Châtillon, Bourdillon, Galliot & Bonneval gouvernent le Sang royal; c'étoit le dictum du tems. Mais Guillaume Briçonnet & Etienne de Vaesc (a), admi-

(a) Sur ces deux Personnages, voyez les VII & VIIIe Livres des Mémoires de Philippe de Comines, qui en parle conformément à ce portrait.

PRÉFACE.

niftroient abfolument les affaires, defquels on peut dire, fi ce qu'en ont écrit tous les Hiftoriens eft vrai, qu'il n'y en eut jamais de plus incapables. De fait ils n'avoient aucune expérience, & prefque point d'autre conduite, ni d'autre intention que de faire leurs affaires particulieres. On dit qu'ils ne confeillerent la guerre de Naples, l'un que pour avoir un chapeau de Cardinal, & l'autre pour obtenir une Duché en ce pays-là; ce qu'ils eurent l'un & l'autre : mais Vaefo ne garda pas long-tems fa Duché. Charles eut auffi quelques favoris de fes fimples domeftiques, comme Paris, Gabriel & Dijon, pareillement Hervé du Chefnoi, qui fut Prévôt de l'Hôtel, & exerça juftice à Rome en cette qualité.

Dans les guerres de Bretagne, il y eut deux principaux perfonnages, qui remuoient prefque tout de part & d'autre. L'un étoit François d'Orléans, fils de ce brave Comte de Dunois, adroit & fubtil négociateur, doué d'une vivacité merveilleufe, & fort heureux à perfuader tout ce qu'il vouloit, & à nouer & dénouer les intrigues. Comme il étoit attaché par devoir à la Maifon d'Orléans, il porta toujours les intérêts du Duc, & remua ciel & terre pour lui faire époufer la Ducheffe

Anne de Bretagne; mais quand il vit qu'il n'y avoit pas d'autre moyen de le tirer de prison, il négocia ce mariage pour le Roy, au retour duquel il fut suffoqué d'un catharre. On remarque de lui & de François Duc de Guise, qu'il ne se fioit à aucun Secrétaire, faisant ses dépêches lui-même, & les tenoit dans un coffre qu'on portoit toujours avec lui; là étoient tous les scellés, & toutes les signatures des Seigneurs & Officiers de marque du Royaume, afin de les conférer avec ceux qu'il recevoit, de peur d'être trompé. Car Louis XI & Landais avoient appris en France à contre-faire les Sceaux & les Seings; ce qui étoit devenu si ordinaire, qu'il s'en falloit bien donner de garde. Ce Comte de Dunois succéda à Jeanne de Harcourt, fille du frere de sa mere, & par ce moyen il eut la Comté de Tancarville, & autres belles terres.

Le Maréchal de Rieux, à qui François II, Duc de Bretagne, recommanda sa fille Anne en mourant, fut un des plus grands Capitaines de son tems, sage & judicieux; mais également actif, hardi & vigilant, & sur-tout très-affectionné à la liberté de son pays, pour la conservation de laquelle il tenta tous les moyens que la prudence humaine lui suggeroit ; & comme un autre Prothée il se changea en mille formes pour y réussir. Mais malgré toutes ses précautions, il ne put s'empêcher d'être trahi par ses propres domestiques. On a trouvé les lettres de son Maître-d'Hôtel, qui réveloit tous ses secrets à Madame de Beaujeu : par-là toutes ses entreprises conçûes avec tant de précautions & de jugement, manquoient souvent pour avoir été découvertes. La trahison est malheureusement le dernier mal que les grands puissent chasser de chez eux. Le Roy Charles estimoit fort tous ses conseils, & s'il les eut suivis à Fornouë en poursuivant les ennemis qui étoient défaits, il y a toute apparence que cette seule journée l'auroit rendu maître de l'Italie. On rapporte deux choses singulières de ce Seigneur.

Durant les divisions de la Bretagne, il voulut avoir entre ses mains la Duchesse : mais son Chancelier & quelques autres personnes s'y opposoient. Un jour donc le Maréchal la rencontra en pleine campagne, assez mal accompagnée. Elle fut avertie que Rieux venoit à elle pour s'en saisir. Ses gens la prièrent de se détourner, ce qu'elle refusa de faire ; mais allant droit au Maréchal, elle lui commanda de se retirer dans sa maison ; à quoi il obéit sur le champ. Tout le monde fut étonné; on ne sçavoit lequel étoit le plus généreux & plus digne d'admiration, ou le refpect d'un fujet auffi puiffant envers fa fouveraine, ou la hardieffe & le courage d'un Souveraine (*) envers fon fujet.

La feconde action n'eft pas moins admirable. Le Maréchal de Rieux fçachant que l'on avoit mené le Roy Charles devant Nantes, contre la parole qu'on lui en avoit donnée, s'en plaignit à la Régente Madame de Beaujeu, qui lui dit qu'il ne fçauroit montrer cette promeffe par écrit; mais il répondit hardiment, *Hé quoi, Madame, la parole d'un Roy ne vaut-elle pas tous les fcellez? Ne feroit-il pas plus glorieux que le Roy imitât fon ayeul que non pas fon pere? Vrayment, c'eft lui apprendre de bonne heure à rompre fa foi.*

Philippe, Seigneur des Querdes, de l'ancienne maifon de Crevecœur, fut regardé comme le Pyrrhus de fon fiecle, parce qu'il apprit aux gens de guerre à camper avec ordre, & commença à faire combattre l'infanterie par rangs & par brigades, au lieu

―――――――――――
(*) L'Auteur auroit pû dire même d'une Souveraine encore toute jeune.

qu'auparavant elle combattoit tumultuairement, & par-là devenoit presque inutile. Mais pour établir cette discipline & les empêcher d'être pillars, comme ils avoient toujours été, il usa d'une grande sévérité, & fut obligé de faire pendre jusques à vingt soldats par jour. Il dissuada toujours le voyage d'Italie, & mourut à Lyon comme le Roy étoit prêt d'y passer. Il avoit accoutumé de dire, que la grandeur & le repos de la France dépendoient de la conquête des Pays-Bas, & que c'étoit de là principalement qu'elle pouvoit être troublée.

La troisiéme partie du Manuscrit rapporte diverses actions singulieres, généreuses ou mauvaises, dont je choisirai quelques-unes.

ACTIONS.

LES préliminaires de la guerre d'Italie commencèrent par une grande faute, ce fut la restitution du Comté de Roussillon, à laquelle le Roy fut poussé par le desir d'entreprendre ce voyage, & par un scrupule de conscience. Quelques gens d'Eglise lui firent croire que son pere les avoit chargés à l'article de la mort de l'obliger à faire cette restitution; & l'Ambassadeur d'Espagne trouva moyen de gagner son Confesseur. Il sçut qu'il aimoit le

PRÉFACE.

vin d'Espagne, il lui en envoya deux barils, l'un plein de cette liqueur, & l'autre rempli de réales de plate (*), qui tous deux lui parurent fort doux, & fortifierent sa parole en faveur du Roy Ferdinand.

Louis, Duc d'Orléans, se trouvant investi dans Beaugency par Charles VIII à l'instigation de la Régente, quoique le Duc eut avec lui assez de gens de guerre très-expérimentés & capables de défaire les troupes du Roy, jamais il ne voulut user de cet avantage. On lui remontra que s'il alloit trouver le Roy, comme il avoit résolu de le faire, il seroit arrêté prisonnier ; il répondit : *J'aime mieux être prisonnier & innocent, que d'être rébelle. Le Roy peut bien m'ôter la liberté ; mais je ne perdrai jamais le respect.* Ce même Prince étant assiégé dans Navarre, où les vivres manquoient à la garnison, & sur-tout aux malades, fit distribuer, principalement à ces derniers, tous les rafraîchissemens qui étoient destinés pour lui. Quoiqu'il eût la fievre quarte, il ne se réserva rien, mais il prenoit comme le moindre soldat dans le magazin commun & par égale portion, sans aucune distinction : ce qui toucha si fort tous

(*) Pieces d'argent qui valent environ douze sols de notre monnoye.

ceux qui s'étoient enfermés avec lui, qu'on ne les entendit jamais plaindre, quoique la moitié mourût de misere & de faim.

Les habitans d'une petite ville de la Seigneurie de Genes avoient pris le Roy Charles si fort en aversion, qu'au retour de Naples ils firent quelques fêtes & quelques divertissemens, pendant lesquels ils formerent une effigie de paille, à laquelle ils donnerent le nom de Charles; après plusieurs indignités, ils y mirent le feu. Quelques François irrités de ces insultes publiques, en porterent leurs plaintes au Seigneur de Serenon (l'Auteur met Cernon, mais mal-à-propos); il étoit sur la côte avec quelques vaisseaux du Roy; à l'instant il fit mettre à terre deux cens hommes de ses troupes, qui entrerent de furie dans cette ville, où il y avoit plus de trois mille habitans : ils tuèrent tous les hommes qu'ils trouvèrent, & mirent le feu dans la ville. Ainsi le fer & la flamme vengèrent l'injure faite à un Prince naturellement bon & bienfaisant.

J'ai voulu sçavoir qui étoit ce brave citoyen, ce Seigneur de Serenon. Voici ce que j'ai trouvé ; il se nommoit Louis de Villeneuve (a), d'une maison de ce nom

(a) » LOUIS, &c. à nos amés, &c. savoir vous

PRÉFACE.

très-ancienne & très-distinguée en Provence. Sous les regnes de Louis XI & de Charles VIII, il fut connu sous le nom du Seigneur de Serenon, & ensuite sous celui de Baron de Trans jusques en 1505, que Louis XII, pour reconnoître les services de ce Seigneur, érigea la terre de Trans en Marquisat. C'est le premier qui a été qualifié en France du titre (a) de Marquis. Il fut Chambellan de Charles VIII & de Louis XII, & deux fois Ambassadeur à Rome. Au voyage de Naples sous Charles VIII, ce Prince lui donna la Principauté d'Avelline; mais ce titre fut d'aussi courte durée sur sa tête, que la possession du Royaume de Na-

---

» faisons que nos amés & feaulx Conseilliers & Cham-
» bellans Raymond d'Agout, Seigneur & Baron de
» Sault, Louis de Ville-neuve, Baron de Trans & des
» Arcs & Sieur de Serenon, tant en leur nom, &c. ».
Déclaration de Louis XII, du 10 Juillet 1498 par laquelle il confirme les Privileges de la Provence: inserée dans la remontrance de la Noblesse de Provence au Roy, imprimée à Aix en 1669 fol. 123. Voyez aussi Gauffridi, Histoire de Provence, p. 364 & 375. Nostradamus, Histoire de Provence, p. 681 & 718.

(a) Il eut l'avantage de voir ériger Trans, l'une de ses Terres, en Marquisat dans la premiere érection des Marquisats qui se fit en France. Ce sont les paroles de Gauffridi.

ples sur celle de son maître. Au retour de cette expédition, il commanda l'armée navale de France, ou seul, ou avec le Prince (a) de Salerne; ce qui ne l'empêcha point aussi de commander sur terre. André de la Vigne rapporte l'avanture dont je viens de parler: voici (b) ses paroles; « vint devers
» le Roy Monsieur de Sernon des pays de
» Provence, disant que lui approchant sur
» mer de la terre de Genes, en revenant
» des pays de Naples, il envoya son patron
» de gallée en une petite ville de ladite
» seigneurie de Genes (pour y faire pro-
» vision de vivres; & sur ce qu'il raconta
» qu'il avoit vû qu'on y représentoit un Roy
» de France à qui on mettoit le feu au der-
» riere) ledit Seigneur de Serenon fit pré-
» parer ses vaisseaux, qui étoient en grand
» nombre; & à la pointe du jour vint avec
» toute sa puissance, mit le siége devant
» icelle ville, tellement qu'à l'aide de ses
» gens d'armes & mariniers, ils l'assaillirent
» tant par mer, à force d'artillerie, que par

(a) *Scipione Ammirato, Famiglie de Napoli*, pag. 13 & *Guicciardini*, Hist. d'Italia, liv. 1 & 3.

(b) Voyage de Naples du Roy Charles VIII, par André de la Vigne, édition du Louvre par Godefroy, dans l'Hist. de Charles VIII p. 172.

PRÉFACE. 175

» terre; si bien qu'ils la prirent par force
» & d'assaut, & mirent tout à feu & à sang,
» rez pieds rez terre, dont fut fait en Cour
» grande risée ».

Cette Maison de Villeneuve est divisée en plusieurs branches, dont une est celle des Marquis de Trans, & l'autre des Marquis de Vence, qui se divisent encore en plusieurs autres rameaux.

Fin de la Préface.

PREUVES
DE LA PRÉFACE.

PREMIÈRE PREUVE.

S'enfuit en brief ce que par l'Evefque de Conftance & autres Ambaffadeurs du Roy, a efté dit en créance de par le Roy, à Monfeigneur le Dauphin, le vingt-deuxiefme jour de Décembre, l'an 1459.

Mon très-redoubté Seigneur, vous fçavez & connoiffez que par plufieurs fois, tant par les Ambaffadeurs que autres fois avez envoyés devers le Roy, que par ceux de mon très-redoubté Monfgr. de Bourgogne, envoyez à Saint Saphorin & derniérement à Monbafon, & auffi par nous autres, envoyez devers vous en cette ville de Bruxelles. Vous avez toujours dit & fait fçavoir au Roy que vous lui deviez honneur & obeiffance pour faire ce que bon fils doit à fon fouverain Seigneur & pere, mais que l'on vous avoit fait eu plufieurs paours & craintes, & bonnes caufes de doubter; parquoi avez fait fupplier Monfeigneur le Roy, que peuffiez demourer

en

DE LA PREFACE.

Monseigneur le Roy, que peussiez demourer en vostre franchise & passer encore un peu de temps jusques à ce que fussiez hors desdites paours & craintes, qui encore vous occupoient & travailloient, pour laquelle cause le Roy nous a chargé sçavoir de vous, se le peu de temps que vous avez requis pour vous assurer & mettre hors desdites craintes & paours, est point encore passé, car le Roy le desire sçavoir, & n'est pas de merveilles, attendu qu'il y a douze à treize ans passés, que ne futes en la présence du Roy vostre pere & vostre Seigneur.

Et en outre, mon très-redoubté Seigneur, le Roy nous a commandé de vous reduire à memoire le grand devoir & plusque devoir, en quoi il s'est mis envers vous : vous sçavez, Monseigneur, que le Roy a toujours desiré & voulu que veniez devers lui, & mesmement accompaigné des gens de vostre Hostel, que bon vous semblera pour deux causes, l'une pour ce que sur toutes choses il vous desire voir pour son plaisir & delectation, l'autre pour vostre bien & grand honneur ; & aussi il lui a toujours semblé que la plus convenable maniere pour vous oster les paours & craintes, se aucunes en avez, est de les lui dire & declarer, & si a esté le

Tome X. M

Roy content que ce fait, vous peuffiez demourer ou vous en retourner & ceux de voftre compagnie où bon vous fembleroit.

(Voyez les Recueils de M. l'Abbé Le Grand).

I I.

Lettre fur la maladie de Charles VII.

Nostre très-redouté Seigneur, nous nous recommandons à voftre bonne grace, fi très-humblement que plus nous pouvons. Plaife vous fçavoir, noftre très-redouté Seigneur, que certaine maladie eft puis aucun temps en ça furvenuë au Roy voftre pere, noftre fouverain Seigneur; laquelle, premierement a commencé par la douleur d'une dent, dont à cefte caufe il a eu la jouë & une partie du vifage fort chargée, & a rendu grande quantité de matiere, & a efté fadite dent après arrachée, & la playe curée en maniere, que tant par ce que auffi, par le rapport que les Medecins nous faifoient chafcun jour, nous avions ferme efperance que brief il deuft venir à guerifon. Toutesfois pource que la chofe eft de plus longue durée que ne penfions, & que comme il nous femble il affoiblit plus qu'il ne faouloit, nous, comme ceux qui, après luy, vous desirons servir & obeïr, avons deliberé le vous escrire & faire sçavoir, pour vous en avertir, comme raison est; affin dessus tout avoir tel avis, que bon plaisir sera, & vous plaise, notre très-redouté Seigneur, nous mander & commander vos bons plaisirs, pour y obeyr de tous nos pouvoirs, au plaisir de Nostre-Seigneur, qui par sa saincte grace vous doint très-bonne vie & longue. Escript à Meun sur Evre, le dix-septiesme jour de Juillet. *Ainsi signés*, Vos très-humbles & obeyssans serviteurs.

 Charles d'Anjou.
 Gaston (*).
 Guillaume Juvenel, Chancellier.
 Jehan.
 Constan.
 A. de Laval.
 Amenyon Delebret.
 Anthoine de Chabanes.
 Jehan d'Estouteville.

(*) C'est le même Gaston de Foix, dont on va lire une Lettre.

Machelin-Brachet.

Tanneguy du Chastel.

Jehan Bureau.

Guillaume Cousinot.

P. Doriole.

Chaligant.

(Voyez les Recueils de M. l'Abbé Le Grand, 6 Aoust 1471.)

III.

Declaration de M. de Foix, sur les brigues pendant la maladie de Charles VII.

SIRE, pour vous avertir au vray sur les points dont Montbardon & Janot du Lion ont parlé de par vous, vous trouverez à peine de ma vie la verité estre telle, comme cy-après est declaré.

Premierement, en tant qu'il touche la ligue & les sermens que on vous a rapporté, que Mr. du Maine, moy & autres, avons faits; je vous jure Dieu & le serment que je vous dois, que je n'ai ligue ne serment avecques Seigneur, ne personne qui vive de ce Royaume, excepté avecques le Comte d'Armaignac, qui fut par commandement & ordonnance de vous.

Il est vray que la journée qu'il fut deliberé que on vous escriroit par Vermandois le Herault, la disposition en quoy le Roy vostre pere estoit pour lors, auquel on esperoit encores vie & guerison, Mr. du Maine ouvrit en la presence de tous ceux du Conseil, qu'il estoit necessité, si le Roy vostre pere pouvoit guerir, que chascun se acquittast loyaument envers luy touchant vostre fait, & que nous ne demourissions plus en cet inconvenient, en quoy nous estions pour les differences qui estoient entre lui & vous, & jurasmes tous, & promismes à Dieu que si le Roy vostre pere pouvoit venir en santé, que pour perdre estat, ne offices, ne sa grace, nous ne faudrions point, que nous ne nous acquictissions loyaument envers luy, affin de faire cesser toutes les differences, & qu'il vous reprensist en sa bonne grace, & vous traictast ainsi qu'il appartient.

Et le lendemain derechief nous nous trouvasmes tous ensemble, & auquel temps encores esperions la guerison du Roy votredit pere, & fut remonstré comme les differences & malveillances, qui avoient esté entre aucuns des Seigneurs, & de ceux du Conseil, estoient très-mal séans, & en pouvoient venir de grans inconveniens, & pource qu'il estoit bien requis pour le bien du Roy vostredit pere, & de la chose publique, que chascun ostast toute rancune & malveillance, qu'ils avoient les uns & les autres, & qu'il y eut entre nous tous bon amour & union. Et dit lors M. du Maine, que de sa part il en estoit & promettoit à Dieu de ainsi le faire, si fis-je moy de la mienne, Mr. de Dunois de la sienne, & tous les autres pareillement. Et quelque chose, Sire, que on vous rapporte, vous ne trouverez point qu'il y ait autre chose que ce que dessus est dit. Et y a par de-là des gens qui estoient presens à toutes ces choses par lesquels, s'ils veulent dire verité, vous pourriez sçavoir s'il est ainsi ; car sur ma vie & sur mon honneur vous n'y trouverez autre chose.

Et de dire que depuis j'aye fait ligue ne ferment à personne quelconque, ne sçû autre qui l'ait faicte, sur ma foy non ay, & se vous trouvez le contraire, punissez-moy à votre bon plaisir.

Et au regard du fait d'Angleterre, il est vray qu'il y a eu plusieurs voyages qui ont esté faits par de-là, & y fut premierement un nommé Doulcereau, lequel le grand Seneschal de Normandie y envoya, pour sçavoir des nouvelles, & estoit ledit Doulcereau à la bataille de Norantonne quand le Roy (*) d'Angleterre fut pris; & en se cuidant sauver pour venir par deçà, il fut pris par aucuns Anglois, & mené prisonnier à Anthonne, ou en je ne sçay quel lieu par de-là. Et quand le Duc de Sommerset passa en Angleterre, il le delivra, & vint par deça, & depuis fut renvoyé par devers la Reine d'Angleterre pour luy dire que le Roy estoit disposé de l'ayder & secourir, & ceux de son party en la querelle qu'elle avoit contre le Roy Edouard, & qu'il l'avoit fait sçavoir aux Roys d'Espagne & Escosse ses alliez, afin qu'ils fissent le semblable de leur part.

Il est vray aussi qu'il vint un Maistre d'une Trenelle de Bretagne, & un Chapelain de la Reyne d'Angleterre devant Noël, lesquels ladite Reyne envoyoit devers le Roy vostredit pere, pour luy dire l'estat en quoy elle estoit pour lors, & la pitié qui estoit en son fait, & du Prince son fils; & qu'il luy pleust avoir pitié d'elle & de sondit fils, & les envoyer querir & recueillir en ce Royaume, & leur donner sauf-conduit pour y estre trois ou quatre ans, jusques à ce qu'ils se

(*) Henri VI.

puſſent remettre ſûr par-de-là; & fut la matiere bien fort debattuë au Conſeil du Roy voſtredit pere, & en la preſence de tous les Seigneurs & gens de ſon Conſeil; & après pluſieurs altercations, fut conclud, preſent le Roy voſtredit pere, que on devoit envoyer par-de-là le ſieur de Janly, Meſſire Jehan Carbonnel & un Secretaire, & leurs furent baillées lettres & inſtructions pour remonſtrer à ladite Reine, que elle ſe pouvoit tenir par-de-là, qu'elle ſe y tinſiſt, & les inconveniens qui pouvoient advenir de ſa venuë de par-deçà; toutesfois ſe au devant elle veoit qu'il lui fût force pour ſoy ſauver de venir par-deçà, le Roy voſtredit pere en ce cas eſtoit content qu'elle y vinſiſt & ſondit fils, & luy envoya ſauf-conduit pour ce faire, & ne ſera point trouvé qu'ils euſſent charge de autre choſe faire.

Item, & leſquels de Janly & Carbonnel ne trouverent point ladite Dame au pays de Galles, là où les autres l'avoient laiſſée, mais s'en eſtoit allée desja en Eſcoſſe, & par ce s'en retournerent ſans rien faire.

Il eſt vray auſſi qu'en iceluy temps le Roy voſtredit pere envoya ſon Ambaſſade en Eſcoſſe pour cette matiere, & pour prier le Roy, la Reyne ſa mere, les gens des trois

Eſtats dudit pays, qu'ils voulſiſſent donner à ladite Reine & au Prince ſon fils, tout le ſecours, ayde & confort que faire ſe pourroit; & eſcrivit ſemblablement à ladite Reyne d'Angleterre ce qu'il avoit fait ſçavoir en Eſcoſſe en faveur d'elle.

Depuis ces choſes, & aprés la derniere bataille, que la Reyne d'Angleterre eut contre ſes adverſaires, là où le Roy d'Angleterre ſon mary a eſté recouvré, ladite Dame a envoyé devers le Roy voſtredit pere, deux Jacobins & ledit Doulcereau, l'un deſdits Jacobins alloit à Rome à l'encontre d'un Legat qui avoit eſté en Angleterre, & d'aucuns Prelats dudit pays qui avoyent eſté contraires au Roy Henry, & requerroit lettres de recommandation à noſtre Saint Pere, & aux Cardinaux, leſquelles le Roy que Dieu abſolve, ſi luy bailla.

L'autre des Jacobins requerroit que le Roy voſtre pere preſtaſt quatre-vingt mille eſcus à ladite Reyne d'Angleterre, & qu'il fiſt armer par mer contre le Roy Edouard, & qu'il revoquaſt tous les ſaufs-conduits, & n'en donnaſt plus nuls à ceux qui tenoient le party dudit Edouard, & qu'il envoyaſt certains Anglois qui avoient eſté pris n'agueres sur la mer devers ledit Roy Henry, & ladite Reyne, pource que c'estoient ceux qui avoient menez toutes les trahisons du Comte de Warvic & dudit Roy Edouard, qu'ils appelloient le Comte de la Marche, & promettoient de payer comme leur finance monteroit.

A quoy fut respondu que en tant que touchoit l'argent qu'il demandoit à emprunter, le Roy vostredit pere avoit eu de grandes charges à supporter cette presente année en plusieurs manieres qui furent declarées, & que à cette cause il ne leur pouvoit bonnement secourir dudit argent.

Et au regard des saufs-conduits, il ne pouvoit honnestement revoquer ceux qui estoient ja donnez pour cette année, mais il deffendroit à Monsieur l'Admiral qu'il n'en donnast nuls nouveaux à nuls d'iceux, qui tenoient le party contraire dudit Roy Henry.

Touchant les prisonniers Anglois que ledit Roy Henry & la Reyne demandoient, fut respondu, que on les feroit bien garder pardeça, mais les leur envoyer sans le consentement de ceux à qui ils estoient, bonnement ne se pouvoit faire.

Quant à l'armée de la mer le Roy estoit content de la faire, & en ce les secourir au mieux qu'il feroit poffible, de laquelle armée eſtoit Chef le Grand Seneſchal de Normandie.

Et à ce, Sire, que on vous a dit qu'il y avoit alliances entre le Roy voſtre pere, & ledit Roy Henry, & que je vous fiſſe ſçavoir quelles alliances c'eſtoient, je vous jure Dieu, Sire, que jour de ma vie je ne ſceus que depuis la reddition de Normandie & de Guyenne, il y ait eu autres treves, paix, ne alliances entre le Roy voſtredit pere, & ledit Roy Henry, & la Reyne d'Angleterre ſa femme, que ce que deſſus eſt dit. Et ne ſera point trouvé que de mon ſceu il y ait eu autre choſe faite; mais encores me ſouvient bien que quand le Seigneur de Molins & le Jacobin, qui vinrent, parlerent de ces matieres, le Roy voſtredit pere reſpondoit toujours, qu'il n'eſtoit pas temps d'en parler, & que quand le Roy Henry ſeroit remis en ſon Royaume, & auroit ſubjugué ſes adverſaires que chacun adonc demourroit en ſa liberté de faire guerre ou de faire paix, & lors ſeroit temps d'en parler, & non pas maintenant; ne oncques autre reponſe n'en ouïs de luy, ny ne ſceu qu'il ait faicte; & diſoit que ce qu'il faiſoit en faveur dudit Roy Henry & de la Reyne ſa niepce, c'eſtoit pour ſoy acquiter envers Dieu & honneur, comme un Roy doit faire à l'autre, & auſſi à la proximité du lignage, à quoy ledit Roy & ladite Reyne d'Angleterre luy attenoient, & que raiſonnablement il devoit faire ainſi en cette querelle.

Il eſt vray auſſi, Sire, que depuis la maladie du Roy voſtredit pere, il eſt venu aucunes gens de par ledit Roy Henry & ladite Reyne d'Angleterre, qui avoient charge de parler à luy touchant les matieres de par-delà, mais à l'occaſion de ladite maladie, ils n'y ont point parlé, & n'y a rien eſté fait; & c'eſt, Sire, tout ce que j'ay ſceu de ladite matiere.

Sauf que eſtant le Roy à Remorantin, au partir de Montrichart, le Duc d'Yorc fiſt faire ouverture au Roy voſtredit pere, par le moyen de ceux d'Ecoſſe, & autres qu'il luy pleuſt luy donner faveur & aide en ſa querelle à l'encontre du Roy Henry, & faiſoit de grandes offres, au cas que le Roy voſtredit pere l'eût voulu accepter, & fut la choſe fort debattue au Conſeil dudit Seigneur, & meſme y eſtoit le Duc de Bretagne, & fut l'opinion de tous, pource que il ſembloit que ladite querelle n'eſtoit pas bonne, que le Roy n'y devoit atteindre; & meſme que le Duc d'Yorc eſtoit ſubjeƈt dudit Roy Henry, & luy avoit fait hommage & ſerment de feaulté, comme à ſon Souverain, & que nulles querelles de ſubjets voulant entreprendre contre leur Souverain, & le debouter de ſa Seigneurie, ne ſont juſtes, ſoutenables, ne raiſonnables; & que quant il n'y auroit autre raiſon, ſi le Roy devoit rejetter ladite offre en toutes manieres, & ainſi fut conclud de faire. Et croy, Sire, que on ne trouvera point plus largement deſdites matieres d'Angleterre, & vous aſſure que ſi j'en ſçavois plus largement, je ne vous le cellerois point, ny ne feray de choſe que vous me demandez, dont vous veuillez eſtre informé que je ne vous die la verité de tout ce que j'en ſçauray.

Et pource que j'ay entendu que aucuns vous ont rapporté que on a voulu faire faire des choſes au Roy voſtredit pere, en voſtre préjudice, pour avantager Monſieur voſtre frere; ſur mon ame, Sire, je ne ſceus oncques rien de ladite matiere, ne n'en ay ouï point parler, ſinon que l'année paſſée eſtant le Roy voſtredit pere à Mehun, & que les Ambaſſadeurs du Roy d'Eſpagne y eſtoient qui traiƈtoient le mariage de mondit Sieur voſtre frere, avec la ſœur dudit Roy d'Eſpagne, il fut ouvert que les Espagnols requeroient que le Roy vostredit pere donnast & transportast le Duché de Guyenne à mondit Sieur vostre frere, à quoy le Roy vostredit pere respondist qu'il ne luy sembloit pas bien raisonnable, & que vous estiez frere aisné, & que estiez celuy à qui la chose touchoit le plus après luy, & que vous pourriez dire que sans vous appeller on ne le devoit pas faire, & auriez grand cause de vous mal contenter, & de dire après que vous n'en tiendriez rien, & pour ce qu'il esperoit que vous vous aviseriez & redresseriez envers luy, & cesseroient toutes les differences du temps passé, & adviseroit bon ce qui seroit à faire au surplus ; mais quand vous ne le voudriez ainsi faire, & sur ce faudroit qu'il regardast à ce qu'il auroit à faire. Et sur ma foy, Sire, je n'ay autre chose sceu de ladite matiere que ce que dit est ; & ne vous celleray de cela, ne d'autre chose que je ne vous en die la verité quand vous la voudrez demander.

Et quand à ce, que on vous a rapporté, que par l'alliance de Monsieur du Maine & de moy, je devois estre Connestable de France, pour faire guerre à vous & à Monsieur de Bourgogne ; sur mon ame, Sire, je n'en eus oncques alliance avec ledit Monſieur du Maine, vray eſt que nous avons eſté bien fort amis enſemble, & d'autres auſſi, contre ceux qui eſtoient entour le Roy voſtredit pere, qui nous ſembloit qui ne valoient pas tant que faiſions, mais de dire que de vous, ne de Monſieur de Bourgogne, euſt eſté fait aucune mention ès choſes deſſuſdites, jamais ne fut, ne que à cette cauſe je deuſſe avoir la Conneſtablie. Bien eſt vray que je parlay au Roy voſtredit pere, dudit Office de Conneſ-table, pource qu'il vacquoit y avoit ja long-temps, & m'en a tousjours donnée bonne reſ-ponſe, & s'il euſt veſcu qu'il euſt entierement tenu les paroles qu'il me diſoit, je croy que je y euſſe eu bonne part; mais, comme dit eſt, deſſus, que jamais euſt eſté fait mention de vous, ne de Monſieur de Bourgogne, en par-lant de cette matiere, ne que ce fuſt pour courir ſus à vous ne à luy, il ne ſera point trouvé, & afin que je ne le puiſſe nier, gardez ces preſens articles, leſquels à cette cauſe j'ay ſignez de ma main, ſeellez de mon ſeel, & le contenu eſquels, je veuille main-tenir eſtre vray en voſtre preſence, ſe voſtre plaiſir eſt, & l'eſprouver par ma perſonne contre ceux qui voudront dire le contraire, excepté vous, Sire, & Mr. Charles, voſtre frere. Fait à Tours le ſixieſme jour d'Aouſt, l'an mil quatre cens ſoixante & un. *Signé*, GASTON.

(Voyez les Recueils de M. l'Abbé Le Grand, en 1461).

I V.

Extrait d'une Chronique MS. ſur le Comte de Dammartin.

LE Comte de Dampmartin pourpenſa ſoy évader & s'en aller hors du Royaume, pour éviter la fureur du Roy, laquelle n'avoit juſtement deſſervie, ſi demanda ſes gens & ſerviteurs, qui de long-temps l'avoient ſervy & auxquels il avoit fait moult de grands biens, s'ils eſtoient deliberez de le ſervir comme ils avoient accoûtumé, & de eux en aller avec luy hors dudit Royaume pour éviter la fureur du Roy, & la haine qu'il avoit à luy, & la pluſpart d'iceux luy reſpondirent que non, & qu'ils ne ſe mettroient point en danger pour luy, dequoy ledit Comte fut fort marry, en leur remonſtrant les grands biens & honneurs qu'ils avoient eus de luy, & avoit ledit Comte pour lors du Roy dernier cent hommes d'armes ; & meſmement un

nommé

nommé Carville, son Varlet de chambre & Tailleur, auquel ledit Comte demanda un petit courtault qu'il avoit, qui ne valoit pas cent fols, pour envoyer un Page dehors; lequel Carville luy respondit tels mots ou semblables: Mgr. si vous me voulez donner le mulet que Mgr. de Nemours vous a donné, je vous bailleray mon courtault & non autrement, dont ledit Comte eut grand deuil, & luy dist: ha! Carville vous ne montrez pas que vous soyez bon serviteur, ne loyal de m'abandonner maintenant en ma grande necessité, & de me refuser si petite chose; c'est mal reconneu les biens & honneurs qu'avez eu de moy. Cedit mesme jour un nommé Voyault Dimonville, qui pareillement estoit serviteur dudit Comte, s'en estoit allé en la salle du Chasteau dudit Mehun, où gissoit mort ledit feu Roy Charles sur un grand lit de parement, couvert d'une couverture de velours bleu semée de fleurs de lys, qui estoit merveilleusement belle, & y avoit plusieurs torches allumées, & grande quantité de cierges, & plusieurs grands Seigneurs & Dames qui pleuroient & gemissoient ledit feu Roy Charles. Et ainsi que ledit Voyault s'en retournoit devers sondit Maistre, il rencontra en chemin un nommé le Tailleur, qui le fervoit en fa chambre & fon buffet, lequel luy dist qu'il fe haftast, & que ledit Comte le demandoit. Et ainfi qu'il entra en fa chambre pour aller parler à luy, il le vit qu'il eftoit à genoux devant un banc, & difoit fes vigilles, & pleuroit moult fort, dequoy ledit Voyault fut fort esbahy, en penfant en luy-mefme qu'il pouvoit avoir. & quant ledit Comte eut achevé fa dévotion, il demanda audit Voyault dont il venoit, lequel luy refpondit qu'il revenoit de la falle où giffoit mort le feu Roy Charles. Et alors ledit Comte luy dit celles paroles ou femblables : Voyault, vous fçavez que je vous ay nourry de voftre jeuneffe, & ainfi qu'eftes mon vaffal ; n'eftes-vous pas deliberé de me fervir comme vous avez fait du temps paffé ? & il luy refpondit que oy, & qu'il ne l'abandonneroit point jufqu'à la mort. Et quand ledit Comte vit qu'il avoit bonne volonté de le fervir, fi efcrivit plufieurs Lettres miffives, & entre autres à Mr. Philippes, Duc de Bourgogne, à l'Admiral de Montauban, à Boniface de Valpergue, & à Joachim Rouault (*), qui eftoit lors en la bonne

_____

(*) Il fut depuis difgracié, & condamné comme concuffionnaire.

grace du Roy; & luy eſtoient ledit Valpergue & Admiral ſes ennemis à luy inconnus, pource qu'il penſoit que ils luy deuſſent aider à faire ſon appoinctement envers le Roy, & auſſi que il les tenoit pour ſes amis. Et bailla icelles Lettres audit Voyault en luy deffendant qu'il ne ſe renommaſt point pour eſtre à luy, ſinon en diſant qu'il avoit laiſſé ſon Maiſtre, & qu'il s'en alloit à ſon avanture pour trouver quelque bon Maiſtre. Et lors ledit Voyault print leſdites Lettres, & s'en partit dudit lieu de Mehun ſeul, & s'en alla à Avennes, où eſtoit ledit Roy Loys, & quant il fut arrivé en ladite ville, il s'en alla vers le logis du Roy, en regardant s'il verroit perſonne de ceux à qui il avoit à beſogner, ſi va choiſir entre les autres ledit Admiral de Montauban, qui s'en vouloit aller diſner, ſi ſe tira vers luy, & regarda bien qu'il n'y euſt perſonne & qu'il ne fuſt veu, & le ſalua ainſi qu'il appartenoit en luy preſentant leſdites Lettres de par ledit Comte; & quant ledit Admiral eut ouvert leſdites Lettres, & veu le ſignet dudit Comte, lequel il conneut bien, ſans aucunement veoir la ſubſtance, les jetta par terre comme par deſpit, en regardant autour de luy s'il venoit perſonne de ſes gens pour le faire prendre, en difant audit Voyault qu'il le feroit jetter en un fac en la riviere, fi apperceut d'avanture un Chevalier Flament, qui eftoit homme trés-hardy & vaillant Chevalier, qui s'en vouloit aller difner avec ledit Admiral, fi luy dit qu'il tint bien ledit Voyault jufques à ce qu'il euft trouvé un de fes gens pour le mener prifonnier. Et quand ledit Chevalier eut bien entendu tout le cas, & la mauvaiftié & ingratitude dudit Admiral, fi le print par le bras, en luy difant, Monfieur, que voulez-vous faire, vous favez qu'il n'y a gueres que le Roy vous a donné l'Office d'Admiral, & paravant vous n'en aviez point d'autre, monftrez que vous eftes fage & homme digne de memoire, & devez tafcher d'accueillir bruit & honneur, & non pas croire voftre fureur ; vous favez que du temps du feu Roy Charles, le Comte de Dampmartin vous a fait tous les plaifirs qu'il a pû faire ; confiderez aufli fi vous envoyiez un meffage par devers un, que vous penfiffiez qu'il fuft voftre amy, & le requeriez d'aucunes chofes, & il luy fift déplaifir, vous ne feriez pas joyeux.

Quant ledit Chevalier eut tout bien remonftré audit Admiral les chofes devant dites, fi rappaifa un peu fa fureur, & appella ledit Voyault, qui eftoit tout penfif, & luy dit qu'il dift hardiment audit Comte, que fi le Roy le tenoit, qu'il feroit manger fon cœur aux chiens, & dit auffi audit Voyault qu'il s'en allaft bien-toft, & que s'il eftoit trouvé à fept heures près du Roy, qu'il le feroit noyer.

Et ledit jour à l'heure de fouper ledit Voyault s'en alla en l'Hoftel de Monfeigneur Phelippe de Savoye, pour bailler les Lettres à Boniface Valpergue, que ledit Comte luy efcrivoit, ainfi qu'il luy avoit chargé de faire, & lequel Mgr. de Savoye eftoit fort tenu audit Comte, à caufe du traité & appointement qu'il avoit fait entre le Roy Charles feptiéme & ledit Duc de Savoye, qui fut en l'an 1456. & fut ledit accord fait à l'honneur & avantage du Roy, & prouffit de fon Royaume; & lequel Duc Phelippe de Savoye, connoiffant le bon traité & accord que ledit Comte avoit fait entre le Roy & luy, qui n'eftoit au dommage de l'un ne de l'autre, il donna audit Comte la fomme de dix mille écus d'or, dont pour feureté de ce il luy bailla la Baronnie de Clermont en Genevoys, pour en jouir luy & les fiens jufques à ce qu'il euft payé ladite fomme de dix mille efcus, de laquelle Seigneurie de Clermont, dont ledit Comte Dampmartin avoit jouy, & dont il avoit esté receu en foy & hommage par ledit Phelippe Duc de Savoye, luy fut ostée après le deceds dudit Roy Charles septiéme, & en fut dessaisi par force & violence, & remise en la main du Duc de Savoye son fils; lequel non reconnoissant les services que luy avoit faits ledit Comte de Dampmartin, qui n'estoient pas de petite estimation, remit en ses mains ladite Baronnie de Clermont, nonobstant que par les Lettres signées & seellées de son grand sceau, à Paris, ladite Baronnie disoit estre & appartenir audit Comte de Dampmartin à tousjours, & dont il avoit esté receu en foy & hommage dudit Duc de Savoye, jusques à ce que ladite somme de dix mille escus luy fust payée.

Après que ledit Boniface eut leu lesdites Lettres, il fit tel recueil audit Voyault que avoit fait ledit Admiral, qui pareillement le vouloit mettre en prison, n'eust esté aucunes remontrances, qui luy furent faites & aussi qu'il y eust aucuns Gentilshommes qui le furent veoir, & le laisserent aller, & mirent hors de la maison. Et ainsi que ledit Voyault s'en sortit hors d'icelle maison, qui ne savoit où s'en aller loger, & estoit bien deux heures de nuit, quand il apperceut à la Lune un des Clercs de maistre Jehan de Reilhac, Secre-

DE LA PREFACE.

taire du Roy Loys, qui depuis fut General de France, lequel dit de Reilhac il avoit autrefois connu en la Cour dudit feu Roy Charles; si se tira vers ledit Clerc & le salua, & quand ledit Clerc l'apperceut si le connut bien, & luy demanda d'où il venoit & s'il avoit souppé, lequel luy respondit que non, & qu'il ne faisoit que arriver; & quant ledit Clerc ouït qu'il n'avoit point souppé, & qu'il ne savoit où aller loger, il le mena au logis de son Maistre, & le fit soupper avec eux, dequoy ledit Voyault fut fort joyeux, car il ne sçavoit où se retirer, tant pour ce qu'il estoit desja tard, que aussi qu'il ne fust conneu d'aucuns, qui luy eussent pû faire quelque desplaisir; car, comme dit est, il avoit esté menacé par ledit Admiral, que s'il le trouvoit qu'il le feroit noyer.

Et quand ils eurent soupé il se print à deviser avec lesdits serviteurs en attendant ledit maistre Jehan de Reilhac, qui estoit au logis du Roy, lequel ne vint qu'il ne fut plus de minuit. Et quand iceluy de Reilhac fut avancé en sondit hostel & monté en sa chambre, il demanda à l'un des serviteurs, qui estoit en ladite chambre, qui estoit celuy qu'il avoit veu en bas parler à son Clerc, & qu'il cherchoit; & alors ledit serviteur luy respondit que c'estoit un qui avoit autrefois esté serviteur du Comte de Dampmartin, & qu'il cherchoit son advanture, car il avoit laissé son maistre comme il disoit; & quand ledit de Reilhac ouït qu'il se disoit avoir esté serviteur dudit Comte de Dampmartin, si se doubta bien qu'il estoit venu en Cour pour aucunes affaires, car il sçavoit bien que le Roy l'avoit en haine du temps qu'il estoit Daulphin, jaçoit ce que il l'eust bien & loyaument servy, sans y espargner crainte de vie en plusieurs lieux, si manda ledit Voyault venir secrettement en sadite chambre, & si fit sortir hors d'icelle tous ceux qni y estoient, & luy demanda qu'il estoit, & qu'il avoit affaire en Cour, si luy respondit ledit Voyault qu'il avoit servi autrefois le Comte de Dampmartin, & qu'il estoit venu en Cour pour trouver quelque bon maistre. Et lors ledit maistre Jehan de Reilhac luy fit faire serment qu'il luy diroit verité de ce qu'il luy demanderoit, ce qu'il fit. Et puis luy demanda où il avoit laissé sondit maistre, & ledit Voyault luy respondit qu'il l'avoit laissé à Mehun sur Yeure bien troublé & pensif, & à donc luy dit ledit Reilhac que n'estoit pas bien fait à un bon serviteur de laisser son maistre en son adversité, & sans autres choses luy dire pour celle nuit, le fit mener coucher en une belle chambre près de la sienne.

Le lendemain au matin il envoya encore querir ledit Voyault, & luy dit qu'il n'eut doubte de luy, & qu'il luy dit hardiment ce qui le menoit, & qu'il luy pourroit bien aider en ses affaires. Et quant ledit Voyault vit que ledit Reilhac luy tenoit si bon termes, si se pensa en luy-même qu'il se decouvriroit du tout à luy, & que en tant qu'il estoit Secretaire du Roy, qu'il luy pourroit dire quelque bonne nouvelle ; & voyant ledit Voyault, que ledit de Reilhac parloit si franchement à luy, se découvrit du tout à luy, en disant telles parolles ou semblables : Monseigneur, puisqu'il vous plaist que je vous die la cause qui me meine par deça, je la vous diray ; il est vray que depuis que le feu Roy Charles, que Dieu absolve, est trespassé, il a esté fait aucuns rapports à Monseigneur mon maistre, que le Roy l'avoit très-fort en hayne, & que s'il le pouvoit tenir qu'il le feroit manger aux chiens ; & quand ledit de Reilhac l'eut ainsi ouï parler, & aussi qu'il sçavoit bien qu'il en estoit ; car, comme dit est, il estoit Secretaire du Roy, si luy demanda iceluy de Reilhac s'il avoit apporté nulles Lettres de par ledit Comte à aucuns pour pourchaffer fa paix envers ledit Seigneur; lequel luy refpondit que oy, & qu'il en avoit apporté une à l'Admiral de Montauban, pour le joindre & unir au fervice du Roy, & une autre à Boniface, lefquels le Comte de Dampmartin tenoit pour fes amis, & qu'il penfoit que ils luy euffent aidé & fecouru en fes affaires, ainfi que plufieurs fois il avoit fait pour eux, & luy dit auffi qu'il les leur avoit baillées, mais qu'ils l'avoient voulu faire noyer, n'euft efté aucuns qui luy avoient fait le paffage, & qui les appaiferent. Et lors ledit de Reilhac appella un Clerc qui avoit nom Robert, & quand ledit Clerc fut venu, il luy dit ces mots ou femblables : Baille moy ce fac où font ces mandemens de ces envieux qui demandent les confifcations du Comte de Dampmartin, & quand ledit Clerc eut apporté lefdits mandemens, ledit de Reilhac les montra audit Voyault, en luy difant que c'eftoient les mandemens pour avoir la confifcation de fondit maiftre, que Sallezart & Anthoine du Lau pourchaffoient, mais que le Roy ne les avoit pas voulu figner.

Après ces chofes, ainfi dites que dit eft, ledit Voyault dit audit de Reilhac qu'il avoit encore deux paires de Lettres à bailler, l'une au Duc Phelippe de Bourgogne, Prince très-bon & de haute renommée, auquel le Roy estoit très-connu du secours, qu'il luy avoit fait en sa necessité ; auquel Voyault ledit maistre Jehan de Reilhac respondit, qu'il ne pouvoit bailler lesdites Lettres, pource que ledit Duc estoit un peu mal disposé; & une autre pour bailler à Joachim Rouault, & lors ledit de Reilhac luy dit que les luy monstrat, ce qu'il fist. Et que au regard de celle de Ioachim Rouault, Seigneur de Gamaiches, il ne luy pourroit bailler, car il s'en estoit allé prendre la possession de ce que le Roy luy avoit donné en Lansnoys, & qu'il s'en retournast hardiment devers le Comte son maistre, & pria audit Voyault de luy dire qu'il se recommandoit bien fort à luy, & qu'il ne se souciast que de garder sa personne, car avant qu'il fust peu de temps, que on le rappelleroit bien volontiers, & aussi que tous les plaisirs qu'il lui pourroit faire, qu'il le feroit volontiers; car il se sentoit estre plus tenu à luy, que à homme du monde, & deffendit bien audit Voyault qu'il se gardast bien de se renommer estre audit Comte, en quelque maniere que ce fust, & luy bailla Lettres. Et ayant print congé ledit Voyault dudit de Reilhac en le merciant très-humblement des bonnes nouvelles qu'il luy avoit dites, & s'en alla ledit Voyault en Lan en Lanſnoys ; & ainſi que ledit Voyault s'en alloit parmy ladite Ville de Lan, ledit Joachim Rouault, qui eſtoit en une feneſtre de ſa chambre le conneut, avec lequel eſtoit le Baſtard d'Armignac & Sallezart ; & incontinent ledit Joachim envoya un ſien ſerviteur par devers ledit Voyault luy demander qu'il cherchoit, & quant ledit ſerviteur fut devers ledit Voyault, ſi luy demanda qu'il cherchoit, & il luy reſpondit qu'il avoit un peu à parler audit Joachim Rouault, maiſtre dudit ſerviteur. Et quant Joachim Rouault ſçut qu'il demandoit ſi renvoya ſon ſerviteur par devers ledit Voyault, luy dire qu'il ne vînt point vers luy, juſques à ce qu'il le mandaſt, & qu'il ſe gardaſt bien de ſe renommer eſtre au Comte de Dampmartin ; & quand ledit Rouault eut laiſſé ledit Baſtard d'Armignac & Sallezart, & qu'il ſe fuſt retiré en ſa chambre, il envoya querir ledit Voyault ſecrettement par un de ſes ſerviteurs, & quand ledit Voyault fut vers luy, il luy demanda qu'il cherchoit ; car il ſavoit bien que le Roy avoit ledit Comte de Dampmartin en haine, dont il eſtoit fort marry, car il connoiſſoit ledit Comte long-temps eſtre bon & hardy Chevalier, que de long-temps il y avoit une ancienne amitié entre eux pour les plaisirs que ils s'estoient faits l'un à l'autre, & ledit Voyault voyant que il avoit opportunité de luy bailler lesdites Lettres, les luy presenta; & quand il les eut leues se prinst à plorer en disant telles parolles : Très-doux amy, si ce n'estoit de peur que fussiez cherché en chemin, & detenu prisonnier, je rescrirois volontiers à Monseigneur de Dampmartin, vostre maistre ; lors luy monstra ledit Voyault les Lettres de maistre Jehan de Reilhac : Et quand ledit Rouault les eut vuës luy bailla autres Lettres pour porter audit Comte, & entre autres choses luy dit de bouche que le plus fort de son affaire estoit de mettre sa personne en seureté, & que le Roy s'en alloit à Rheims pour se faire sacrer, & qu'il ne faisoit nulle doubte que on le rappelleroit volontiers, & quand il eut fermé sesdites Lettres, il les bailla audit Voyault en luy priant qu'il le recommandast bien fort audit Comte, & que là où luy pourroit faire plaisir, il le feroit volontiers ; & lors print congé de luy ledit Voyault, & monta à cheval pour s'en aller à S. Fargeau vers ledit Comte son maistre, qui y estoit troublé en son cœur, car de plus en plus avoit rapports que le

Roy de tous points eſtoit deliberé de le faire mourir, & cherchoit de tous points ſa deſtruction pour le rapport d'un nommé Georges Damancy ſon ſerviteur, qui leur dit qu'il l'avoit ouï dire pour vray, & ainſi que ledit Comte ſe vouloit mettre à table pour diſner, ledit Voyault va arriver, & luy fit la reverence ainſi qu'il appartenoit; & quand ledit Comte le vit ſi mua couleur, & ſans autre choſe dire luy demanda quelles nouvelles il apportoit, lequel luy reſpondit qu'il les apportoit bonnes ſelon le temps; & lors ſe leva ledit Comte de ſa table, qui vouloit commencer à diſner, & le print par la main & le mena parmi la Cour dudit Chaſtel dudit S. Fargeau, en luy demandant quelles nouvelles il avoit apportées, & il luy conta comment il avoit trouvé l'Admiral & Boniface, auſquels il avoit baillé les Lettres qu'il leur reſcrivoit; mais ils luy avoient fait très-mauvais recueil, & n'euſt eſté par le moyen d'aucuns Seigneurs qu'il avoit autrefois connus, ils le vouloient faire noyer; dequoy ledit Comte fut fort dolent & marry, en diſant que c'eſtoit mal reconnu à eux les plaiſirs qu'il leur avoit faits. Et après que ledit Voyault luy eût conté bien au long les parolles que Reilhac luy avoit dites, il en fut moult resjouï leva les yeux vers le Ciel en rendant graces à Dieu des nouvelles qu'il avoit euës ; & lors print derechef iceluy Voyault, & le mena en la grand'salle du Chasteau de Saint Fargeau, en luy demandant tousjours quel bruit y avoit en Cour, & il luy dit que le Roy s'en estoit parti pour aller à Rheims, & puis tira les Lettres de Joachim Rouault qu'il avoit en son pourpoint, & les bailla audit Comte de Dampmartin, desquelles il fut encore plus joyeux que devant, & les monstra à son nepveu Robert de Balsac, Seigneur de Ranmartin. Et peu après ledit Comte tint conseil avec les dessusdits & adviserent que ledit Robert de Balsac s'en iroit au Sacre du Roy pour sçavoir des nouvelles, ainsi que ledit Rouault luy avoit escrit, & que ledit Comte s'en iroit en Limosin & meneroit avec luy ledit Voyault ; mais depuis ils conclurent que Voyault iroit au Sacre, pource qu'il connoissoit mieux les personnages à qui il se falloit addresser ; & aussi que ledit de Balsac savoit mieux les passages & chemins de Limosin que ledit Voyault, ce qui fut fait, & bailla enseigne audit Voyault où il le trouveroit, avec une Lettre qu'il escrivoit au Duc de Bourgogne.

Lors s'en partit ledit Voyault pour aller

à Rheims, & là trouva le Roy & plusieurs grands Seigneurs & Princes, & entre autres Mgr. de Charlus, qui estoit nepveu dudit Comte, auquel il se addressa, & luy conta tout son cas, & luy dit entre autres choses, qu'il avoit des lettres à Mgr. le Duc de Bourgogne que ledit Comte luy rescrivoit. Et quand ledit Voyault eut longuement parlé à luy touchant son affaire, ledit Sgr. de Charlus lay dit qu'il le feroit depescher, & quant se vint au soir que mondit Sgr. de Bourgogne se voulut retirer en sa chambre, il appella avec luy Mgr. de Bourbon son nepveu pour s'en aller avec luy. Et lors ledit de Charlus dit à Voyault, qu'il se tint près de la chambre, & qu'il le feroit depescher; & quant lesdits Seigneurs furent en la chambre du Duc Phelippe de Bourgogne, ils deviserent de plusieurs choses, tant des affaires du Roy que autrement, & puis ledit Seigneur de Bourbon appella à part ledit Sgr. de Charlus, & luy dit qu'il fist entrer ledit Voyault en la chambre, ce qu'il fit, & luy demanda les lettres, & quand il les eut, il les presenta à mondit Sgr. de Bourbon, qui les bailla au Duc de Bourgogne son oncle, lequel les print & les ouvrit, & en les lisant se seignoit, & demanda à Mgr. de Bourbon

qui

DE LA PREFACE.

qui les avoit apportées, & il luy dit que ç'avoit esté un des Gentilshommes dudit Comte, lequel il fit appeller; & quand le Duc de Bourgogne le vit, il lui demanda où estoit le Comte de Dampmartin, & ledit Voyault luy respondit qu'il l'avoit laissé à Saint Fargeau, deliberé de s'en aller à son adventure, la où Dieu le conseilleroit, & qu'il estoit tant pensif & courroucé, que plus ne pouvoit; à donc, dit le Duc à Mgr. de Bourbon, que c'estoit l'un des honnestes Gentilshommes du Royaume de France, & qui autant valoit & sçavoit, & qu'il voudroit bien qu'il se retirast vers luy, & qu'il luy feroit des biens plus que ne fit jamais le Roy Charles. Et quand Mgr. de Bourbon oyt ainsi parler son oncle, il luy dist que s'il luy plaisoit rescrire quelque chose, qu'il resjouiroit, à quoy le Duc respondit qu'il ne faisoit ja mestier, en disant cet homme ne regnera pas longuement en paix sans avoir un merveilleusement grand trouble; & après ces choses dites chacun se departit de la chambre du Duc de Bourgogne, & le Duc de Bourbon s'en partit pour aller en son logis, puis appella ledit Voyault, & luy demanda s'il luy souviendroit bien de ce que le Duc de Bourgogne luy avoit dit, & il res-

Tome X.

pondit que oy ; & dit auſſi audit Voyault que quand il verroit ledit Comte, qu'il luy diſt qu'il ſe recommandoit bien fort à luy, & que avant qu'il fuſt deux ans, qu'il oyrroit d'autres nouvelles, mais quoiqu'il en fuſt qu'il gardaſt ſa perſonne; lors print congé ledit Voyault de Mgr. de Bourbon, & s'en alla droit à S. Fargeau, où il ne trouva que Madamoiſelle la Comteſſe de Dampmartin, avec laquelle n'avoit que Loys du Soulier, Gouverneur de Dampmartin, laquelle eſtoit en grand penſée dudit Comte ſon mary, pource qu'elle ne ſçavoit où il eſtoit, & ne ſejourna ledit Voyault à S. Fargeau que deux jours, qu'il ſe mit en chemin pour trouver ſon maiſtre; & ainſi qu'il paſſoit par la Paliſſe, il trouva Mgr. de Charlus qui eſtoit retourné du Sacre, lequel eſcrivit une lettre audit Comte, qu'il bailla audit Voyault, par leſquelles il luy eſcrivoit ce qu'il avoit fait à Rheims, & comment il avoit parlé à Meſſeigneurs les Ducs de Bourgogne & de Bourbon, & qu'il creuſt ledit Voyault de ce qu'il luy diroit; ſi s'en partit & s'en alla à Charlus à deux lieuës de Bort, où il trouva le Comte de Dampmartin, & quant il le vit, ſi le tira à part & luy demanda quelles nouvelles il avoit apportées; & il luy dit ce qu'il avoit fait, & luy recita les paroles qu'il avoit ouï dire au Duc de Bourgogne & à Mgr. de Bourbon, & entre autres choses luy dit qu'il estoit de necessité de trouver quelque Prelat ou homme d'Eglise de bonne presentation pour envoyer à Paris à la venuë du Roy & des Princes, pour sçavoir comment son fait se porteroit; & quand ledit Comte eut ainsi ouï parler ledit Voyault, il appella un de ses serviteurs, & envoya querir Mgr. de Bort son nepveu, fils de sa sœur; & quand il fut venu il luy dit qu'il convenoit qu'il envoyast quelque Prelat ou autre homme d'honneur & de bonne presentation à Paris à la venue du Roy, & qu'il luy prioit qu'il y voulsist aller, car il luy feroit plaisir, lequel respondit que par ses bons dieux il n'en feroit rien, & que s'il luy eust fait plaisir le temps passé, qu'il l'eut trouvé à sa nécessité.

V.

Provision du Roy Louis XI en faveur d'Imbert de Batarnay, Sieur du Bouchage, pour les Capitaineries de Blaye & de Dax.

(Voyez le MS. 8449 de la Bibliothèque du Roi parmi ceux de Bethune 1461.)

VI.

Extrait des Memoires de Jacques du Clercq, Escuyer, Seigneur de Beauvoir en Ternois, depuis l'an 1448 jusqu'en 1467, tiré de la bibliotheque de S. Waast d'Arras. Livre III. Chapitre XXII.

L'an de grace 1456, Loys Dauphin de Viennois, fils du Roy de France, sçachant que le Roy de France Charles son pere, avoit envoyé secretement Messire Antoine de Chabannes, Comte de Dammartin, avec grand nombre de Gensd'armes, pour prendre & amener devers luy sondit fils, pour certaines causes que je ne sçay pas; les uns disans qu'il avoit fort vexé son pays, & particulierement les gens d'Eglise, qu'il avoit mis si bas, qu'ils n'avoient de leurs benefices que ce qu'il vouloit; les autres disoient que c'étoit parce qu'autrefois il avoit fait mourir la belle Agnès, après la mort de laquelle le Roy retint à sa Cour sa niece, nommée Mademoiselle de Villequier, laquelle estoit moult belle, & avoit en sa compagnie les plus belles Damoiselles qu'elle pouvoit trouver, lesquelles suivoient tousjours le Roy où qu'il allaſt, & ſe logeoient tousjours à une lieuë au moins près de luy; duquel gouvernement le Daufin avoit eſté & eſtoit fort deplaiſant, & pour cette raiſon s'eſtoit abſenté du Royaume de France plus de douze (a) ans tout entiers, & s'eſtoit tenu au pays de Daufiné, durant lequel temps il n'avoit eu quelques deniers de ſon pere, ne du Royaume, ains luy avoit fallu vivre du pays. D'autres auſſi diſoient que le Roy le vouloit retraire devers luy, & luy donner eſtat comme il appartenoit; autres encore diſoient que ſe le Roy ſon pere l'euſt tenu, l'euſt mis en tel lieu que jamais on n'en euſt ouï parler, & euſt fait Roy de France après luy Monſeigneur Charles de fait, deſquelles choſes je me tiens à ce qui en eſt.

Le Daufin ſachant que le Roy ſon pere le vouloit faire prendre ſecrettement, & en cas qu'on le manquaſt, de faire entrer des troupes & de le prendre à force, fit appointer un diſner en une foreſt, comme s'il euſt voulu aller à la chaſſe, & luy ſixiéme ou ſeptiéme ſe partit, & à tuë-cheval chevaucha vers les marches de Bourgogne;

_____

(a) Il y a ici erreur de deux ans.

& bien que l'on sceut son départ, le Comte de Dammartin qui estoit aux aguets, le suivit de si près, qu'il le pensa prendre ; mais le Daufin eschappa & vint à S. Claude, où il fut receu fort honnorablement du Prince d'Orange, lequel estoit grand Seigneur en Bourgogne, & que le Daufin haïssoit auparavant pour aucunes destrousses que le Prince & le Marechal de Bourgogne avoient fait des troupes du Daufin.

VII.

Abregé des faits du Comte de Dammartin (a).

Antoine de Chabannes, Comte de Dammartin, de la Maison de Chabannes, qui rapporte son origine aux Comtes de Bigorre en Armagnac, fut en son vivant un notable Chevalier, qui servit fidellement les Rois de France, & défendit le bien public, tant en guerre qu'autrement, s'acquit un grand renom, & fut tenu pour un grand Capitaine & vaillant Chevalier.

(a) Voyez le MS. 8437 de la Bibliothèque du Roi parmi ceux de Bethune, folio 81 ; après quoi est aussi une généalogie de la Maison de Chabannes : mais nous en avons une en deux grandes feuilles de cette Maison, qui est fort bonne.

Il porta les armes à treize ans fous le Roy Charles VII, lequel l'ayant connu fage & vaillant, luy donna de grands Eſtats, le fit grand Panetier de France, luy donnna une compagnie de cent lances, & autres grandes charges, & fut tousjours bien entretenu par luy juſques à fon treſpas. Il le qualifie notre amé & feal Conſeiller & Chambellan, Antoine de Chabannes, Comte de Dammartin, grand Panetier de France.

En la premiere conqueſte de Guyenne, ledit Roy Charles VII y envoya ledit Sieur Comte avec fes freres & parens, ayant la charge & conduite des autres gens de guerre, lequel nonobſtant les pertes qui eſtoient lors fur les lieux, & la grande réſiſtance des Anglois, par fa prudence & bonne conduite les en chaſſa, print le chaſteau de Blancafort, & quatre cens Anglois qui eſtoient dedans, & contraignit pluſieurs navires chargez d'Anglois de fe retirer de devant Bourdeaux, & y perdit ſix vingts hommes, entre autres pluſieurs de fes parens, amis & ferviteurs.

Luy retourné devers le Roy, les Anglois ſçachant qu'il n'y avoit perſonne pour leur reſiſter, aſſiegerent la ville de nouveau & reprirent Blancafort; le Roy l'y renvoya, & quoiqu'il y euſt grand danger à cauſe de la mortalité qui eſtoit en tout le pays, & que pluſieurs de ſes freres & parens y fuſſent morts de la peſte ou tuez, pour complaire au Roy il y retourna, chaſſa leſdits Anglois, & reconquit ledit Blancafort, qui avoit autrefois appartenu aux predeceſſeurs de la Comteſſe de Dammartin ſa femme, dont les armes eſtoient empreintes partout.

En conſideration de ce ſervice, le Roy luy fit don de la Baronie & chaſteau de Blancafort, tant par droit de confiſcation, qu'autres qui luy pouvoient appartenir, l'an 1451.

Le 13 Juillet audit an, Jacques Cœur, Argentier de France, fut arreſté priſonnier à Taillebourg en Xaintonge, & luy furent donnez dix Commiſſaires pour faire ſon procès, dont Antoine de Chabannes fut l'un: le procès inſtruit, fut jugé par le Roy en ſon grand Conſeil, appellez pluſieurs Preſidens & Conſeillers du Parlement, les gens du Roy & le Chancellier, en preſence deſquels fut ledit procès veu, receu par deux Greffiers, l'extrait verifié, & furent preſque tous les Juges, au nombre de trente à quarante, conſonans. Et pour les cas y mentionnés, fut ledit Cœur banni à perpetuité, condamné à faire amende honorable au Procureur Général, en quatre cens mille eſcus d'or d'amende envers le Roy, ſes biens acquis & confiſquez, & à tenir priſon juſqu'à l'actuel payement de l'amende; fut transferé à Poitiers, dont il évada, & ſe retira à Rhodes, & mourut en combattant contre les Meſcréans, au dire de ſes héritiers. Des cas à luy impoſés, il en confeſſa les uns, pour leſquels il avoit beſoin de la miſericorde du Roy, d'autres en fut atteint & convaincu, & des autres ne les confeſſa, ny n'en fut convaincu, & furent ouïs en l'information cent cinquante temoins; l'Arreſt fut donné par le Roy, prononcé par le Sieur de Traynel, Chancelier, à Jacques Cœur le 29 May 1453, à Luſignan.

En execution dudit Arreſt fut procedé par le Procureur du Roy au Threſor, aux criées des biens dudit Cœur, entre autres des terres de S. Fargeau, de Puiſaye, & furent adjugées à Antoine de Chabanes comme plus offrant & dernier encheriſſeur, moyennant vingt mille eſcus, dont il fit les foy & hommage au Roy, au Chaſtellard près Eſtreville, le 10 Juillet 1456.

L'an 1457, le Roy Charles, à l'exception des quatre cens mille eſcus d'amende portées par l'Arreſt donné à Luſignan en 53, & des dons qu'il avoit fait aux particuliers des biens dudit Jacques Cœur, qu'il veut avoir lieu, donne & relafche tout le furplus des biens dudit Cœur, qui n'eftoient pas venus en connoiffance, debtes, promeffes, obligations, & ce à Jean Archevefque de Bourges, Henry, Confeiller & Maiftre des Comptes à Paris, Doyen de Limoges, Ravant (*) & Geoffroy Cœur, Valet de Chambre du Roy, enfans de Jacques, moyennant quoy feroient lefdits Cœur tenus renoncer à toutes les demandes qu'ils pourroient faire contre ledit Seigneur Roy, & les donataires des biens dudit feu Jacques Cœur, ce qu'ils firent.

Charles VII decedé, Louis XI luy fuccede, lequel irrité contre Antoine de Chabanes de ce qu'il l'avoit pourfuivi par ordre du feu Roy en Dauphiné, lorfqu'il fe retiroit en Bourgogne, & pouffé par les ennemis dudit Antoine, luy met fus certains cas dont il eftoit innocent, pour raifon de quoy il fe rendit volontairement prifonnier à la Conciergerie du Palais à Paris, pour s'en purger, dont il fut transferé au Louvre, & depuis à la Baftille.

Charles de Melun, Chevalier, Gouver-

(a) Je crois qu'il faut lire Rouaut.

neur de Paris & du Bois de Vincennes, grand Maiftre d'hoftel de France, gendre du Baron de Montmorency, homme qui ne perdoit aucune occafion de ruiner les perfonnes auprès du Roy, defquelles il pouvoit efperer la confifcation, abufant de la faveur qu'il avoit auprès du Prince, fut à mefme temps commis à la regie des biens du Comte de Dammartin, avec promeffe de confifcation en cas de condamnation. Il ne perd point de temps, accompagné de fon frere de Nantouillet, il enleve tous les meubles & hardes qu'il trouve appartenir à Antoine; vaiffelle d'argent, tapifferie, licts, meubles, tant à Dammartin, S. Fargeau, Rochefort, Bourges, en l'hoftel de Beautreillis, ruë S. Antoine à Paris, les papiers inventoriez à Voulne en Auvergne, & avec des charrettes emporte jufqu'à une grille de fer, qui n'eftoit encore attachée, qu'il fit fervir à fa maifon à Paris, difpofe des revenus des terres à fa fantaifie, & reduit la Comteffe de Dammartin à telle néceffité, qu'elle fut contrainte de fe retirer à Mitry près Paris, chez Antoine le Fort, fon Fermier, qui la nourrit, elle & fes enfans pendant trois mois; non content de ce, ledit Charles de Melun met toute pierre en œuvre pour faire condamner ledit Comte; il follicite les Juges de la part du Roy, il tafche de fonder leur fentiment, & n'ayant pû tirer éclairciffement du premier Prefident, & d'aucuns des Juges, touchant ladite condamnation, ayant par ordre du Roy communiqué aux Advocat & Procureur General, la dépofition de Meffire Regnault de Darnezay, Chevalier, & fçeu qu'elle ne faifoit nullement à l'intention du Roy, mais bien à la defcharge du Comte, il la fupprima, & ne voulut qu'elle fut produite au procès, quoiqu'il eut efté ordonné par divers appointemens de la Cour qu'elle y feroit adjoûtée.

Les enfans de Jacques Cœur, qui avoient efté deboutés de leurs oppofitions ès criées qui s'eftoient faites en la Chambre du Threfor, des biens de leur pere, & qui n'eftoient pas contens de la part que le Roy Charles leur avoit faite, fe prévalans de la conjoncture du temps, de la prifon & de la difgrace du Comte de Dammartin, s'addrefferent au Roy Louis, qu'ils eftiment leur devoir eftre d'autant plus favorable, qu'il témoigne eftre plus irrité contre le Comte, & qu'il fera confideration fur l'affiftance qu'il avoit receuë de Jacques Cœur, d'argent & de confeil lors de fes retraites en Bourgogne, que de Serres veut avoir efté caufe de fa ruine.

Obtiennent lettres de luy en 1461, par lefquelles ils demandent eftre receus appellans de l'Arreft donné contre leur pere, qu'ils appellent Sentence, & difent avoir efté donné par Commiffaires intereffez, eftre relevez de l'amende honorable, eftre reftituez contre le laps de temps & la renonciation faite par eux, enfuite du don que leur avoit fait le Roy Charles, comme faite par crainte & l'autorité du Prince; font fignifier lefdites lettres, & donnent affignation à chacun des Commiffaires qui avoient inftruit le procès devant Meffieurs du Parlement, & parce que Antoine eft prifonnier, ils donnent l'exploit à un nommé Caillau en la falle du Palais, comme Agent de fes affaires, qui le nie & le refufe.

Charles de Melun & Geoffroy Cœur s'accordent enfemble; Geoffroy achete des meubles d'Antoine, dudit Melun, pour deux mille cinq cens efcus d'or.

L'affignation des heritiers de Cœur efcheuë, la caufe fut plaidée à huys clos fur l'enterinement de leurs lettres, le 20 May, 3 Juin & 4 Aouft 1462, & le 19 Janvier 1463, & après plufieurs dupliques & repliques, Mr. de Gannay pour le Procureur General, fouftient l'Arrest donné contre Jacques Cœur, juridiquement donné; souftient leur requeste incivile & impertinente, & leurs lettres obreptices & fubreptices.

Charles de Melun avançoit tant qu'il pouvoit la condamnation d'Antoine de Chabanes, dont il vint enfin à bout, intervint Arrest le 20 Août 1463, par lequel, fur un prétendu rapport avoir esté fait par Antoine de Chabanes au Roy Charles dernier trefpaffé, à la charge du Roy, lors Dauphin, redigé par efcrit, au lieu de Cande, par maistre Alain Roulant, Notaire & Secretaire dudit Seigneur, devant le Sieur de Traynel, lors Chancelier de France, le 27 Septembre 1446, il fut dit ledit rapport estre faux, & controuvé par ledit Antoine, comme tel feroit dechiré & laceré publiquement en plein parquet, & luy declaré crimineux de Leze-Majefté, banny à perpetuité du Royaume, & fes biens acquis & confifquez.

Charles de Melun eut Mitry de la confifcation, Geoffroy Cœur eut les Terres de Puifaye, en donna une fomme d'argent de deux mille efcus, ou autre, audit de Melun, Vafte (a), Bailly de Rouen, Rochefort & Auriere

(a) C'eft Vafte de Montefpedon, connu dans l'Hiftoire de Louis XI.

en Auvergne; le Sieur du Lau, Blancafort.

Au mois de Mars 1464 les Ducs de Berry, Frere du Roy, de Bourbon, Bourgogne & Bretagne, & autres Seigneurs défappointés par Louis XI ayant pris les armes, Antoine trouve moyen de s'efchapper de la Baftille, & affifté de fon frere & de fes amis, s'en vient droit à Saint-Maurice fur Laveron, & à Saint-Fargeau, les pille fur Geoffroy Cœur, le fait prifonnier du Duc de Berry, & s'en va en Auvergne, s'affure de Saint-Pourçain en paffant, & fe rend auprès de Mr. de Bourbon.

Le 6 Novembre (a) 1465 devant Paris, fut fait traité entre les Seigneurs qui avoient pris les armes pour le Bien Public, & le Roy, & par iceluy eft porté par article particulier en faveur d'Antoine de Chabanes, qu'il fera remis par le premier Confeiller de la Cour du Parlement, ou des requeftes, en la jouiffance du Comté de Dammartin, de fes Terres & Seigneuries, & de fes biens meubles pris durant fon emprifonnement, ordonné de l'en faire jouir, fuivant le contenu audit article.

Depuis ce temps-là Antoine de Chabanes

_____
(a) Il faut lire le 5 Octobre.

fut tousjours en faveur & en office près le Roy Louis XI ce qui se justifie par les emplois & les charges qu'il luy donna ensuite.

« Louis, &c. Sçavoir faisons, que par la
» grande & singuliere confiance que nous
» avons de la personne de nostre cher &
» amé Cousin, Conseiller & Chambellan,
» Antoine de Chabanes, Comte de Dam-
» martin, & pour consideration de bons, grands
» & notables services qu'il nous a dès long-
» temps faits, tant au fait des guerres, qu'en
» nos autres grandes affaires, fait & continuë
» chacun jour en grand soin, cure & dili-
» gence. A iceluy pour ces causes & con-
» siderations, & autres à ce nous mouvans,
» avons donné & donnons de grace spéciale
» par ces presentes, l'Office de Grand Maistre
» d'hostel de France, que n'agueres tenoit
» & occupoit Charles de Melun, Chevalier,
» & lequel avoit tenu paravant le Seigneur
» de Croy, comme vacant par le deceds
» de feu le Sire de Gaucourt, &c. Donné
» en la Tour des Champs, près nostre Hostel
» de Mehun sur Yevre, le ving-troisiéme
» jour de Fevrier, l'an de grace 1466 (a)
» & de nostre regne le six. Signé sur le re-

(a) C'est l'an 1467. Style nouveau.

pli,

» pli, par le Roy le Seigneur de Chastillon,
» present De la Loere. *Item* sur le repli.
» Le vingt-huitiéme jour de Mars, avant
» Pasques 1466 Antoine de Chabanes, Comte
» de Dammartin, en la presence du Roy,
» nostre Seigneur, au Chastel des Montils
» lez-Tours, fit le serment au Roy, nostre-
» dit Seigneur, de le bien & loyaulment
» servir en l'Office de Grand Maistre d'Hos-
» tel de France, que le Roy luy a donné
» par lesdites Lettres, tant en l'Hostel du-
» dit Seigneur, comme au fait de la Guerre,
» touchant icelluy Office, & qu'il le servira
» envers & contre tous, sans nul en excepter,
» en ce & toutes autres choses, ainsi qu'il
» appartient audit Office de Grand Maistre,
» & comme bon & loyal serviteur & Officier,
» est tenu servir son Roy & souverain Sei-
» gneur; presens Monsieur le Duc de Bour-
» bon, Monsieur de Traynel, Chancelier de
» France, Monsieur de Crussol, Chambellan
» dudit Seigneur, & moi son Secretaire. De
» la Loere, scellé du grand Sceau ».

Lettres données à Orleans le 18 Decembre 1465 commandées par le Roy, par lesquelles il confirme, approuve & ratifie la
restitution, réintegration & délivrance faite
des biens du Comte de Dammartin par Mes-

sire Hector Coquerel, Conseiller de la Cour, le 12 Novembre 1465.

Autres Lettres données à Mehun sur Loire, le 39 Juin 1466 par le Roy en son Conseil, par lesquelles il confirme, leve & ratifie derechef ladite restitution & réintegration des biens dudit Antoine, nonobstant l'Arrest contre luy donné par le Parlement, à la poursuite de ses haineux & malveillans.

Autres Lettres données aux Montils, le 6 Avril 1467 après Pasques, par lesquelles le Comte de Dammartin est ordonné par le Roy, de l'advis d'aucuns Seigneurs de son Sang & des Chefs de Guerre, son Lieutenant General en la Comté de Champagne & pays circonvoisins, sur quatre cens Lances; c'est à sçavoir cent Lances sous la charge & retenuë de nostre cher & amé Cousin le Comte de Dammartin; cent Lances sous charge de nostre amé & féal Conseiller & Chambellan, Jean de Salezart, Chevalier Seigneur de Saint Just; Cent Lances sous la charge d'Estiennot de Vignoles, & autre cent Lances sous la charge de Robert Cruguigan; bien informé de ses sens, vaillance, bonne conduite & grand diligence; ensemble sur quatre mille francs Archers, & sur leurs Capitaines, avec pouvoir de remettre tous crimes & délits, ainsi qu'il est plus amplement porté par lesdites Lettres; signées sur le reply par le Roy, le Duc de Bourbon, le Connestable, les Mareschaux, les Sires de la Forest & de Crussol, & autres presens. De la Loere.

Lettres données à Tours le 14 Avril 1467 aux Estatsts y tenus, par lesquelles le Roy loue, ratifie & approuve les Lettres de restitution faite des biens dudit Comte. Autres Lettres desdits jour & an, par lesquelles le Roy, tenant lesdits Estats, approuve autres Lettres de restitution ci-devant octroyées audit Comte.

Item, le 19 Juillet 1467 à Estampes, le Roy ordonne audit Comte de loger ses troupes à Guise, & ès Terres de Mr. de Marle, à cause de l'Epidemie.

Commission dudit Comte, en execution du Mandement cy-dessus, au Sieur Alnequin, Capitaine des francs Archers au Baillage de Vermandois, & le Procès verbal dudit Alnequin accompagné de Guinot, Seigneur de Lentillac, homme d'armes sous la charge de mondit Sieur le Comte. Signé sur le repli par le Roy, l'Evesque d'Evreux, & autres presens. Toustain.

Don de neuf mille livres de pension accordée audit Comte de Dammartin par le

Roy, en confideration des grands, bons & louables fervices qu'a fait dès fa jeuneffe noftredit amé & feal Coufin, Confeiller & Chambellan Antoine de Chabanes, à nous & à la chofe publique de noftre Royaume, au fait des guerres & autrement; fait & continuë chacun jour en plufieurs manieres, & efperons que plus faffe au temps à venir, confiderans auffi les grands biens qu'il avoit & prenoit à ladite caufe de feu noftre trèscher Seigneur & Pere, que Dieu abfolve, tant en penfions, dons, qu'au moyen des Offices de Grand Panetier de France, de Senefchal de Carcaffonne, de Capitaine de Leucate & de Monteclaire, & d'autres qu'il tenoit du vivant de noftredit Seigneur & Pere, qui, chacun an, montoient à grande fomme de deniers, dont ne luy avons encore fait aucune recompenfe. &c. Donné à Orleans le 19 Octobre 1466. Signé fur le reply par le Roy, Mr. le Duc de Bourbon, le Sire de Baroges, maiftre Jean de Reilhac, & autres prefens. De la Loere

Auquel don eft attaché autre don d'augmentation de trois mille livres de ladite penfion. Donné aux Montils lez-Tours, le 5 Decembre 1472. Signé par le Roy Bourré.

Lettres données à Tours le 21 Septembre

1467 par lesquelles le Roy tenant les Estats, annulle l'Arrest donné par le Parlement contre Antoine de Chabanes, à la poursuite de ses malveillans, le reçoit en ses justifications, & à propos d'erreur.

Arrest du Parlement obtenu par ledit Antoine de Chabanes, contre le premier, sur la proposition d'erreur, donné avec le Procureur general, le 13 Aoust 1468.

Audit an, sur la fin d'Aoust, fit maistre Tristan l'Hermite, Grand Prevost de l'Hostel, le procès à Messire Charles de Melun sur plusieurs cas à luy imposez, & luy fit trancher la teste. Le Roy donna la confiscation de ses biens à Antoine de Chabanes, lequel meu de pitié des mineurs, & à la priere de leurs parens & tuteurs, se contenta de la Terre de Saint-Marc & les Tournelles, pour toute satisfaction de ses meubles, pris & vendus par ledit Charles, & pour la jouissance qu'il avoit faite de tous ses biens pendant quatre ans qu'il l'avoit tenu prisonnier, & poursuivi sa condamnation, & il estoit si bien auprès du Roy, que nonobstant les réintegrandes & Arrest ci-dessus au profit d'Antoine, il n'avoit osé en faire la demande.

Audit an, le Roy informé qu'ès pays de Guyenne, Bourdelois, Gascogne, Languedoc, Albigeois, Rouergue, Quercy, Agenois, Perigord, Auvergne, haut & bas Limofin, la Marche, Xaintonge, & autres Pays voifins, on faifoit de grandes violences, pilleries, deftructions d'Eglifes, meurtres, ravisfements publics, & autres maux intolerables, & oppreffions fur fes fubjets, par aucuns, qui, fous pretexte de fon fervice, s'eftoit mis en armes en tres-grand nombre, qui ne vouloient quitter les armes, ni comparoir; informé auffi que les Anglois, anciens ennemis de la France, avoient entrepris fur aucunes places du Duché de Guyenne, de Bourdelois & de Gafcogne; par advis de fon Confeil, déliberation de plufieurs Seigneurs du Sang, ordonna fon Lieutenant General Antoine de Chabanes, Grand Maiftre, pour y pourvoir, auquel fut donné plein pouvoir & authorité pour le fait de juftice & Police, comme fi le Roy y eftoit, dont il s'acquitta à fon grand honneur, tellement qu'à fon retour, le Roy eut le tout agréable & le confirma.

L'an 1469 le Roy adverty d'aucuns excès, voyes de faits, ufures manifeftes, & deffenduës en droit, exactions induës & illicites, qui fe faifoient en Languedoc, commit ledit Sieur Grand Maiftre fon Lieutenant General, pour y remedier, en puniſſant les délinquans; ce qu'il fit en telle ſorte, que le Roy & ſon Conſeil l'eurent merveilleuſement agréable, & y laiſſa pour l'execution de ſes Sentences maiſtre Jean de Lingny, Conſeiller en la Cour du Parlement de Thoulouſe, & Maiſtre Guillaume Coſtin, Advocat du Roy en la Senechauſſée de Rouerge, & ſur les appellations interjettées, d'aucunes d'icelles, le Roy les confirma; y donna ledit Seigneur grace à Jehan de la Roche, Eſcuyer, Sieur de Seurac, qui avoit tué un homme d'un coup d'eſpée dans la cuiſſe, & à pluſieurs autres, ſuivant le pouvoir à luy donné.

Lettres en forme du Roy, portant pouvoir audit Sieur Comte de tranſiger & accorder en ſon nom, avec Meſſire Jaques d'Armagnac, Duc de Nemours, Comte de la Marche, touchant pluſieurs cas dont il eſtoit chargé envers le Roy. Données à Tours le 8 Decembre 1469. Signé par le Roy. De Ceriſay.

Scellé dudit Jacques d'Armagnac, portant pouvoir aux Sieurs de Brizons & de Sou, de traitter en ſon nom, donné au Chaſtel de Carlat le 4 Janvier 1469. Signé Jacques. Acte en latin deſdits de Brizons & de Sou, du 9 Janvier audit an, par lequel ils promettent le faire venir à Chaudeſaygues.

Tranſaction entre luy & ledit Grand Maiſtre à Saint Flour, le 27 Janvier audit an, par laquelle ledit d'Armagnac, pour ſeureté du Traité met dès à preſent ès mains du Roy les places & forterefſes de Lieurers au Dioceſe d'Alby, Murat, Crouſant & Montagu en Combraille.

Execution dudit accord par Draguinet Delaſtre, Chevalier, Conſeiller du Roy, Chambellan & Grand Maiſtre d'Hoſtel de la Reine, & Meſſire Pierre Bonmol, Doyen de Clermont, commis par le Roy pour recevoir le ſerment de fidelité des ſubjets dudit Jacques de Nemours, avec inſtruction pour cela, du 17 Fevrier audit an.

Lettres du Roy par leſquelles il ordonne ledit Grand Maiſtre ſon Lieutenant General en Beauvoiſis, avec tout pouvoir de traitter en ſon nom, donner grace, &c. Données à Amboiſe le 8 Decembre 1470. Signé par le Roy, l'Admiral, le Sieur de la Foreſt, Meſſire Guillaume Compaing & autres preſens. Demoulins.

Lettres de don fait audit de Chabanes par le Roy Louis XI tant en conſideration des grands, bons, notables & recommandables ſervices rendus au Roy Charles ſon pere, & à luy, tant au fait des guerres, qu'autour de leurs perſonnes, & pour aucunement le recompenſer & remunerer des grandes peines, frais, miſes & travaux qu'il a priſes, faites & ſoutenuës, comme noſtre Lieutenant General par nous eſtably à la reduction en noſtre obeiſſance, des Terres, Chaſteaux, Baronnies, Chaſtellenies, Mandemens, Terres & Seigneuries de Seveirrac en Severraguez, de la Guyole & de Cabreſpines, & membres d'icelles, aſſiſes ès pays de Rouergue; Mandement de Seveirrac & la Guyole, en la haute marche & montagnes de Rouergue, & en la Comté de Rodès. *Item.* Par autres Lettres du meſme jour & an, & pour meſmes conſiderations, don à luy fait des Places, Chaſteaux, Baronnie & Chaſtellenie de Banavant, Monteſce, Lepuech & la Care, aſſiſes au pays de Rouergue & de Bedeine. Données au mois de Novembre ès Montils, l'an 1470.

Commandement de Meſſire Charles de France, Frere du Roy, Duc de Guyenne, audit Antoine pour ſe mettre en poſſeſſion, en ſon nom, des Terres & Seigneuries du Comté d'Armagnac, à luy delaiſſées par le Roy depuis la confiſcation du 27 Octobre 1469. Par Monſeigneur le Duc. Daniel.

Treves accordées pour trois mois entre le

beau Cousin de Bourgogne & le Roy, & pour l'observation d'icelles sont nommés de la part dudit Seigneur Roy, le très-cher Cousin Antoine de Chabanes, Grand Maistre ès marches d'Amiens, d'Amienois & Pays d'environ; le Sire de Mouy, Bailly de Tournay; le Comte de Nevers; le Vicomte de la Beliere, Gouverneur de Roussillon, le Cousin, Sire de Chastillon ès Pays de Champagne; les amés Cousins les Comtes Dauphins d'Auvergne, de Perigord & de Cominges, chacun en droit soy. A Fontaines le 10 Avril 1470.

Lettres par lesquelles le Roy commet Antoine de Chabanes avec Louis de Beaumont, Sieur de la Forest, pour remettre en son obéïssance le Pays de Poitou, ensemble, donner grace aux villes, vassaux & sujects, le 12 May 1472 au Plessis. Signé par le Roy, Monseigneur le Duc de Bourbon, les Sires Curton & du Lude, & autres presens. Tilhart.

Autres Lettres du 29 May 1472 par lesquelles il est establi Lieutenant General ès pays de Beauvoisis & marches de Picardie. Demoulins.

Autres Lettres par lesquelles le Roy commet Antoine de Chabanes pour faire montre

& revuë de la Compagnie de cent Lances fournies du Duc de Bourbon, de cent fournies de noſtre Couſin le Comte de Penthievre, des cent Lances fournies du Couſin Sire de Bueil, & des cent Lances fournies de noſtredit amé & feal Conſeiller & Chambellan, le Sire de Curton; enſemble des cent Lances fournies de voſtredite charge & compagnie. Au Pleſſis le 7 Decembre 1473.

Ordre audit Grand Maiſtre de mettre des gens de guerre à Chauny en tel nombre qu'il adviſera, ſur l'advis qu'on a de quelque entrepriſe ſur la Place, le 19 Decembre 1473.

Permiſſion du Roy de trafiquer en Bourgogne à tous Marchands ſous le congé d'Antoine de Chabanes, ſon Lieutenant General, en payant un eſcu pour queuë de vin, 1473 le 14 Decembre & 20 Novembre.

Sous Charles VIII.

Confirmation de la Charge de Grand Maiſtre en faveur d'Antoine de Chabanes, du 23 Septembre 1483 à Amboiſe le premier de ſon Regne. Signé ſur le reply par le Roy, les Comtes de Clermont & Sieur de Beaujeu, les Sires des Querdes, de Gyé, de Curton & autres presens. Petit. Scellé du grand sceau.

Don de la charge de Capitaine de Harfleur, de Montierviller, & du Chastel & Place de Gaillart en trois Lettres separées. Données à Amboise le 23 Septembre 1483. Signé par le Roy, les Comtes de Clermont & de la Marche, de Dunois & de Merle presens. Brinon.

Commandement au Chancelier de recevoir le serment d'Antoine pour tout ce que dessus, d'autant que l'employ qu'il a auprès de sa personne ne luy permet pas d'aller sur les lieux le prester aux Baillifs de Rouen & de Caux. A Amboise les jour & an que dessus. Brinon, où est inseré l'acte de serment fait par ledit Antoine au Chancelier, le 30 Septembre 1483, signé Benard.

Lettres dudit Seigneur Roy par lesquelles il declare à Messieurs du Parlement, Chambre des Comptes, Gens d'Eglise, Prevost des Marchands, Eschevins, Bourgeois, Manans & Habitans de Paris, que pour la grande confiance qu'il a de la personne de son très-cher & feal Cousin le Comte de Dammartin, Grand Maistre, & de ses grands sens, vertus, vaillance, noblesse, loyauté, prud'hommie & bonne diligence; consideré aussi les très-grands, très-agréables & recommandables services, qu'il a par longtemps faits à feus nos très-chers Seigneurs Ayeul & Pere, que Dieu absolve, en leurs grands & principaux affaires, où bien & grandement il s'est employé, à nous fait & continue chacun jour; il le commet & ordonne dans Paris, &c. Donné au Plessis lez - Tours le deuxiéme jour de Fevrier 1485. Par le Roy, le Comte de Clermont & de la Marche, Sieur de Beaujeu, vous le Sieur du Graville, Admiral de France, & presens. Parent.

En 1475 fut ledit Antoine commis par Louis XI pour presider au combat à outrance d'entre Julio de Pise, convoquant, & Ponfile de Juge, Napolitain, & fit deffaut ledit Julio.

Après quoy suit dans le MS. la Généalogie de la Maison de Chabanes.

VIII.

Pièces touchant le Procès d'Antoine de Chabannes, Comte de Dampmartin. Extrait du 26ᵉ Registre Criminel, fol. 212.

24 Décembre 1462.

IX.

Arrest du Parlement. Tiré du 29 Registre Criminel, fol. 219 verso.

Voyez les Recueils de M. l'Abbé Le Grand.

X.

Procedure contre le Comte de Dammartin, tirée du même Registre.

Voyez les mêmes Recueils.

XI.

Lettre de Charles de Melun, Baillif de Sens, au Roy Louis XI. (1461.)

Voyez les mêmes Recueils.

XII.

Arrêt du Parlement contre Antoine de Chabannes, Comte de Dammartin.

Du Samedy deuxiéme jour de Juillet 1464, au Conseil en la Chambre.

Voyez le Volume 755 des MSS. de M. Dupuy.

XIII.

Revision du Procès d'Antoine de Chabannes, Comte de Dammartin. (1464.)

Du trente-deuxiéme Registre Criminel, fol. 32.

Voyez les Recueils de M. l'Abbé Le Grand.

XIV.

*Du trente-uniéme Regiſtre Criminel
du Parlement.*

Du Vendredy quinziéme Juillet 1468, au Conſeil
à huis clos.

Voyez les Recueils de M. l'Abbé Le Grand.

XV.

*Acte de l'hommage-lige fait au Roy Louys XI,
par le Duc de Bourgogne, des Duché de
Bourgogne, Comtez de Flandres, d'Artois
& autres qu'il tenoit de la Couronne.*

A Saint-Thierry lez-Reims le 17 Août 1461.

Loys, par la grace de Dieu, Roy de France, à nos amés & feaulx, gens de nos Comptes & Treſoriers, aux Baillifs de, Vermandois, de Vitry de Chaumont, à nos Procureurs & Receveurs eſdits balliages, & à tous nos autres Juſticiers, ou à leurs Lieutenans: Salut & dilection. Sçavoir faiſons que noſtre très-cher & très-amé Oncle & Couſin le Duc de Bourgongne nous a aujourd'huy fait en nos mains les foy & hommage-liges, qu'il nous estoit tenu faire pour raison de sa dite Duché de Bourgogne, Pairie & Doyenné des Pairs à icelle appartenant, de la Comté de Flandres, Pairie d'icelle, & de la Comté d'Artois, & generalement de toutes les autres terres & Seigneuries, appartenances & appendances d'icelles, qu'il tient de nous & de nostre Couronne, & ainsi que luy & ses predecesseurs l'ont fait le temps passé à nos prédecesseurs, ausquels foy & hommage nous l'avons receu, sauf nostre droit & l'autruy. Si vous mandons, & expressément enjoignons, & à chacun de vous, si comme à luy appartiendra, que se, pour cause desdites foy & hommage à nous non faits, lesdits Duché de Bourgogne, Comtés de Flandres & d'Artois, droits de Pairie, & autres terres & Seigneuries de nostredit oncle & cousin, ou aucunes de leurs appartenances & appendances avoient esté ou estoient prises, saisies, arrestées, ou autrement empêchées, mettez-les ou faites mettre, chacun de vous en droit soy, incontinent & sans délay, à pleine delivrance ; car ainsi nous plaist-il, & voulons estre fait, pourveu toutesvoyes que nostre oncle & cousin baillera par escrit, son dénombrement & adveu desdites choses dedans temps deu, &

qu'il

qu'il fera & payera les autres droits & devoirs, fe aucuns en font pour ce deus, fe faits & payez ne les ait. Donné à Saint Thierry lez-Rheims, le dix-feptiéme jour d'Aouft, l'an de grace mil quatre cens foixante & un, & de noftre regne le premier. Ainfi Signé par le Roy, Meffeigneurs le Duc de Bourbon, le Comte de Charolois, le Duc de Cleves, l'Archevefque de Lyon, les Evefques du Liege, de Langres & de Tournay, les Comtes d'Eftampes & de Dunois, le Seigneur de Croy, grand Maiftre-d'Hoftel, le Baftard d'Armagnac, le Sieur de Montauban, Admiral, Meffire Jehan Bureau, Chevalier, Treforier de France, & autres prefens.

Voici les paroles que prononcea le Duc de Bourgogne.

XVI.

COPPIE des paroles de l'hommage fait au Roy Louys XI par Philippes, Duc de Bourgogne, 1461.

Mon très-redouté Seigneur, je vous fais hommage prefentement de la Duché de Bourgogne, des Comtez de Flandres & d'Artois,

& de tous les pays que je tiens de la noble Couronne de France, & vous tiens à Seigneur, & vous en promets obéyssauce & service, & non pas seulement de celles que je tiens de vous, mais de tous mes autres pays, que je ne tiens point de vous, & d'autant de Seigneurs & de nobles hommes, de gens de guerre, & d'autres qui y sont, que j'en pourray traire. Je vous promets faire service avec mon propre corps tant que je vivray, avec aussi quantque je pourray finer d'or où d'argent.

(Voyez le T. III des Ducs & Pairs, par M. l'Abbé Le Grand.)

XVII.

Lettres Patentes, par lesquelles le Roy nomme Estienne Petit, pour lever une taxe sur le Languedoc, pour les frais de son Sacre, & autres besoins, 1461.

Voyez les Recueils de M. l'Abbé Le Grand.

XVIII.

Abolition donnée par Louys XI à tous les Officiers du Duc de Bourgogne.

Voyez les mêmes Recueils au Regiſtre 148 des Chartes, Acte 306.

XIX.

Abolition donnée par le Roy Louys XI à Meſſire Jean, Duc d'Alençon, Pair de France, condamné pour crime de leze-Majeſté, par Arreſt de l'an 1458, dattée du 12 Octobre 1461 avec l'ampliation du mois de Decembre l'an 1462 ſur ce que l'on calomnioit les premiers Chrétiens.

Voyez le Volume III des Ducs & Pairs, n. 237, p. 71 & le Regiſtre 198 du Tréſor des Chartes, Acte 36.

XX.

Promesse de Jean, Duc d'Alençon, Comte du Perche, d'observer de point en point les conditions contenues en la grace, que le Roy luy a faite, sur l'Arrest contre luy donné à Vendosme.

Voyez le troisiéme Volume des Ducs & Pairs de France, n. 237, p. 63.

XXI.

Extrait des Lettres confirmatives en faveur du Duc d'Alençon (1461).

Voyez les Recueils de M. l'Abbé Le Grand.

XXII.

Extrait des Lettres d'abolition en faveur du Duc d'Alençon & confirmation.

Voyez les mêmes Recueils.

DE LA PREFACE.

XXIII.

Lettres du Roy Louys XI, par lesquelles il permet à Jean, Comte d'Armagnac, de requerir par Procureur l'enterinement des Lettres, par lesquelles il l'avoit restitué envers l'Arrest du Parlement de Paris, donné en contumace, par lequel ledit Comte avoit esté banni du Royaume, avec confiscation de ses biens.

Du 12 Octobre 1461.

Voyez les Recueils de M. l'Abbé Le Grand.

XXIV.

Arrest d'enregistrement. Procés differens d'Armagnac, 26 Registre Criminel du Parlement, fol. 92.

Voyez les mêmes Recueils.

XXV.

Lettres d'obedience filiale du Roy Louys XI au Pape Pie II.

Voyez le Volume 8445 de la Bibliothèque du Roi, fol. 8, parmi ceux de Bethune (1462.)

XXVI.

Le Berry donné en appanage à Charles de France, Frere de Louys XI au mois de Nov. 1461.

Voyez les Recueils de M. l'Abbé Le Grand.

XXVII.

Ratification du Traité, faite par le Roy d'Arragon, le 21 May 1462.

Voyez les Recueils de M. l'Abbé Le Grand.

XXVIII.

Extrait de l'Obligation du Roy d'Arragon pour la somme de deux cens mille écus, & engagement du Comté de Roussillon & Cerdaigne, au profit du Roy Louys XI.

Le Roy d'Arragon reconnoist que le Roy Louys XI, estant à Sauveterre, & luy à Sainte Pelage, Louys luy a offert sept cens lances & des Arbalestriers, ou gens de trait à proportion, pour reduire la Catalogne, & quatre cens hommes d'armes, aussi à proportion pour les autres guerres, qu'il pourroit avoir dans le Royaume de Valence ou celuy d'Arragon, que Louys entretiendroit. Et il luy promet, pourveu qu'il luy entretienne ce nombre de troupes jusqu'à ce qu'il ait réduit la Catalogne, de luy payer deux cens mille escus d'or, vieille monnoye de France ; sçavoir, cent, un an après la réduction de la

Catalogne, & les cent autres un an après le premier payement; & en cas qu'il lui fourniſſe encore quatre cens lances pour les guerres d'Arragon, & de Valence, il luy promet pour tout, trois cens mille pareils eſcus, dont les intereſts ſeront payez ſur les revenus, domaines & entrées des Comtez de Rouſſillon & de Cerdaigne, les charges deſdits Comtés préalablement payées par les mains de Charles de Ulmis, General des Finances dudit Roy d'Arragon dans leſdits Comtés de Cerdaigne & de Rouſſillon, & donne pour caution les meſmes Seigneurs, devant qui l'acte precedent a eſté paſſé; renonce de plus à tout ſecours qu'il pourroit attendre de Louys XI en cas de contravention. Fait dans le Palais Archiepiſcopal de Saragoſſe, le 23 de May 1462.

Obligation ou caution des Seigneurs cy-deſſus mentionnés, qui s'obligent ſolidairement & par corps, de faire toucher les revenus de Rouſſillon & de Cerdaigne au Roy Louys XI datté du même jour, preſens, Antoine de Nogueras, Martin de la Nuca, *Bajolus Generalis Regni Arragonum*, Louis de Saint Ange, Avocat Fiſcal & Docteur ès loix, & Ferdinand de Vaguedan.

XXIX.

Le Roy d'Arragon engage le Rouſſillon à Louys XI.

Voyez le Volume 8463 de la Bibliothèque du Roi, parmi ceux de Bethune, fol. 145 (1461.)

XXX.

Traité de Louys XI avec Marguerite d'Anjou, Reyne d'Angleterre.

Voyez les Recueils de M. l'Abbé Le Grand (1462.)

XXXI.

Ordre de Louis XI en conſequence du ſuſdit Traité.

Voyez les mêmes Recueils.

XXXII.

Alliance du Roy Louis XI avec Jean, Roy d'Arragon.

Voyez les mêmes Recueils.

XXXIII.

Lettres patentes du Roy Louis XI pour la reforme de Clugny.

Voyez le Regiſtre 199 du Tréſor des Chartes, Acte 436.

XXXIV.

Don fait par Louys XI du Duché de Luxembourg, & Comté de Chiny, à Philippe le Bon, Duc de Bourgogne.

Copié par M. l'Abbé Le Grand sur le Regiſtre 198 du Tréſor des Chartes, Acte 483.

XXXV.

Pouvoir de Henry, Roy de Caſtille, pour traiter de paix & confederation avec le Roy Louys XI.

Voyez les Recueils de M. l'Abbé Le Grand.

XXXVI.

Extrait d'une Lettre ſur l'entrevuë des Roys de France & de Caſtille, du 14 Avril 1463.

Voyez les mêmes Recueils.

XXXVII.

Jugement rendu par le Roy Louys XI ſur les differens entre les Roys de Caſtille & d'Arragon, pour les prétentions réciproques, qu'ils avoient l'un ſur l'autre. Donné à Bayonne le 23 Avril 1463.

Voyez le Tréſor des Chartes. Arragon, 5ᵉ ſac, n. 19.

XXXVIII.

Sentence Arbitrale du Roy Louys XI entre le Roy de Castille & le Roy d'Arragon. Avril 1463.

Copiée par M. l'Abbé Le Grand sur un Regiſtre de M. Clairambaut, cotté X, p. 177.

XXXIX.

Secours donné par Louys XI au Roy d'Arragon.

Loys, par la grace de Dieu, Roy de France ; ſçavoir faiſons à tous preſens & à venir : Que comme après noſtre advenement à la Couronne de France, très-haut & très-puiſſant Prince noſtre très-cher & très-amé Oncle & allié, le Roy d'Arragon & de Navarre, nous euſt fait remonſtrer que la Cité de Barcelonne, & pluſieurs de ſes autres Sujets des pays de Cathalogne & d'Arragon s'eſtoient eſlevez à l'encontre de luy en le voulant priver & debouter de ſa Seigneurie, en nous requerrant que luy vouliſſions donner confort & ayde à l'encontre deſdits rebelles & déſobéyſſans, ainſi que chacun Roy & Prince le doit faire pour l'autre en tel cas, & par ſpecial à l'encontre des Sujets qui ſe eſlevent & rebellent contre leur naturel & fouverain Seigneur, & pour ce euffions deflors faits & paffez avec noftredit Oncle d'Arragon, certains traitez & appointemens, par lefquels entre autres chofes, euffions promis luy ayder & fecourir à l'encontre de fefdits Sujets rebelles & défobéyffans, & autres qui nuire & porter dommage luy voudroient, excepté à l'encontre de très-haut & puiffant Prince, noftre trèscher & amé Frere, Coufin & allié, le Roy de Caftille & de Leon, & fans préjudice des fraternités & alliances qui font anciennes entre nous & nos prédeceffeurs, & noftredit Frere, Coufin & allié de Caftille, & les fiens; lefquelles chofes nous euffions fait notifier à noftredit Frere, Coufin & allié de Caftille, en enfuivant lefquels appointemens & promeffes, euffions la faifon paffée envoyé noftredite armée audit pays de Cathalogne pour ayder & fecourir notredit Oncle d'Arragon contre lefdits rebelles, mais notredit Frere, Coufin & allié de Caftille, non content de ce, pour aucunes grandes différences & altercations qui eftoient entre luy & noftredit Oncle d'Arragon, prétendant quelque droit ou intereft en la matiere, envoya certain grand nombre de gens de guerre en iceluy pays de Cathalogne & d'Arragon, pour au contraire donner ayde & supporter ceux qui étoient ainsi eslevez & rebellez contre nostredit Oncle d'Arragon, & à ce moyen pouvoient les choses cheoir en grands debats & inconveniens; pourquoy nous desirans de tout nostre cœur appaiser lesdits debats & entretenir les fraternitez & alliances d'entre nous & nostredit Frere, Cousin & allié de Castille, & aussi les appointemens faits entre nous & notredit Oncle d'Arragon, & pour obvier à tous dommages & inconveniens qui s'en pourroient ensuir, que nous voyons & connoissons assez notoires, soyons venus en personne és marche de par deçà pour assembler avec nostredit Frere, Cousin & allié de Castille, qui s'y est aussi trouvé, & pareillement aucuns de la part de notredit Oncle d'Arragon, en traitant lesquelles matieres, & pour le bien & utilité de nous & de nostredit Royaume, & allié de Castille, & de nostre dit oncle d'Arragon, ayons baillé & delivré à nostre dit cousin & allié de Castille le Merindad d'Estelle & entretenir l'amitié de notredit Frere, cousin membre dudit Royaume de Navarre, pour estre desormais joint & uny audit Royaume de Castille; & pour consideration de ce que nostre très-chere & très-amée Cousine la Comtesse de Foix, & son fils aisné, mary &

DE LA PREFACE. 253

espoux de nostre très-chere & très-amée Sœur Magdelaine de France, peuvent & doivent succeder audit Royaume de Navarre, après le deceds de nostredit Oncle & Cousin le Roy d'Arragon & de Navarre, Pere de nostredite Cousine de Foix, ont grand interest au bail que faisons dudit Merindad d'Estelle, qui est l'un des principaux membres dudit Royaume de Navarre, en diminuant & démembrant iceluy Royaume, voulons de ce aucunement les recompenser de nostre propre, afin que eux ne les enfans qui descendront du mariage de leurdit fils aisné, & de nostredite Sœur, ne soient en ce par nous deceus & deffraudez, & pour autres grands, justes & raisonnables causes à ce nous mouvans, à nosdits Cousin & Cousine de Foix, & à leurs hoirs, successeurs & ayans-cause, pour en recompensation dudit Merindad d'Estelle, par nous baillé & accordé à nostredit Frere, Cousin & allié de Castille pour la pacification des choses dessusdites, avons donné, cédé, quitté, transporté & délaissé, donnons, cedons, quittons, transportons & delaissons de nostre plaine puissance & autorité Royale, par ces presentes, tout le droit, nom, raison & action que avons, & pouvons avoir en & sur les Comtés, Terres & Seigneuries de Rouſſillon, & de Cerdagne, & ès Villes, Chaſteaux, places, rentes & revenus, hommes, hommages, vaſſaux, nobleſſes, fiefs, arriere-fiefs, droits, prérogatives, partenances & appendances d'icelles, quelles qu'elles ſoient, en quelques manieres qu'elles conſiſtent ou viennent, eus & à quelque valeur ou eſtimation qu'elles montent ou puiſſent monter au temps à venir, leſquels nous avons n'agueres acquis de noſtredit Oncle & Couſin d'Arragon, pour la ſomme de trois cens mille viels eſcus d'or de ſoixante & quatre au marc, & depuis preſté ſur iceux à noſtredit Oncle & Couſin d'Arragon, la ſomme de cinquante mille eſcus d'or, à préſent ayans cours en noſtre Royaume, pour iceux Comtés, Terres & Seigneuries de Rouſſillon & de Cerdagne, Villes, Cités, Chaſteaux, places, rentes, revenus, hommes, hommages, vaſſaux, nobleſſes, prérogatives, partenances & appendances, profits & émolumens d'icelles, avoir, tenir, poſſeder & exploiter, & en jouïr d'oreſnavant par noſdits Couſin & Couſine de Foix, leurs dits hoirs, ſucceſſeurs & ayans cauſe, perpetuellement & à tousjours, & autrement en faire & diſpoſer purement, ſimplement & abſolument, comme de leurs héritages &

propre chose, sans aucunemnent y retenir &
referver pour nous, ne les nostres, pour quelque cause, ne en quelque maniere que ce
soit, & sur ce imposons silence perpetuel à
nostre Procureur present & à venir. Si donnons en mandement à nos amés & feaux
Conseillers les Gens tenans, & qui tiendront
nostre Parlement, & de nos Comptes, au
Gouverneur de Roussillon, & à nos autres
Justiciers ou à leurs Lieutenans & à chacun
d'eux, si, comme à luy appartiendra, que
de nosdits Cousin & Cousine de Foix, leurs
dits hoirs, successeurs & ayans-cause, fassent,
souffrent & laissent jouïr & user paisiblement
de nos presens don, cession, quittance &
transport, sans leur faire, ne souffrir estre
fait ores, ne pour le temps avenir, aucun
empeschement, ou detourbier au contraire;
ainçois ce fait ou donné leur estoit aucune
maniere, si l'ostent ou fassent oster & mettre
sans delay à plaine délivrance, nonobstant
quelconques Ordonnances faîtes par nos predecesseurs & nous, de non donner & aliener
aucune chose de nostre Domaine, & autres
à ce contraire; & avons promis & promettons par ces presentes, de en bailler à nosdits Cousin & Cousine de Foix, toutes Lettres
& enseignemens que nous en avons de nostre

Oncle & Cousin le Roy d'Arragon, servant & touchant lesdites matieres; & afin que ce soit chose ferme & stable, & à toujours, nous avons signé ces presentes de nostre main, & à icelles fait mettre nostre Scel, sauf en autre chose nostre droit, & l'autruy en toutes. Donné à Auvret en Comminge le vingt-quatre jour de May, l'an de grace 1463 & de nostre Regne le deuxiéme. Ainsi *Signé*, Loys. Par le Roy, vous, le Comte de Comminge, le Sire de Treynel, Messire Henry de Marle, Geoffroy de Saint Belin, & Aymard de Puissieu, Chevaliers, le Sire de la Rosiere, & autres presens. De la Loere. *Visa*, *Contentor*. J. du Ban.

Voyez M. l'Abbé Le Grand, au Registre 199 du Trésor des Chartres, Acte 338.

Suivent dans le même Registre deux autres Lettres Patentes, l'une par laquelle le Roy Louis XI donne au Comte de Foix la Ville & Comté de Mauleon de Soule, & par l'autre il luy donne la Ville & Comté de Carcassone.

Remission

XL.

Remiſſion accordée aux Habitans de Perpignan.

Loys, par la grace de Dieu, Roy de France; ſçavoir faiſons à tous preſens & à venir: Comme moyennant la grace de Dieu, nous ayons, puis n'agueres, par force d'armes fait mettre en noſtre obéyſſance noſtre Ville de Perpignan, enſemble noſtre Comté de Rouſſillon; en faiſant laquelle reduction leſdits Bourgeois & Habitans de noſtreditte Ville ſe fuſſent mis en armes, & fait toute la reſiſtance qu'ils euſſent peu à l'encontre de nous & de nos gens; & depuis par force & contrainte euſſions mis leurs perſonnes & biens à noſtre volonté; & ſoit ainſi que depuis leſdits Bourgeois & Habitans ayent envoyé par devers nous Pierre Serregut, Conſul ſecond de ladite ville, & Jean Eſteve, Bourgeois d'icelle ville, par leſquels ils nous ont humblement fait ſupplier, que noſtre plaiſir fut avoir pitié & compaſſion d'eux, & les recevoir en noſtre bonne grace & bien-veillance, & leur remettre, quitter, pardonner & abolir les déſobéyſſances, réſiſtances, port d'armes, homicides & autres crimes, & délits par eux commis & perpetrés à l'encontre de nous & de nos Subjets, & fur tout leur impartir noftre grace ; pourquoy nous, qui ne voulant la deftruction de ladite ville, & des Bourgeois & Habitans en icelle, mais defirans leur bien & entretien en noftre obéyffance, voulant mifericorde préferer à rigueur de juftice, & inclinant aux humbles fupplications & requeftes, qui fur ce nous ont efté faites par lefdits Bourgeois & Habitans, & afin que d'orefnavant ils fe conduifent & gouvernent envers nous comme nos bons & loyaux Subjets doivent faire, & pour autres grandes caufes & confiderations à ce nous mouvans, aufdits Bourgeois & Habitans de noftredite ville de Perpignan, avons quitté, remis, pardonné & aboly, quittons, remettons, pardonnons & aboliffons de noftre grace efpeciale, pleine puiffance & autorité Royale par ces prefentes, toutes les offenfes, rébellions, défobéiffances, amendes, roberies, boutemens de feux, abbatemens de maifons & autres édifices, crimes & délits, & offenfes, en quelque lieu ou en quelque maniere qu'ils les ayent faits & commis, tant en general, comme en particulier à l'encontre de nofdits gens & Subjets, & autres tenans noftre party, & autres quelconques, jaçoit ce que les cas, ne les personnes & biens ne soient cy-dedans autrement specifiez & declarez, de tout le temps passé jusqu'au jour du serment par eux à nous fait de nous estre bons & loyaux Subjects, sans ce que pour occasion desdites rebellions, désobéissances & crimes dessusdits, commis à l'encontre de nous & nosdits Subjets, & tenans nostre party, ne aussi pour aucune partie, qui, à l'occasion de ladite guerre, puisse estre interessée & endommagée par lesdits Bourgeois & Habitans, en quelque maniere que ce soit; & pareillement pour la désobéissance & autres crimes & delits par eux commis à l'encontre de nostre très-cher & très-amé Oncle & Cousin le Roy d'Arragon, ou nostre très-chere & très-amée Tante & Cousine son espouse, ou leur primogenit, aucune chose leur en puisse jamais estre imputée ou demandée ores, ne pour le temps à venir, en quelque maniere que ce soit, & les avons restitués & remis, restituons & remettons par ces presentes à ladite ville, au Pays & à leurs biens, & surtout imposons silence perpetuel à nostre Procureur, present & à venir, & à tous autres; & en outre pource que nous avons esté advertis que plusieurs des Habitans de ladite ville, après la reduction d'icelle en noſtre obéyſſance, ou devant icelle reduction doubtans rigueur de juſtice, ſe ſont abſentez, & pour occaſion de leur abſence ont eſtés à voix publique bannis de par nous, & leurs corps & biens declarés confiſquez, nous, de noſtre plus ample grace, avons voulu & ordonné, voulons & nous plaiſt, que leſdits abſens, condamnés ou non condamnés envers nous, comme dit eſt, qui ſont retournés & retourneront demeurer en ladite ville dedans le terme de trois mois prochains, venant à compter d'aujourd'huy, jouiſſent de l'abolition deſſuſdite comme les autres qui ſont demeurez en ladite ville, comme deſſus eſt dit, & iceux avons rappellez & reſtituez, rappellons & reſtituons par ces preſentes à nous & à noſtre Royaume, nonobſtant quelconques condamnations ou banniſſions qui pourroient avoir eſté faites contre eux durant leurdite abſence, laquelle ne leur voulons nuire ne préjudicier; mais l'avons miſe & mettons du tout au néant par ces preſentes. Si donnons en mandement aux Viguiers, Gens de noſtre Parlement audit Perpignan, & à tous nos autres Juſticiers, ou à leurs Lieutenans, & à chacun d'eux, ſi comme à luy appartiendra, que de nos preſens grace, quittance, abolition, concession & rappeaux, fassent, souffrent, laissent lesdits Bourgeois & Habitans jouïr & user pleinement & paisiblement, sans leur faire ou donner, ne souffrir estre fait & donné en corps ne en biens aucun detourbier, ou empeschement au contraire en corps ne en bien en quelque maniere que ce soit, mais se leurs corps ou leurs biens sont, ou estoient pour ce pris ou empeschez, si les mettent ou fassent mettre sans délay en pleine délivrance : Et voulons & ordonnons que ces presentes soient publiées par tous les lieux qu'il appartiendra; & afin que ce soit chose ferme & stable à tousjours, nous avons fait mettre nostre Scel à ces presentes, sauf en autres choses nostre droit; & l'autruy en toutes. Donné, &c.

XLI.

Remission pour les Habitans de Collioures
(*Juin 1463.*)

(Voyez le Regiſtre, n. 199, Acte 355.)

XLII.

Extrait des Plaintes du Comte de Charolois contre Jean de Bourgogne Comte d'Eſtampes.
(*Juin 1463.*)

(Voyez les Recueils de M. l'Abbé Le Grand.)

XLIII.

PIECES pour le rachapt des Villes de la Riviere de Somme.

Instruction à Maistre Estienne Chevalier, des choses qu'il a à faire au voyage, où il va presentement par le commandement & ordonnance du Roy.

PREMIEREMENT, partira de la ville de Paris le Mercredy vingt-quatriéme jour de ce present mois d'Aoust, accompagné de cinquante Lances & cent Archers de la Compagnie du Bailly d'Evreux, & menera les deux cens milles escus neufs qu'il a en sa garde en la ville de Beauvais.

Item. Et luy arrivé audit lieu de Beauvais, il trouvera autres cinquante Lances & cent Archers de la Compagnie de Mr. le Mareschal de Gamache; & d'illec tirera avec lesdites cent Lances & deux cens Archers à tout ledit argent en la ville d'Eu, & illec presentera à Mr. d'Eu les Lettres que le Roy luy escript, portant créance sur ledit Maistre Estienne Chevalier, en laquelle créance luy dira, que le Roy, pour la grande & bonne confiance qu'il a en luy, a ordonné que ladite somme de deux cens mille escus soit portée audit lieu d'Eu, & illec mise & laissée en garde jusqu'à ce que ledit Maistre Estienne Chevalier soit retourné de devers Mr. de Bourgogne, où le Roy l'a chargé d'aller, tant pour sçavoir à quels gens il luy plaira que ledit argent soit baillé, comme pour recouvrer la quittance dudit argent, & aussi seureté de Mr. de Bourgogne de recouvrer les Villes, Places & Seigneuries engagées, en luy faisant le payement de quatre cens mille escus, qui pour ce luy sont deubs.

Item. Et ce fait, ledit Estienne Chevalier s'en ira devers Mr. de Bourgongne, & luy presentera les Lettres que le Roy luy escrit, & pareillement à Mr. de Croy, & leur dira comment le Roy est très-joyeux & content de ce que Mr. de Bourgogne, à la priere & requeste du Roy a esté content de prendre de luy, pour partie des quatre cens mille escus, deux cens mille escus neufs pour deux cens mille escus vieux, & l'en mercie bien acertes.

Item. Sçaura à mondit Sieur de Bourgogne, à qui il luy plaira que ledit argent soit baillé, & en le baillant recouvrera la quittance de mondit Sieur de Bourgogne, & semblablement recouvrera la seureté dont dessus est faite mention, & le apportera par devers le Roy.

Item. Sçaura auſſi de mondit Sieur de Bourgogne, ſe ſon plaiſir ſera de bailler ſous ſa main la charge & gouvernement deſdites Terres & Seigneuries ainſi engagées à Mr. le Comte d'Eſtampes, auquel cas le Roy en ſera content, moyennant que mondit Sieur d'Eſtampes jure & promette au Roy, & luy en baille ſon Scellé, du commandement & ordonnance de mondit Sieur de Bourgogne, de luy rendre & delivrer toutes leſdites Places, Lettres & Seigneuries, ainſi engagées, incontinent qu'il luy apperra que le Roy aura fait payement à mondit Sieur de Bourgogne des derniers deux cens mille eſcus, poſé ores que Dieu euſt fait ſon commandement de mondit Sieur de Bourgogne, que Dieu ne veuille, & que Mr. de Charolois ſon fils fuſt venu à la Seigneurie, & on ſe gouvernera par l'advis & conſeil de Mr. de Croy.

Item. Dira à mondit Sieur de Bourgogne que le Roy a ſceu les entrepriſes, que Mr. de Charolois ſon fils fait à l'encontre de luy, dont il a eſté & eſt fort deſplaiſant, & qu'il eſt conclud & deliberé de ayder, ſecourir & favoriſer mondit Sieur de Bourgogne à l'encontre de Mr. de Charolois de tout ſon pouvoir, fans efpargner corps ne biens, & qu'il luy femble qu'en bien peu de temps la chofe fera mife à fin & conclufion, en maniere que ce fera à l'honneur & bon plaifir de mondit Sieur de Bourgogne, fi en luy ne tient & que pour ce faire, & pour veoir mondit Sieur de Bourgogne eft content d'aller jufqu'à Hefdin fi mondit Sieur de Bourgogne y veut venir & qu'il voye que faire fe doive.

Voyez les Recueils de M. l'Abbé Le Grand.

XLIV.

Commiffion du Roy Louys XI pour le rachapt des Villes de la Riviere de Somme. (Aouft 1463.)

Voyez les mêmes Recueils.

XLV.

Extrait des quittances de Philippe le bon, Duc de Bourgogne.

QUITTANCE de Philippes le bon, Duc de Bourgogne, pour la fomme de deux cens mille efcus reçus du Roy Louys XI en déduction de quatre cens mille efcus, pour le rachapt des villes & Seigneuries de la riviere de Somme, à Hefdin le 12 Septembre 1463.

Quittance pour le reste, du 18 Octobre suivant, moyennant quoy il promet rendre au premier Novembre lesdites villes & Seigneuries.

(Voyez les Recueils de M. l'Abbé Le Grand.)

XLVI.

Vidimus d'une commission de Louys XI pour une levée de deniers pour rachapt des villes de la riviere de Somme (Nov. 1463).

Voyez les mêmes Recueils.

XLVII.

Autre commission sur le même sujet (Nov. 1463).

Voyez les mêmes Recueils.

XLVIII.

Extrait de l'instruction du Comte de Charolois, sur le rachapt desdites villes.

Guillaume de Biche a dit au Roy, que Mgr. de Charolois a entendu que le Roy veut racheter les terres de Picardie, & que Mgr. de Charolois voudroit bien parler au Roy, s'il estoit possible qu'il s'en passât pour cette heure, & si c'estoit le grand profit du

Roy, & qu'il l'euſt ſi à cœur, il s'en attent à luy, mais au regard de ſon vouloir, il voudroit bien qu'il ne les racquittaſt point, & qu'il les laiſſaſt ainſi pour cette heure.

Item. Que ceux du pays d'Artois ont envoyé devers Mr. de Charolois luy prier que ces terres ne fuſſent rachetées, pour aucunes raiſons qu'ils luy ont fait dire, leſquelles il a fait ſçavoir à Mr. de Bourgogne par les Sieurs d'Ymbercourt & de Contay, & un Clerc.

Item. Que l'on a dit à Mr. de Charolois, que s'il venoit devers le Roy, que le Roy le feroit prendre, & qu'il ſe gardaſt bien de ſe trouver en lieu là ou le Roy euſt pouvoir, & qu'il le bailleroit, à Mr. de Bourgogne.

Item. Qu'il a oüi dire que le Roy eſt mal content de luy, c'eſt qu'il voudroit bien ſçavoir de quoy c'eſt, il n'a fait choſe pourquoy il en doye (rien apprehender (a)).

(a) Ces deux derniers mots manquent dans la copie.

XLLIX.

Lettre du Sieur Chevalier sur le rachapt desdites villes.

Monseigneur, je me recommande à vous par ma foy du bon du cœur : le Roy a voulu, & pour ce dont, l'Admiral, vous & moy alkissions devers Mgr. de Bourgogne, & luy portissions deux cens mille escus, pour partie de quatre cens mille escus qui luy sont deus pour les terres engagées, comme vous sçavez. Mondit Sieur l'Admiral est party de devers le Roy un jour avant moy, pour aller en Bretagne & en Normandie, & incontinent qu'il aura fait ce qu'il y a à besogner il se rendra à Paris, auquel lieu il doit trouver vous & moy, pour d'illec aller tous ensemble devers mondit Sieur de Bourgogne. Je ne vous escris point quant il y sera, pource que je ne sçay le jour, car avant qu'il y vienne, il a esperance d'avoir des nouvelles de Mgr. de Croy touchant le fait de la Treve.

J'ay amené avec moy le tresorier des guerres pour faire toute diligence possible de recouvrer argent, & m'a dit ledit tresorier que en la fin de ce mois il me remboursera des soixante mille livres que je luy avois avancées pour la guerre de Catalogne, & en la fin de Juin quatorze mille huit cent soixante-une livres dix-sept sols, qu'il a receus pour moy de maistre Estienne Petit, sur quoy j'en avois esté appointé cette année.

Quant j'ay pris congé du Roy je luy ay dit qu'il estoit impossible que il peut faire payement à mondit Sieur de Bourgogne desdits deux cens mille escus, l'on se peut ayder de trente cinq mille livres, qui pour ce faire, se doivent prendre sur ledit tresor des guerres, & que c'estoit argent qui se devoit recevoir au long de l'an, & aussi que doubtoit que les dix mille livres qui doivent estre pris sur Jacques Pisseleu, ne seroient pas prests, & qu'on ne s'en pourroit ayder pour cette heure, il me semble que le recouvrement desdites terres engagées, & le fait de laditte treve sont les deux plus grandes matieres de ce Royaume, & qui plus touchent le fait du Roy; & toutesfois il a despeché mondit Sieur l'Admiral & moy tant ligierement, & à si petite déliberation que à grand peine avons nous eu loisir de prendre nos housseaux, & m'a dit que puisqu'il y a bon fonds, il sçait bien que ne luy faudrez point, & que vous luy presterez ce que vous avez,

& aussi que nous trouverons des gens à Paris qui nous presteront, & pour ce abreger ; c'est tout ce que j'en ay pû tirer de luy, & luy semble que lesdits trente-cinq mille livres d'une part, & dix mille livres de l'autre, se doivent trouver en un pas desiré. Je vous escris ces choses à ce que soyez adverti de tout, & que veniez pourvû de ce dont vous luy pourrez ayder.

Je voudrois pour Dieu que vous eussiez bien fait & achevé à vostre plaisir & profit tout ce que vous avez à faire, & vous fussiez de cette heure icy, afin que puissions besogner ensemble, & adviser les voyes & manieres que aurons à tenir pour parvenir à la fin à quoy le Roy tient, puis j'ay pitié de vous, & sçay bien l'aise & la plaisance que vous avez de present, & le déplaisir que prendrez à le laisser, & escrire, que veniez si diligemment, comme la matiere le requiert; toutesfois, s'il vous plaist, vous acheverez ce que avez à faire par-de-là, & vous en viendrez le plustoft que promptement pourrez à Tours, auquel lieu je m'en vais & vous y attendray, & cependant feray ce que je pourray, & vous commettrez encore si je puis environ vingt-cinq mille livres de monnoye, que nous y avons. Il me semble qu'il vaut mieux compter ladite monnoye en or, & y perdre quelque chose, que porter ladite monnoye avec nous, car qui la porteroit ce seroit une merveilleuse peine, & avec ce cousteroit autant la voiture, comme fera la charge de monnoye; voyez si nous aurons beaucoup à besogner audit lieu de Paris; & vous conviendra bien user de nos cinq sens naturels, parquoy est besoin de nous y trouver le plustost que nous pourrons, car encore n'y sçaurons-nous estre si long-temps, que nous n'ayons bien à tirer au colier; pour ce vous prie dereschef que vous vous veuillez rendre diligemment audit lieu de Tours; si le Roy s'en va en Languedoc, & je crois que la principale cause pourquoy il y va, est pour bailler la possession de Carcassonne (a), & d'illec se part ès champs pour tirer à Lyon, & par avanture en Savoye, l'on veuille (b) au Mareschal de Bourgogne & aux siens, comme l'on m'a dit, la ville & Seigneurie d'Espinal. Monseigneur, je prie à Dieu qu'il vous doint & comble de vos desirs. Escrit à Saint Jean d'Angely le dix-neuviesme jour

(a) On a vû ci-dessus, Preuve 39e. que c'étoit pour M. de Foix.

(b) *Ajoutez*, donner.

de May. Depuis ces lettres escrites, Mgr. de Croy m'a dit qu'il a eu nouvelle de son nepveu, qu'il avoit envoyé en Angleterre, & que sondit nepveu luy a fait sçavoir que certaine Ambassade d'Angleterre se trouvera à Saint Omer à la Saint Jehan, pour besogner au fait de ladite treve, & espere, vû ce qu'il dit, que le Chancelier d'Angleterre se y trouvera, & par avanture le Comte de Warwic; mondit Sieur l'Admiral dit hier à present, qu'il sera à Paris à la feste de Saint Jehan, pour ce ne defaillez, & est besoin que vous vous hastiez. Vostre Serviteur & Frere, Estienne Chevalier.

L.

Acte de promesse de Philippe, Duc de Bourgogne, de rendre au Roy la Comté de Ponthieu & autres terres seans deçà & de-là la riviere de Somme, en baillant quatre cens mille écus.

Voyez les Recueils de M. L'Abbé le Grand.

L I.

Information faite en 1448 de par le Roy, touchant le traité de luy & du Duc de Bourgogne, à Arras.

(Copiée sur l'original par M. l'Abbé Le Grand.)

LII.

LII.

Plaintes du Roy Louys XI, contre Charles Comte de Nevers.

(Voyez le MS. 844½ de la Bibliothèque du Roy, parmi ceux de Bethune, fol. 12. Nov. 1463.)

LIII.

Accord de mariage (May 1464.) de Madame Jeanne de France avec Louys, Duc d'Orléans (qui depuis a été Louys XII, Roy de France).

(Voyez le MS. 761 de M. Dupuy, aujourd'hui à M. Joli de Fleuri, Procureur-Général.)

LIV.

Treve entre Louys XI & Edouard IV Roy d'Angleterre, en 1464, le 20 de May.

(Voyez les Recueils de M. l'Abbé Le Grand.)

LV.

Lettre de Philippe le Bon, Duc de Bourgogne au Roy Louis XI fur l'arrivée de la Reine à Hefdin.

Mon très-redouté & souverain Seigneur, je me recommande très-humblement à votre bonne grace, & vous plaife fçavoir, mon très-redouté & fouverain Seigneur, que ma très-redoutée & fouveraine Dame Madame la Royne arriva ici Dimanche derniérement paffé, quinziefme jour de ce prefent mois, & avec elle Madame la Princeffe & les autres Dames de fa compagnie & de fa grace elle a fait très-bonne chiere, dont je vous mercie en toute humilité : madite Dame fe voulut partir dès Mardy, toutesvoyes à ma priere & requefte, elle demoura ce jour foubs efperance de faire bonne chiere aux fontaines; mais le temps nous fut fi contraire, que la compagnie fut contrainte de demourer. Mercredy femblablement elle s'en voulut partir, & pour ce que le temps eftoit auffi indifpofé que le jour précedent, tant par requefte comme autrement, je les feis encore demourer à bien grande peine, & à la verité efperant qu'il fe remettroit au bel, j'euffe bien voulu, fe ce euft efté leur plaifir, qu'elles feuffent demourées jufques au Jeudy, afin que cependant j'euffe peu tout amender & faire un peu de meilleure chiere que n'avions encore fait; mais je n'en ai peu finer, & fe partirent le jour d'hier. Il me defplait bien que je ne les ai mieux recueillies ; mais j'efpere qu'elles prendront en gré mon bon vouloir. Au furplus, mon très-redouté & fouverain Seigneur, depuis que derniérement vous ai efcrit & envoyé les lettres qui m'eftoient venues d'Angleterre, rien ne m'eft furvenu de nouvelle qui à efcrire face; mais quand aucune chofe me furviendra, je le vous feray fçavoir en toute diligence. Mon très-redouté & fouverain Seigneur, plaife vous ayés à moi mander & commander vos bons plaifirs & commandemens, pour iceux faire & accomplir de tout mon pouvoir, comme raifon eft & tenu y fuis, à l'aide du benoift fils de Dieu qui vous ait en fa très-fainte & digne garde, doint bonne vie & longue, avec l'accompliffement de vos très-hauts & très-nobles defirs. Efcrit à Hefdin le vingtiefme jour de Juillet.

> Voftre très-humble & très-obeiffant Subjet & Serviteur, PHILIPPE, Duc de Bourgogne & de Brabant.

A mon très-redouté & Souverain Seigneur Monfeigneur le Roy.

(Voyez les Recueils de M. l'Abbé Le Grand, en 1464.)

LVI.

*Extrait de la Chronique de Georges Chaste-
lain pour servir à l'intelligence de la lettre
cy-dessus du Duc Philippe de Bourgogne.*

*Comment le Roy envoya la Royne devers son
oncle, par un Dimanche après Vespres,
entra en Hesdin.*

EN ensuivant toutesfois, comme j'ai dit dessus d'iceux blandissemens que le Roy imaginoit, & qui peuvent donner diverses occasions de penser à qui voudroit estrutiner cette matiere. Le Roy lui partit de Hesdin, huit ou neuf jours après envoya la Royne devers son bel oncle, & par un Dimanche après Vespres entra en Hesdin le Duc avec elle, qui estoit allé au-devant à toute la Baronnie de sa Maison, qui moult estoit belle, & entra la Royne à cheval sur une basse haquenée blanche. La Princesse de Piedmond, sœur au Roy, & ses deux propres sœurs germaines avec elle, à multitude d'autres Dames & Damoiselles de grand estat; avoit esté commise en garde & en conduite au Comte d'Eu, comme Seigneur du sang, & par estroite commission à un gentil Chevalier, mignon du Roy en temps paſſé, le Seigneur de Creſſol, en qui le Roy ſe fioit moult, pour cauſe de ſes vertus & ſens. Du feſtoy ne convient parler, comment ne en quelle maniere, car tout y eſtoit ce qui appartenoit ès deux lez, tant à la Royale Majeſté d'une telle Reine, comme à la hauteſſe & puiſſance d'un tel Duc viſité encore en ſa propre maiſon, & pourtant je m'en paſſe ſur l'entendement des liſans, qui de tels cas, & de telles perſonnes dont la matiere parle, ſçauront bien entendre à peu de paroles ce qui en pouvoit eſtre. Tous les ſoirs ſe feirent les danſes juſques à la minuit, & tint la Reine ſalle publiquement, pour embellir la feſte. Là ſe trouva le Duc toujours d'en coſté elle aſſis d'un lez à ſa main droite, & au lez feneſtre la Ducheſſe de Bourbon à force ; car à envis & dur en prit l'honneur la Princeſſe de Piedmont, fille au Roy Charles deffunct, ne fut oncques aſſiſe en banc, ains, ſeule & à part elle eſtoit aſſiſe en bas ſur un quarreau de drap d'or aux pieds de la Reine, enſemble la Dame de Mauvy, fille baſtarde du Roy Charles, eſtoient aſſiſes à baſſe terre emprès la Princeſſe. Là furent multipliées les joyes & redoublées par tout poſſible, danſes renouvellées de toutes façons, Dames laſſées par hait de courre, compaignons mis à la groſſe halaine; & là fut tout monſtré ce qui eſtoit en homme & en femme, de bon & de beau, de hait & de bon vouloir en chaſcun : & entre les autres y avoit une Dame, femme au Maiſtre d'hoſtel de la Reyne, qui par ſes manieres & beau port en danſé, en bleſſa en cœur une douzaine; car eſtoit la droite gorgiaſe & le paſſebruit de la route. Je ne ſçaurois eſcrire de cette feſte autrement, fors que pour autant que la Reyne y eſtoit, & le Duc & toute ſa famille ſe travailloient à faire cher en tout ce qui eſtoit de pouvoir, de debvoir & de bon vouloir, & n'y avoit chevance eſpargnée puiſſance, ne voulenté feinte, ne nuls biens, plainte, meſmes la Reyne ne s'en peut taire; mais dit que de ſon vivant n'avoit eu tant de bien ni de joye, mais lui couſteroit bien cher; car ſept ans après, elle le comparoit, & en auroit regret, ſe diſoit-elle. La Princeſſe de Piedmont en dit autretant, & mouroit d'ennui, ſe diſoit quand elle penſoit au département de telle chere; les autres Dames en deſſoubs certifioient que le moindre jour du bon temps de ciens, valloit plus que tous ce quoncques avoient eu de plaiſir à l'hoſtel de leurs maitreſſes, là où il les convenoient estre seules deseuvrées de toutes compagnies & de devisement d'hommes, mal logées & estroitement loin de bonnes villes, en meschantes places à l'escart, serves & craintives, & pleines de danger; & dirent bien aussi ensuivant leur maistresse, que voirement leur seroit celle chere bien vendue au retour devers le Roy par un droit contraire, & pourtant puisqu'elles y estoient elles en prendroient leur plain & leur saoul, tant qu'elles y seroient.

Comment le Roy avoit commandé à la Royne de non demeurer à Hesdin que deux nuits sans plus, le Dimanche & le Lundy.

MAIS y avoit ici un dur personnage à faire & à mener; car la Royne avoit eu commandement du Roy de non demeurer ici que deux nuits, sans plus, c'estoit le Dimanche & le Lundy, & le Mardy s'en debvoit partir & s'en venir de belle tirée vers Neufchastel, là où il l'attendroit, & en ce point l'ordonna aussi & expressement le chargea au sieur de Cressol, ou quand ce vint le Lundy bien tard, & ainsi que le Duc se seoit emprès la Royne aux danses, la Royne meist en termes l'ordonnance qu'elle avoit du Roy

son mary, & commença à parler de prendre congé, pour partir le matin; mais le Duc advisé du respondre en souriant, lui dit, Madame, il est meshui trop tard pour parler du département du matin, le département donne ennui d'en parler : & c'est un lieu ici & un temps de feste, si Dieu plaist vous vous leverez demain & disnerez, & puis après, advis le temps vous apprendra; & par ma foy, beaux oncle, ce disoit la Royne, vous me pardonnerez, il nous convient partir, le Roy le nous a commandé, & pour rien du monde nous n'oserions trespasser son ordonnance; Madame, Monseigneur vous a envoyés ici & m'a fait cette honneur, si est bien mon espoir qui se fie bien en moy, que vous estes bien; un jour plus ou moins entre lui & moi ne feront point cause de vostre grief pardevers lui, & en cependant survindrent eux entreserir de paroles semblables, le Comte d'Eu & le sieur de Cressol, disans, « certes Monsieur, le demeurer
» ne se peut faire; il est force que la Royne
» se parte demain, il n'y a point de reme-
» de, & se faute y avoit, jamais nous n'en
» viendrions à nostre paix souverainement » :
le sieur de Cressol en trembloit de peur, car il cognoissoit son maistre & sa commission,

fi en requift & pria à genoux devant le Duc par diverfes fois, qui oncques n'y peut obtenir autre chofe, fors que la Royne dineroit au demain, & puis après on concluroit du départir; le Comte d'Eu voyant ceci, & confiderant que le Duc en fçauroit bien faire au fort, refpondit &.dit : « Or cha, Monfieur, fur vous je m'en attens, vous en fçaurez bien faire; nous vous avons amené la Royne ici par l'ordonnance du Roy, & nous la ramenerons arriere par devers lui, auffi quand il vous plaira », fi n'y avoit celui des deux qui ne fe tint bien de rire quand ils virent que le partement ne leur eftoit octroyé; mais mettant leur efpoir fur le difner fait du lendemain, fe fondoient de partir la journée, & d'aller à Dampierre trois lieues; la Reyne mefme à peine qu'elle ne ploroit de peur, tant fremiffoit-elle de trefpaffer le commandement du Roy; & la Princeffe de Piedmont, combien qu'elle fentoit & fçavoit bien que la Reyne avoit caufe d'en avoir peur, fi n'en faifoit-elle que rire, & lui eftoient rofes en cœur le refus de fon partir, mefme en reconfortoit la Reyne, fi firent toutes les autres.

Comment la Royne le mardy après le difner cuidoit partir ; mais y eut nouvel eftrif entre le Duc & la Royne.

OR vint le Mardy & difna la Royne, & avoit dit la nuit devant, que tout feuft preft & appointé pour partir le difner fait; là eut-il nouvel eftrif entre le Duc & la Royne, là eut-il des argumens faits & des repliques de diverfes excufes. La Royne cuida vaincre par priere & par donner à entendre le danger qu'elle y attendoit : & le Duc fe fortifia fur les raifons d'honneur par lefquelles ne la pouvoit fouffrir partir, fe difoit-il, fans plus amplement en faire; & fomme toute prie non prie, il rompit & refufa le partement pour ce jour, & conftitua Meffire Adolf de Cleves fon nepveu, garder la porte en bas, afin que nuls n'en partift fans congé, & ledit de Cleves ainfi feift & s'y porta comme avoit de commandement, & fi étoient tant aifes la Princeffe de Piedmont & les autres Dames, qu'elles en rirent de joie; & ne fçavoit le fieur de Creffol trouver autre replique à cefte fois que une feule; c'eftoit que la Royne ne partoit à ce Mardy, elle ne pourroit partir auffi le Mercredy après, pour

les Innocens, & par ainſi ce feroit encore un autre jour de retardement, & mal ſur mal qui tout redonderoit ſur lui : & le Duc reſ- pondit qu'alors comme alors, du demain on s'aviſeroit comme des autres jours, & quant à partir venroit, il ne le faudroit point laiſ- ſer pour les Innocens, par eſpecial aux Da- mes, car elles ont une ſinguliere loy, & ainſi pour fin de compte le Duc la tint pour ce Mardy, pour lui faire chere de plus belle, & quant ce vint au Mercredy, arriere la re- tint par puiſſance, & n'y avoit ni plorer ni fremir de nully qui le peuſt vaincre; ains dit à la Royne, « Madame, Monſieur ſe
» peut-il bien fier de moy, & je ſçais bien
» que s'y fieſt-il, ce que je vous retiens c'eſt
» pour lui faire honneur & amour comme je
» dois, & à vous : je ſuis le premier Pair
» & Doyen des Pairs de France, & comme
» ayant celle préminence ſur tous autres em-
» près Monſieur le Roy, je vous retiens au-
» jourd'huy de mon autorité, car j'ay bien tel
» pouvoir pour vous faire honneur & reve-
» rence ». A ces mots n'y avoit femme ne homme qui oſaſt repliquer, ſe teuſt chaſcun; mais oncques femmes ne furent tant aiſes que eſtoient très-toutes de cette amiable

force, ains euffent bien voulu qu'on les euft continué huit jours encore par femblable miftere.

Fin des Preuves de la Preface.

MÉMOIRES
DE
PHILIPPE DE COMINES,
SUR L'HISTOIRE
DE LOUIS XI,
ROY DE FRANCE,
XVe SIÈCLE.

MÉMOIRES
DE
PHILIPPE DE COMINES.

PROLOGUE,
A M. L'ARCHEVESQUE DE VIENNE.

Monseigneur l'Archevesque de Vienne, (*) pour satisfaire à la Requeste qu'il vous a pleu me faire de vous escrire, & mettre par memoire ce que j'ay sceu & connu des faits du feu Roy Loüis onziesme, à qui Dieu face pardon, nostre maistre & bienfaicteur, & Prince digne de très-excellente memoire, je l'ay fait le plus près de la verité que j'ay pu & sceu avoir la souvenance.

Du temps de sa jeunesse ne sçauroye parler, sinon, pour ce que je luy en aye ouy parler & dire : mais depuis le temps que je vins en son service, (**) jusques à l'heure

---

(*) Cet Archevêque étoit Italien, & s'appelloit Angelo Catto : après avoir été au Duc Charles de Bourgogne, il fut Medecin & Aumônier du Roi Louis XI. C'est à la persuasion de cet Archevêque que Philippe de Comines écrit ses Mémoires. Voyez l'abrégé de sa vie, numéro 1 des Preuves du premier Livre.

(**) Philippe de Comines ne quitta le Duc de Bour

de son trespas, où j'estoye present, ay fait plus continuelle residence avec luy, que nul autre de l'estat à quoy je le servoye : qui pour le moins ay tousjours esté des Chambellans, ou occupé en ses grandes affaires. En luy & en tous autres Princes, que j'ay connu ou servy, ay connu du bien & du mal : car ils sont hommes comme nous. A Dieu seul appartient la perfection. Mais, quand en un Prince la vertu & bonnes conditions précedent (*) les vices, il est digne de grand' memoire & loüange : veu que tels personnages sont plus enclins en choses volontaires qu'autres hommes, tant pour la nourriture & petit chastoy (**) qu'ils ont eu en leur jeunesse, que pour ce que venans en l'aage d'homme, la pluspart des gens taschent à leur complaire, & à leurs complexions & conditions.

gogne, pour s'attacher au Roi Louis XI, qu'en 1472 au mois de Septembre, ou au commencement d'Octobre au plus tard, comme on l'a vu dans la Notice.

(*) Précédent.] C'est-à-dire, l'emportent sur les vices.

(**) Chastoy.] Il y avoit chastiment en d'autres éditions, mais nous avons suivi les Manuscrits. Chastoy est le vrai mot, pour dire correction, sévérité dans l'éducation.

Et

PROLOGUE.

Et pour ce que je ne voudroye point mentir, se pourroit faire qu'en quelque endroit de cet escrit, se pourroit trouver quelque chose, qui du tout ne seroit à sa louange : mais j'ay espérance que ceux qui liront, considéreront les raisons dessusdites. Et tant osay-je bien dire de luy à son loz, (*) qu'il ne me semble pas que jamais j'aye connu nul Prince, où il y eust moins qu'en luy, (**) à regarder le tout. Si ay-je eu autant de connoissance des grands Princes, & autant de communication avec eux, que nul homme qui ait esté en France de mon temps, tant de ceux qui ont (***) regné en ce Royaume, que en Bretagne, & en ces parties de Flandres, Allemagne, Angleterre, Espagne, Portugal & Italie, tant Seigneurs spirituels que temporels, que de plusieurs autres dont je n'aye eu la vuë, mais connoissance par communication de leurs am-

---

(*) A son loz.] Ou à sa recommandation & louange, ainsi que portent les imprimés ordinaires : mais j'ai suivi les Manuscrits. Loz vient du Latin *laus*, c'est-à-dire, louange ; terme usité dans nos vieux Auteurs François.

(**) Qu'en luy.] Ce n'est pas de quoi conviennent nos plus habiles Historiens, sur quoi voyez la Préface génerale

(***) Ou vescu, selon quelques Manuscrits.

baſſades, par lettres, & par leurs inſtructions. Parquoy on peut aſſez avoir d'information de leurs natures & conditions. Toutesfois je ne prétends en rien, en le louant en cet endroit, diminuer l'honneur & bonne renommée des autres : mais vous envoye ce dont promptement m'eſt ſouvenu, eſpérant que vous le demandez pour le mettre en quelque œuvre, que vous avez intention de faire en langue Latine, dont vous eſtes bien uſité. Par laquelle œuvre ſe pourra connoiſtre la grandeur du Prince dont vous parleray, & auſſi de voſtre entendement. Et là où je faudroye, vous trouverez Monſeigneur du Bouchage (*) & autres, qui mieux vous

(*) Du Bouchage.] C'étoit Imbert de Batarnay, Baron du Bouchage & d'Auton, Sieur de Montreſor, Conſeiller & Chambellan du Roi. Il en eſt encore parlé Liv. 6, Chap. 7, & Liv. 8, Chap. 16. Voyez la Préface générale.

On prétend qu'il étoit le premier de ſon nom & de ſa maiſon, dont la poſtérité maſculine eſt finie par la mort de Claude de Batarnay Comte du Bouchage, qui fut tué à la bataille de S. Denis le 10 Novembre 1567. Mémoire de Caſtelnau, Tome 2, p. 563 de l'ancienne édition. *Godefroy.* M. du Bouchage fut un des plus intimes Favoris de Louis XI. On trouve dans les Manuſcrits de la Bibliothèque du Roi un grand nombre de lettres & d'inſ-

en sçauroient parler que moy, & le coucher en meilleur langage. Mais pour obligation d'honneur, & grandes privautez & bienfaits, sans jamais entrerompre, jusques à la mort, que l'un ou l'autre n'y fust, nul n'en devroit avoir meilleure souvenance que moy : & aussi pour les pertes & douleurs que j'ay reçuës depuis son trespas (*). Qui est bien pour faire reduire à ma memoire les graces que j'ay reçuës de luy : combien que c'est chose assez accoustumée, qu'après le decès de si grands & puissans Princes, les mutations sont grandes : & y ont les uns pertes, & les autres gain. Car les biens & les honneurs ne se départent point à l'appetit de ceux qui les demandent.

Et pour vous informer du temps dont ay eu connoissence dudit Seigneur, dont faites demande, m'est force de commencer avant le temps que je vins à son service : & puis par ordre je continueray mon propos, jusques à l'heure que je devins son serviteur, & continueray jusques à son trespas.

truction secretes que ce Roi lui écrivit. Par une lettre du Cardinal de S. Pierre aux Liens, on voit qu'il étoit fort bien allié.

(*) Depuis son trespas.] Voyez ce qui est dit de Philippe de Comines dans la Notice.

MÉMOIRES

DE

PHILIPPE DE COMINES.

LIVRE PREMIER.

CHAPITRE PREMIER.

De l'occasion des guerres, qui furent entre Louis onziésme, & le Comte de Charolois, depuis Duc de Bourgogne.

Au saillir de mon enfance, & en l'aage (a) de pouvoir monter à cheval, je fus amené à l'Isle, devers le Duc Charles de Bourgogne, lors appellé le Comte de Charolois : lequel me prit en son service : & fut l'an mil quatre cens soixante & quatre. Quelques jours après arriverent audit lieu de l'Isle, les (b) Ambassadeurs du Roy : où estoit le

(a) L'aage.] Philippe de Comines pouvoit alors avoir 19 ans, puisqu'à sa mort arrivée en 1509, il en avoit 64.

(b) Du Roy.] Les Ambassadeurs de Louis XI arriverent à Lille le cinquiéme jour de Novembre 1464. *Godefroy.* On rapporte dans les Preuves, numéro 2. le procès-verbal que firent ces Ambassadeurs de l'audience qu'ils eurent du Duc Philippe de Bourgogne.

DE PHILIPPE DE COMINES. 293
Comte d'Eu, (a) le Chancelier de France, (b) appellé Morvillier, & l'Archevefque de Narbonne : (c) & en la prefence du Duc

(a) *Le Comte d'Eu.*] Charles d'Artois, Prince du Sang de France, lequel après avoir demeuré vingt-trois ans prifonnier en Angleterre, revint en France l'an 1438. Il fut fort aimé de Louis XI, parce qu'il ne tenoit rien des arrogantes humeurs de fes prédéceffeurs, & demeura dans le fervice du Roy dans les tems les plus difficiles, lorfque les principaux Seigneurs quitterent Louis XI pour fuivre l'armée des Princes en 1465. Il mit d'accord le Roy & le Duc de Bretagne, par un traité fait entre ces deux Princes à Saumur l'an 1469, leurs difficultés ayant été vuidées par la dextérité de ce Comte & du Comte de Dunois. Il mourut le 25 Juillet de l'an 1472, âgé de près de quatre-vingts ans, fans enfans. Il eft inhumé au Chœur de l'Abbaye d'Eu. Jean de Bourgogne, Comte de Nevers fon neveu, fut fon héritier.

(b) Pierre de Morvillier, Seigneur dudit lieu de Clary & de Charenton, fils de Philippe de Morvillier, Premier Préfident de la Cour de Parlement de Paris, auparavant Préfident des Parlemens du Duc de Bourgogne, pourvû le troifiéme Septembre 1461, quitta l'an 1465 les Sceaux à Guillaume Juvenel des Urfins, Baron de Treinel, qui avoit été fon prédéceffeur.

(c) *L'Archevêque de Narbonne.*] Antoine du Bec-Crefpin, auparavant Evêque & Duc de Laon. « Epif-
» copi Laudunenfes *dans le* Gallia Chriftiana nume.

Philippe de Bourgogne, & dudit Comte de Charolois & de tout leur conseil, à huis ouvers, furent ouïs lesdits Ambaſſadeurs: & parla ledit Morvillier fort arrogamment, diſant que ledit Comte de Charolois avoit fait prendre, luy eſtant en Holande, un petit navire de guerre, (a) party de Dieppe, auquel eſtoit un Baſtard de Rubempré, (b) & l'avoit fait empriſonner, luy donnant charge qu'il eſtoit là venu pour le prendre,

» 66. Antonius de Creſpy vel Creſpin 1452. tranſlatus
» Narbonem, ſacramentum fidelitatis præſtat 1460.

(a) Ou plutôt un petit vaiſſeau de Peſcheurs, ou un bateau léger, comme le marque Olivier de la Marche en ſes Mémoires liv. 1. ch. 45. & Monſtrelet ſur l'an 1464.

(b) De Rubempré.] Etoit fils naturel d'Antoine II du nom, Sieur de Rubempré en Picardie (*Godefroy*.) Rubempré auſſi-bien que quelques-uns de ceux qui l'accompagnoient, reſterent cinq ans en priſon; mais malgré les injuſtes ſoupçons du Comte de Charolois, on ne put avoir la moindre preuve que Rubempré voulut ſe ſaiſir de ce Prince. Le Roi Louis XI avoua néanmoins qu'il avoit eu, deſſein de faire arrêter le Vice-Chancelier de Bretagne, qui alloit négocier une alliance avec les Anglois, anciens ennemis de la France; en quoi Louis XI violoit le droit des gens. Sur Rubempré, voyez le mémoire qui eſt aux Preuves, numéro 3.

& qu'ainfi l'avoit fait publier par tout, & par efpecial à Bruges, où hantent toutes nations de gens eftranges, par un Chevalier de Bourgogne, appellé Meffire Olivier de la Marche.

Pour lefquelles caufes le Roy, foy trouvant chargé de ces cas, contre verité, comme il difoit, requeroit audit Duc Philippe, que ce Meffire Olivier de la Marche luy fuft envoyé prifonnier à Paris, pour en faire la punition telle que le cas le requeroit. A ce point lui refpondit ledit Duc Philippe, que Meffire Olivier de la Marche eftoit né de la Comté de Bourgogne, & fon Maiftre-d'hoftel, & n'eftoit en rien fubject à la couronne : toutesfois que s'il avoit fait & dit chofe qui fut contre l'honneur du Roy, & qu'ainfi le trouvaft par information, qu'il en feroit la punition telle qu'au cas appartiendroit : & qu'au regard du Baftard de Rubempré, il eft vray qu'il eftoit pris pour les fignes & contenances, qu'avoit ledit Baftard & fes gens a l'environ de la Haye en Holande, où pour lors eftoit fon fils Comte de Charolois : & que fi ledit Comte eftoit foupçonneux, il ne le tenoit point de luy : (car il ne le fut oncques) mais le tenoit de fa mere, qui avoit efté la plus foupçonneufe Dame qu'il euſt jamais cogneuë (a) : mais, nonobſtant que lui, (comme dit eſt) n'euſt jamais eſté foupçonneux, s'il fe fuſt trouvé au lieu de fon fils, à l'heure que ce Baſtard de Rubempré hantoit és environs, qu'il l'euſt fait prendre comme il avoit eſté: & que fi ledit Baſtard ne fe trouvoit chargé d'avoir voulu prendre fon fils, (comme l'on difoit) qu'incontinent le feroit delivrer, & le renvoyeroit au Roy, comme fes Ambaſſadeurs le requeroyent.

Après recommença ledit Morvillier, en donnant grandes & deshonneſtes charges au Duc de Bretagne, appellé François : difant que ledit Duc, & le Comte de Charolois, là préfent, eſtant ledit Comte à Tours devers le Roy (b) là où il l'eſtoit allé voir, s'eſtoient

(a) *Qu'il eut jamais connue.*] Se nommoit Iſabelle de Portugal. Le Duc de Bourgogne, ajouta felon Monſtrelet, *qui foupçonnoit maintefois que je n'allaſſe à autre femme qu'à elle.* Tout cet endroit eſt raconté aſſez naïvement & avec bien du détail dans Monſtrelet fur l'an 1464.

(b) Le Comte de Charolois alla voir le Roi à Tours en Novembre 1461, & y reſta juſques au 11 Décembre fuivant, qu'il en partit pour aller à Aire voir la Ducheſſe fa mere.

baillez feellez l'un à l'autre (a) & faits freres d'armes, & s'eftoient baillez lefdits feellez par la main de Meffire Tanneguy du Chaftel, (b) qui depuis a efté Gouverneur du Rouffillon, & a eu auctorité en ce Roiaume : faifant ledit Morvillier ce cas fi énorme, & fi crimineux, que nulle chofe, qui fe peuft dire à ce propos; pour faire honte & vitupere à un Prince, ne fuft qu'il ne dift. A quoy ledit Comte de Charolois par plufieurs fois voulut refpondre, comme fort paffionné de cette injure, qui fe difoit de fon amy &

(a) Ces Princes avoient fait enfemble en 1461 une alliance pour la deffenfive & pour l'offenfive. Voyez les preuves, Numéros 4 & 5.

(b) Tanneguy du Chaftel.] Son oncle de même nom, fut attaché au Roi Charles VII, & il eft très-connu dans l'hiftoire de ce Prince. Comme ils étoient Bretons, le neveu s'attacha au Duc de Bretagne; mais il fut gagné par Louis XI, qui cherchoit à faire recruë de braves gens. Il entra fort avant dans la faveur du Roi, qui le fit Gouverneur de Rouffillon, & lui écrivoit avec beaucoup de confiance : il lui demandoit fouvent fon avis fur les affaires les plus importantes. On voit beaucoup de lettres de Louis XI à Tanneguy du Chaftel aux Manufcrits de M. de Gagnières, dans la Bibliotheque de S. M. Mais le Roi ne lui écrivoit jamais que fous le nom de Vicomte de la Belliere.

allié; mais ledit Morvillier lui rompoit tousfiours la parole, difant ces mots: *Monfeigueur de Charolois, je ne fuis pas venu pour parler à vous, mais à Monfeigneur voftre pere.* Ledit Comte fupplia par plufieurs fois à fon pere qu'il peuft refpondre: lequel luy dit, *J'ay refpondu pour toy, comme il me femble que pere doit refpondre pour fils: toutesfois, fi tu en a fi grande envie, penfes y aujourd'huy, & demain dy ce que tu voudras.* Encores difoit ledit Morvillier, qu'il ne pouvoit penfer qui pouroit avoir meu ledit Comte de prendre cette alliance avec ledit Duc de Bretagne qu'il n'avoit rien, finon une penfion que le Roy luy avoit donnée avec le Gouvernement de Normandie, que le Roy lui avoit ofté.

Le lendemain en l'affemblée, & en la compagnie des deffusdits, le Comte de Charolois, le genoüil en terre, fus un carreau de veloux, parla à fon pere premier, & commença de ce Baftard de Rubempré: difant les caufes eftre juftes & raifonnables de fa prinfe, & que ce fe mettroit par procès. Toutesfois je croy qu'il ne s'en trouva jamais rien: mais eftoient les fufpections grandes: & le vy delivrer d'une prifon, où il avoit efté cinq ans. Après ce propos commença à defcharger le Duc de Bretagne, & luy auſſi : diſant qu'il eſtoit vray que ledit Duc de Bretagne & luy avoient prins alliance & amitié enſemble, & qu'ils s'eſtoient faicts freres d'armes : mais en rien n'entendoient cette alliance au prejudice du Roy, ne de ſon Royaume, mais pour le ſervir & ſouſtenir, ſi beſoin en eſtoit : & que touchant la penſion qui luy avoit eſté oſtée, que jamais n'en avoit eu qu'un quart montant neuf mille francs, & que jamais n'avoit requis ladite penſion, ne le gouvernement de Normandie, & que moyennant qu'il euſt la grace de ſon pere, il ſe pourroit bien paſſer de tous autres bienfaicts. Et croy bien ſi n'euſt eſté la crainte de ſondit pere, qui là eſtoit preſent, & auquel il adreſſoit ſa parolle, qu'il euſt beaucoup plus aſprement parlé. La concluſion dudit Duc Philippe fut fort humble & ſage, (a) ſuppliant au Roy ne vouloir legerement croire contre lui ne ſon fils, & l'avoir toujours en ſa bonne grace. Après fut apporté le vin & les eſpices : & prirent les Ambaſſadeurs congé du pere & du fils. Et quand ce vint que le Comte

(a) Cette réponſe eſt fort bien rapportée par Monſtrelet, qui marque même que le Duc écrivit au Roi, qui lui fit ſur le champ une réponſe convenable.

d'Eu & le Chancelier eurent pris congé dudit Comte de Charolois, qui estoit assez loin de son pere, il dit à l'Archevesque de Narbonne qu'il vit le dernier (a): *Recommandez-moy très-humblement à la bonne grace du Roy, & luy dites qu'il m'a bien fait laver par le Chancelier, mais avant qu'il soit un an il s'en repentira.* Ledit Archevesque de Narbonne fit ce message au Roy, quand il fut de retour, comme vous entendrez cy-après. Ces parolles engendrerent grande hayne dudit Comte de Charolois au Roy: avec ce qu'il n'y avoit gueres que le Roy avoit racheté les villes de dessus la riviere de Somme: comme Amiens, Abeville, Sainct-Quentin, & autres, baillées par le Roy Charles septiesme audit Duc Philippe de Bourgogne, par le traicté qui fut fait à Arras, (b) pour en joüir par luy & ses hoirs masles,

(a) *Le dernier.*] Monstrelet observe que ce fut le 8 Novembre que le Comte de Charolois parla aux Ambassadeurs en présence de son pere; & l'on ne doit pas douter que l'aigreur dont usa le Chancelier, n'ait contribué à la guerre du bien public, qui s'éleva peu de temps après.

(b) *A Arras.*] Ce fut en 1435 que ce Traité fut conclu, & nous en avons un Journal assez curieux,

au rachapt de quatre cens mille escus : Je ne sçay bonnement comment cela se mena : toutesfois ledit Duc se trouvant en sa vieillesse furent tellement conduites ses affaires par Messeigneurs de Croy & de Chimay (a), freres, & autres de leur maison, qu'il reprit son argent du Roy, & restitua lesdittes terres : dont ledit Comte son fils fut fort troublé : car c'estoient les frontieres & limites de leurs Seigneuries : & y perdoient beau-

fait par Antoine de le Taverne, publié par Jean Collart, & imprimé à Paris in-12 en 1651.

(a) Messeigneurs de Croy & de Chimay, freres; dont l'aîné s'appelloit Antoine de Croy, Comte de Porcean, de Guines, & de Beaumont en Haynault, Chevalier de la Toison d'Or, & favori de Philippe le Bon, Duc de Bourgogne, qui fut Grand-Maître de France dès l'an 1461, & mourut en 1475. Le puîné se nommoit Jean de Croy, qui fut Chevalier de la Toison d'Or, Grand-Baillif & Capitaine général du pays d'Haynault pour le Duc de Bourgogne, & tous deux étoient enfans de Jean de Croy, Seigneur de Renty, Seninghem & d'Araines, Chambellan de Philippe le Hardy & Jean Duc de Bourgogne, & de Marguerite de Craon Dame de Thou-sur-Marne. God.

Enguerrand de Monstrelet sur l'an 1464 (ou 65, style nouveau.) donne une lettre fort étendue, ou manifeste, du Comte de Charolois, contre les Seigneurs de la Maison de Croy.

coup de fubjects & bonnes gens pour la guerre. Il donna charge de cette matiere à la maifon de Croy, & venant fon pere à l'extreme vieilleffe, dont ja eftoit près, il chaffa hors du Pays de fon pere tous lefdits Seigneurs de Croy, & leur ofta toutes les places, & chofes qu'ils tenoient entre leurs mains.

CHAPITRE III.

Comment le Comte de Charolois, avec plufieurs gros Seigneurs de France, dreffa une armée contre le Roy Louys onziefme, foubs couleur du Bien public.

BIEN peu de temps après le partement des Ambaffadeurs deffufdits, vint à l'Ifle le Duc de Bourbon, Jehan (a) dernier mort, feignant venir voir fon oncle le Duc Philippe de Bourgongne : lequel, entre toutes les maifons du monde, aimoit cefte maifon de Bourbon. Cedit Duc de Bourbon

(a) C'étoit Jean II du nom, Duc de Bourbon & d'Auvergne, né en 1426, & mort le premier Avril 1488, fuivant le ftyle nouveau, âgé de 62 ans. C'eft à ce Prince que François Villon addreffe une Ballade affez gentille pour le tems, & qui fait voir la libéralité de ce Prince.

estoit fils de la sœur (a) dudit Duc Philippe : laquelle estoit vefve, long-temps après avoir, & estoit là avec ledit Duc son frere : & plusieurs de ses enfans, comme trois filles & un fils. Toutesfois l'occasion de la venue dudit Duc de Bourbon estoit pour gaigner & conduire ledit Duc de Bourgogne de consentir mettre sus une armée en son pays : ce que semblablement feroient tous les Princes de France, pour remonstrer au Roy le mauvais ordre & injustice qu'il faisoit en son Royaume : & vouloient estre fors pour le contraindre, s'il ne se vouloit ranger. Et fut cette guerre depuis appellée le BIEN-PUBLIC ; pource qu'elle s'entreprenoit soubs couleur de dire que c'estoit pour le bien public du Royaume. Ledit Duc Philippe, qui depuis sa mort a été appellé, le bon Duc Philippe, consentit qu'on mit sus des gens : mais le nœu de ceste matiere ne luy fut jamais descouvert, ny ne s'attendoit point que les choses vinssent jusques à la voye de faict. Incontinent se mirent à mettre sus ses gens : & vint le Comte de Sainct-Paul,

(a) *De la Sœur.*] Agnès de Bourgogne, mariée en 1426 à Charles Duc de Bourbon, pere de Jean, & qui est mort le 4 Décembre 1456. Cette Princesse ne décéda que le premier Décembre 1476.

depuis Connestable de France, devers ledit Comte de Charolois à Cambray, où pour lors estoit ledit Duc Philippe : & luy venu audit lieu, avec (a) le Mareschal de Bourgogne, qui estoit de la maison de Neufchastel, ledit Comte de Charolois fit une grande assemblée de gens de conseil, & autres des gens de son pere, en l'Hostel de (b) l'Evesque de Cambray : & là declara tous ceux de la maison de Croy, (c) ennemis mortels de son pere, & de luy, nonobstant que le Comte de Sainct-Paul eust baillé (d) sa fille en mariage au fils du Seigneur de Croy, long-

(a) Thibaut Seigneur de Neufchastel, d'Espinal, Chatel-sur-Moselle & de Blamont, Chevalier de la Toison d'or, fort connu dans l'Histoire de Louis XI.

(b) Jean Evêque de Cambray, fils naturel de Jean Duc de Bourgogne, lequel Evêque est mort en 1479.

(c) Les Seigneurs de la Maison de Croy disgraciés par Charles Comte de Charolois, se retirerent en France, où Louis XI leur fit beaucoup de bien : quelques branches mêmes y sont restées, & d'autres sont retournées ensuite dans les Pays-Bas. Voyez la note ci-dessus Chapitre I, où il est parlé de cette Maison; & la Preuve N°. 11 de ce livre.

(d) Jaqueline de Luxembourg, fille de Louis Comte de Saint-Pol, depuis Connétable de France, mariée à Philippe de Croy, fils d'Antoine de Croy & de Marguerite de Lorraine sa seconde femme.

temps

temps avoit, & difoit y avoir dommage. En fomme il fallut que tous s'enfuiffent des Seigneuries du Duc de Bourgogne, & perdirent beaucoup de meubles. De tout cecy defpleut bien au Duc Philippe : lequel avoit pour premier Chambellan un, qui depuis fut appellé (a) Monfeigneur de Chimay, homme jeune, & très-bien conditionné, neveu du Seigneur de Croy, lequel s'en alla fans dire Adieu à fon maiftre, pour la crainte de fa perfonne : autrement il euft efté tué ou pris : car ainfi avoit efté declaré. L'ancien aage du Duc Philippe luy fit ce endurer patiemment : & toute cette declaration, qui fe fit contre fes gens, fut à caufe de la reftitution de ces Seigneuries fituées fur la riviere de Somme, que le Duc Philippe, avoit rendu audit Roy Louis, pour la fomme de quatre cens mille efcus, & chargeoit le Comte de Charolois ces gens de cette maifon de Croy, d'avoir fait confentir au Duc Philippe cette reftitution.

Ledit Comte de Charolois fe radoubla, & rapaifa avec fon pere, le mieux qu'il

(a) Philippe de Croy, Seigneur de Kievraing, fils aîné de Jean de Croy, créé Comte de Chimay en 1473, & de Marie de Lallaing, Dame de Kievraing, fon époufe.

put : & incontinent mit fes Genfd'armes aux champs : & en fa compagnie ledit Comte de Sainct-Paul, (a) eftoit principal conducteur de fes affaires, & le plus grand Chef de fon armée : & pouvoit bien avoir trois cens Hommes-d'armes, & quatre mille Archiers foubs fa charge, & avoit beaucoup de bons Chevaliers & Efcuyers des pays d'Artois, de Henault, & de Flandres, foubs ledit Comte, par le commandement dudit Comte de Charolois. Semblables bandes & auffi groffes armées, avoient (b) Monfeigneur de Raveftein, frere du Duc de Cleves, & Meffire (c) Antoine baftard de Bourgogne : lefquels avoient efté ordonnez pour les conduire. D'autres chefs y avoit-il, que je ne nommeray pas, pour cefte heure, pour briefveté : & entre les autres y avoit deux Che-

---

(a) On verra dans la fuite la trifte deftinée du Comte de Saint-Paul, qui à la vérité fe l'attira par fa mauvaife conduite à l'égard du Roi & du Comte de Charolois. Il fut décapité en 1475.

(b) Adolphe de Cleves, Seigneur de Raveftein, fils puifné d'Adolphe de la Marck, premier Duc de Cleves, & de Marie, fille de Jean Duc de Bourgogne, fon époufe.

(c) Fils naturel de Philippe le Bon Duc de Bourgogne, & de Jeanne de Prefle fon amie.

valiers, qui avoient grand credit avec ledit Comte de Charolois : l'un estoit le Seigneur de Haultbourdin, (a) ancien Chevalier, frere bastard dudit Comte de Sainct-Paul, nourry és anciennes guerres de France & d'Angleterre, au temps que le Roy Henry, cinquiesme Roy d'Angleterre de ce nom regnoit en France, & que le Duc Philippe estoit joinct avec luy, & son allié. L'autre avoit nom le Seigneur de Contay, (b) qui semblablement estoit du temps de l'autre. Ces deux estoient très-

(a) Le Seigneur de Haultbourdin.] Jean de Luxembourg, fils bâtard de Walerand de Luxembourg, Comte de Saint-Paul, & d'Agnès Dubus son amie. Ses lettres de légitimation ont été données par Philippe Duc de Bourgogne à Arras, le 12 Juin 1433, il y est qualifié de Chevalier, Conseiller & Chambellan de ce Duc.

(b) Seigneur de Contay.] Guillaume le Jeune, Seigneur de Contay, fils aîné de Robert le Jeune, Seigneur de la Forêt & de Contay en Artois (faut voir le troisiéme volume de Monstrelet, en la vie de Louis XI, fol. 95. verso 1463.) Son frere puisné fut Jean le Jeune Cardinal, Evêque d'Amiens & de Thérouenne. La postérité dudit Guillaume, Seigneur de Contay, est finie en sa petite-fille Françoise, Dame de Contay, qui fut mariée avec Jean, Seigneur d'Humieres, sous le regne d'Henry II.

vaillans & sages Chevaliers, & avoient la principale charge de l'armée. Des jeunes il y en avoit assez : & entre les autres un fort bien renommé (a) appellé Messire Philippe de Lalain qui estoit d'une race, dont peu s'en est trouvé qui n'ayent esté vaillans & courageux, & presque tous morts, en servant leurs Seigneurs en la guerre. L'armée pouvoit estre de quatorze cens Hommes-d'armes, mal armez & maladroits, car long-temps avoient esté ces Seigneurs en paix : & depuis le traicté d'Arras avoient peu veu de guerre, qui eust duré : & à mon advis qu'ils avoient esté en repos plus de trente ans : sauf quelques petites guerres, contre ceux de Gand, qui n'avoient gueres duré. Les Hommes-d'armes estoient très-forts, bien montez, & bien accompagnez : car peu en eussiez vous veu, qui n'eussent cinq ou six grands chevaux. D'Archiers y pouvoit bien avoir huict ou neuf mille : & quand la monstre (b) fut faite, y eut plus à faire à les renvoyer qu'à les appeller : & furent choisis tous les meilleurs.

(a) Fils de Guillaume Seigneur de Lallain, & de Jeanne de Crequy, tué à la bataille de Montl'hery.

(b) Monstre.] C'est ce que l'on nomme aujourd'hui la revue.

Pour lors avoient les subjects de cette maison de Bourgogne, grandes richesses, à cause de la longue paix qu'ils avoient euë, pour la bonté du Prince soubs qui ils vivoient : lequel peu tailloit (a) ses subjets : & me semble que pour lors, ses terres se pouvoient mieux dire terres de promission que nulles autres Seigneuries, qui fussent sur la terre. Ils estoient comblez de richesses, & en grand repos, ce qu'ils ne furent oncques puis : & y peut (b) bien avoir vingt & trois ans que cecy commença. Les despenses & habillemens d'hommes & de femmes, grands & superflus. Les convis & banquets, plus grands & plus prodigues qu'en nul autre lieu dont j'aye eu connoissance. Les baignoiries & autres festoyemens

(a) Cet heureux état des Provinces des Pays-Bas sous Philippe le Bon Duc de Bourgogne, est encore aujourd'hui regretté par les Peuples de la domination Autrichienne.

(b) Ceci fait juger que Comines a commencé à écrire ses Mémoires en 1488. Il ne paroît pas que cet Auteur les ait tous écrit de suite & dans la même année. Il les commença en 1488, & ne termina le regne de Louis XI qu'en 1491. C'est ce qu'on remarquera par la lecture du 13 Chapitre du livre VI sur la fin.

avec femmes, grands & defordonnez, & à peu de honte. Je parle des femmes de baffe condition. En fomme ne fembloit pour lors aux fubjects de cefte maifon, que nul Prince fut fuffifant pour eux, au moins qu'il les fceuft confondre : & en ce monde n'en connoy aujourd'huy une fi defolée : & doute que les pechez du temps de la profperité, leur faffent porter cefte adverfité : & principalement qu'ils ne connoiffent pas bien que toutes ces graces leur procedoient de Dieu, qui les depart là où il luy plaît.

Eftant cefte armée ainfi prefte, qui fut tout à un inftant, de toutes chofes dont j'ay icy devant parlé, fe mit le Comte de Charolois en chemin avec toute cette armée : qui eftoient tous à cheval, (a) fauf ceux qui conduifoient fon artillerie, qui eftoit bonne & belle, felon le temps de lors, avec fort grand nombre de charroy, & tant qu'ils (b) cloyoient la plufpart de fon oft, feulement ce qui eftoit fien. Pour le commencement tira fon chemin devers Noyon : & affiegea un petit chaftel, où il y avoit des gens de guerre, appellé

(a) On trouvera dans les Preuves plufieurs piéces & inftructions fur la guerre du Bien public.

(b) Cloyoient.] C'eft-à-dire enfermoient, comme le portent quelques manufcrits.

Nesse : lequel en peu de jours il print. Le Mareschal Joachim, (a) Mareschal de France, estoit tousjours environ de luy, qui estoit

(a) *Maréchal de France.*] Joachim Rouault, Seigneur de Châtillon, de Boismenard en Poitou, d'où il étoit, des environs de Touars, & Sire de Gamaches en Picardie, épousa Françoise de Ruffek de Wolvire; étoit fils de Jean Rouault & de Jeanne du Bellay; desquels descendent en droite ligne masculine Nicolas-Joachim Rouault, Marquis de Gamaches, Chevalier de l'Ordre du Saint-Esprit, qui, de Marie-Antoinette de Lomenie son épouse, fille d'Henry-Auguste, Comte de Brienne, premier Secrétaire d'Etat, & de Louise de Beon, est pere de Nicolas-Emanuel, Marquis de Saint-Valery-sur-Somme, & de Claude Alof, Comte de Cayeu, tous deux mariés, & dans les dernieres guerres Mestre de Camp de Cavalerie. Ledit Joachim avoit fait de grands services sous Charles VII, & s'étoit trouvé à la bataille de Fourmigny en Normandie, gagnée sur les Anglois en 1450, conquit une partie de la Guyenne, & assista au siége & prise de Bordeaux 1453, & Monstrelet dit que ledit Roi le fit Connétable de cette ville, & qu'il en fît serment entre les mains du Chancelier de France. En l'an 1465, il défendit Paris contre le Comte de Charolois & les autres Princes armés contre Louis XI, sur le prétexte du Bien public, ce qui fit que ce Roi lui en donna le gouvernement, avec deux cens Maîtres, & le fit Maréchal de France. Je trouve dans les archives de sa maison (dont j'ai vû une bonne partie) qu'il fut honoré de tous ces titres & dignités

party de Peronne : mais il ne luy faifoit point de dommage, parce qu'il avoit peu de gens, & fe mit dedans Paris quand ledit Comte en approcha. Tout au long du chemin ne faifoit ledit Comte nulle guerre, ny ne prenoient rien fes gens fans payer. Auffi les villes de la riviere de Somme, & toutes autres laiffoient entrer fes gens en petit nombre, & leur bailloient ce qu'ils vouloient pour leur argent : & fembloit bien qu'ils efcoutaffent qui feroit le plus fort ou le Roy ou les Seigneurs, & chemina tant ledit Comte, qu'il vint à Sainct Denis prés de Paris, où fe devoient trouver tous les Seigneurs du Royaume, comme ils avoient promis : mais ils ne s'y trouverent pas. Pour le Duc de Bretagne y avoit avec ledit Comte, pour Ambaffadeur, le Vicechancelier de Bretagne, (a) qui avoit des *blancs fignez* de fon

---

fous les deux Rois Charles VII & Louis XI, fçavoir, de Gouverneur de Paris, de Connétable de Guyenne, Chambellan, Gouverneur de Fronfac & de Pontoife, & de Sénéchal de Beaucaire : il fut pourtant difgracié fur fes derniers jours. Aujourd'hui cette Maifon fubfifte encore dans nos armées avec diftinction.

(a) Le Vice-Chancelier de Bretagne.] Appellé, dit-on, Rouville, mais mal; il s'appelloit Jean de Romillé, Seigneur de la Chefnelaye, fils de Jean de

Maiſtre, & s'en aidoit à *faire nouvelles*, & eſcripts; comme le cas le requeroit. Il eſtoit Normand, & tres-habile homme : & beſoin luy en fut, pour le murmure des gens qui ſourdit contre luy. Ledit Comte s'alla monſ- trer devant Paris : & y eut tres-grande eſcar- mouche, & juſques aux portes, au deſavan- tage de ceux de dedans. De Gens-d'armes il n'y avoit que ledit Joachim & ſa com- pagnie, & Monſeigneur de Nantouillet, (a)

Romillé ou Romilly, Seigneur de la Cheſnelaye, & de Marguerite de Bardoul. Il mourut l'an 1480, & laiſſa pour héritier Jean de Romilly, Seigneur de la Cheſnelaye & d'Ardennes, Gouverneur de Fougeres, mort environ l'an 1498, pere d'un autre Jean, Sei- gneur de la Cheſnelaye & d'Ardennes, pere de Geor- ge, pere de Charles, mari de Françoiſe de Couvran, Dame de Sace, pere de Béatrix de Romilly, Dame de Sace, femme de Jacques Budes, Seigneur du Hi- rel, Chevalier, Procureur Général au Parlement de Bretagne, & Conſeiller du Roi Henry II en ſes Con- ſeils, ayeul de feu Meſſire Jean-Baptiſte Budes, Comte de Guebriant, Maréchal de France en 1642, après la ſignalée victoire qu'il obtint à la bataille de Kem- pen proche de Cologne, ſur le Général Lamboy, en qualité de Lieutenant Général des armées du Roi en Allemagne. Le Maréchal de Guebriant mourut d'une bleſſure reçue l'an 1643 devant Rotweil, ville Impé- riale, qu'il réduiſit en l'obéiſſance de Louis XIV.

(a) Monſeigneur de Nantouillet.] Charles de Me-

depuis Grand-Maiſtre : qui auſſi bien ſervit le Roy en cette armée, que jamais ſubjet lun, Baron des Landes, de Normanville & de Nantouillet, Chambellan de Louis XI, Gouverneur de Paris & de l'Iſle de France, Lieutenant-Général par tout le Royaume. Il encourut la diſgrace dudit Roi, qui ayant eu ſoupçon & défiance de ſes actions, lui fit trancher la tête ſur le marché d'Andely, le Samedi 20 Août 1468. Ce Seigneur eut pendant quelque tems l'autorité ſur toutes les armées de France, & il ne lui manquoit que le nom de Connétable, car il en faiſoit les fonctions. Il étoit ſi favoriſé de Louis XI, que ce Prince lui donnoit ſouvent la moitié de ſon lit; mais cette faveur ne dura pas longtems, une chronique de ce tems-là en dit ces mots. « Ce Chevalier eſtoit moult privé du Roy, & avoit couché pluſieurs fois avec luy, tant eſtoit familier de luy, la cauſe pourquoy, je ne le ſçay, ſinon que c'eſtoit la volonté du Roy, qui n'avoit mercy d'homme ſur lequel il avoit ſuſpicion mauvaiſe. Et, dit-on, que du premier coup que le bourreau luy donna, il ne luy coupa la tête qu'à moitié, & que le Chevalier ſe releva, & qu'il dit tout haut, qu'il n'avoit cauſe ne coulpe en ce que le Roy le mettoit, & qu'il n'avoit mort deſervie, mais puiſque c'eſtoit le plaiſir du Roy, il prenoit la mort en gré, & quand il eut ce dit, il fut par après décapité ». A peu près dans le même tems, un autre Charles de Melun, homme-d'armes de la compagnie de Monſieur l'Amiral, & Capitaine du château d'Uſſon en Auvergne, fut décapité au château de Loches,

servit Roy de France en son besoin : & à la fin en fut mal recompensé, par la poursuite de ses ennemis, (a) plus que par le deffaut du Roy : mais les uns, ne les autres, ne s'en sçauroient de touts points excuser. Il y eut du menu peuple, comme j'ay depuis sçeu, fort espouvanté ce jour, jusques à crier : Ils sont dedans (ainsi le m'ont conté plusieurs depuis) mais c'estoit (b) sans propos. Toutes-fois Monseigneur de Haultbourdin (dont j'ay parlé cy-devant, & lequel y avoit esté nourry, lorsqu'elle n'estoit point si forte qu'elle est à présent) eust esté assez d'opinion qu'on l'eust assaillie. Les Gens-d'armes l'eussent bien voulu, tous mesprisans le peuple : car jusques à la porte

pour avoir laissé échaper le Seigneur du Lau du château d'Usson, où il avoit été constitué prisonnier par ordre du Roy. Voyez la Preuve numéro 46 du 2. livre.

(a) Le plus grand ennemi qu'eût Charles de Melun, étoit Antoine de Chabannes, Comte de Dammartin; Charles de Melun le fit condamner en supprimant quelques piéces du Procès, & en obtint la confiscation. Après la guerre du Bien-public, Dammartin rentra en faveur, & rendit en 1468 à Charles de Melun, ce que celui-ci n'avoit fait que lui prêter en 1465.

(b) C'est-à-dire, Sans raison.

estoient les escarmouches. Toutes-fois il est vraysemblable qu'elle n'estoit point prenable. Ledict Comte s'en retourna à Sainct Denis. Le lendemain au matin se tint conseil, sçavoir si on iroit au devant du Duc de Berry, & du Duc de Bretagne, qui estoient prés, comme disoit le ViceChancelier de Bretagne, qui monstroit lettres d'eux : mais il les avoit faites sur des blancs ; & autre chose n'en sçavoit. La conclusion fut, que l'on passeroit la riviere de Seine : combien que plusieurs opinerent de retourner, puisque les autres avoient failly à leur jour : & qu'avoir passé la riviere de la Somme & de Marne, (a) c'estoit assez, & suffisoit bien, sans passer celle de Seine : & y mettoient grandes doutes aucuns ; veu qu'à leur dos n'avoient nulles places pour eux retirer, si besoin en avoient. Fort murmurerent tous ceux de l'ost sur le Comte de Sainct-Paul, & sur ce Vice-chancelier : toutesfois ledit Comte de Charolois, alla passer la riviere, & loger au Pont Sainct Clou. Le lendemain, dès ce qu'il fut arrivé, luy vindrent nouvelles d'une Dame du Royaume, qui luy escrivoit de sa main, comme le Roy partoit de Bourbonnois, & à grandes

———

(a) Ce doit être la riviere d'Oise.

journées alloit pour le trouver (a).

Or faut un peu parler comme le Roy eſtoit allé en Bourbonnois. Connoiſſant que tous les Seigneurs du Royaume ſe declaroient contre luy, au moins contre ſon gouvernement, ſe delibera d'aller premier au Duc de Bourbon, (b) qui luy ſembloit s'eſtre plus déclaré que les autres Princes : & pource que ſon païs eſtoit foible, tantoſt l'auroit affollé ; il luy print pluſieurs places : & eut achevé le demeurant, ſe n'euſt eſté le ſecours qui vint de Bourgogne, que menoit le Seigneur de Coulches, (c) le Marquis de Rottelin,

(a) Le 6 Juillet, 10 jours avant la bataille de Montl'hery, Louis XI étoit encore à Montluçon en Bourbonnois, à 60 lieues de Montl'hery.

(b) Il en eſt parlé ci-devant au commencement du Chapitre ſecond.

(c) Le Seigneur de Coulches.] Claude de Montagu, Seigneur de Couches, &c., Chevalier de l'Ordre de la Toiſon d'or, & Chambellan du Duc de Bourgogne, qui mourut l'an 1470. En lui prit fin la poſtérité maſculine des premiers Ducs de Bourgogne, ſortis du Duc Robert, deuxiéme fils du Roi Robert. Voyez Chifflet & Sainte-Marthe.

(a) le Seigneur de Montagu, (b) & autres : & eſtoit, portant le harnois, le Chancelier de France (qui eſt aujourd'huy homme bien eſtimé) appellé Meſſire Guillaume de Rochefort. Cette aſſemblée avoient faite en Bourgogne, le Comte de Beaujeu, (c) & le Cardinal de Bourbon (d) frere du Duc Iehan de Bourbon : & mirent les Bourguignons dedans Molins. D'autre part vindrent en l'ayde dudit

(a) Le Marquis de Rothelin.] Rodolphe de Hochberg, Marquis de Hochberg & de Rotelin, Comte ſouverain de Neuf-châtel en Suiſſe, depuis Gouverneur de Luxembourg, mort en 1487. Son fils Philippe a laiſſé une fille unique nommée Jeanne, qui, par ſon mariage avec Louis d'Orléans I du nom, Duc de Longueville, a fait paſſer le Comté de Neufchâtel dans la maiſon de Longueville. Voyez Sainte-Marthe.

(b) Le Seigneur de Montagu.] Jean de Neuf-châtel, Chevalier de la Toiſon d'or, & Chambellan de Philippe le Bon, Duc de Bourgogne.

(c) Le Comte de Beaujeu.] Pierre de Bourbon II du nom, depuis Duc de Bourbon, après Jean ſon frere, & pere de Suzanne.

(d) Le Cardinal de Bourbon.] Charles de Bourbon, Cardinal, Archevêque de Lyon, fils de Charles I Duc de Bourbon, & d'Agnès de Bourgogne.

Duc, le Duc de Nemours, (a) le Comte d'Armagnac, (b) & le Seigneur d'Albret, (c) avec grand nombre de gens : où il y avoit aucuns bien bons hommes d'armes de leurs païs, qui avoient laiffé les Ordonnances, & s'eftoient retirez à eux. Ce grand nombre eftoit affez mal-empoinct : car ils n'avoient point de payement, & faloit qu'ils vefcuffent fur le peuple. Nonobftant tout ce nombre, le Roy leur donnoit beaucoup d'affaires, &

(a) Le Duc de Nemours.] Jacques d'Armagnac ; ce fut lui qui ayant encouru la difgrace de Louis XI, fut affiégé & pris dans fon château de Carlat, & eut la tête tranchée à Paris, le 4 Août 1477.

(b) Le Comte d'Armagnac.] Jean d'Armagnac ayant été excommunié par le Pape, pour avoir époufé fa propre fœur, fut affiégé dans la ville de Lectoure, laquelle étant emportée par les troupes du Roi, dans le tems que l'on travailloit à la capitulation, il y fut tué l'an 1472.

(a) Le Seigneur d'Albret.] Alain d'Albret, Sire d'Albret, Comte de Gavre, de Penthievre & de Perigord, Vicomte de Limoges & de Tartas, bifayeul de Jeanne d'Albret, Reine de Navarre, mere de Henry IV.

traitterent aucune forme de paix : & par eſpecial le Duc de Nemours (a) fit ferment au Roy, luy promettant tenir ſon party : toutesfois depuis fit le contraire, dont le Roy conceut ceſte longue haine qu'il avoit contre luy, comme pluſieurs fois il m'a dit. Or voyant le Roy, que là ne pouvoit ſi toſt avoir fait, & que le Comte de Charolois s'approchoit de Paris, doutant que les Pariſiens ne fiſſent ouverture à luy, & à ſon frere, (b) & au Duc de Bretagne, qui venoient du coſté de Bretagne, à cauſe que tous ſe coulouroient ſur le bien public du Royaume : & que ce qu'euſt fait la ville de Paris, doutoit que toutes les autres villes ne fiſſent le ſemblable, (c) ſe delibera à grandes journées de ſe venir

(a) Il en ſera fort parlé dans la ſuite, ſur tout au tems de ſon procès.

(b) Charles de France, Duc de Berry, frere unique du Roy Louis XI, étoit le chef de cette guerre du Bien-public.

(c) Louis XI craint que perdant Paris, il ne perde les autres villes du Royaume. Et il n'avoit pas tout-à-fait tort. Dans les plus grands mouvemens cette Capitale a ſervi de modèle aux autres villes.

mettre

mettre dedans Paris, & de garder que ces deux grosses armées ne s'assemblassent : & ne venoit point en intention de combatre, comme par plusieurs fois il m'a conté, en parlant de ces matieres.

CHAPITRE III.

Comment le Comte de Charolois vint planter son camp près de Mont-l'hery : & de la bataille qui fut faite audit lieu entre le Roy de France & luy.

COMME j'ay dit cy-dessus, quand le Comte de Charolois sceut le departement du Roy, qui s'estoit parti du païs de Bourbonnois, & qu'il venoit droict à luy (au moins il le cuidoit) se delibera aussi de marcher au devant de luy : & dist alors le contenu de ses lettres, sans nommer (a) le personnage qui les escrivit : & qu'un chacun se deliberast de bien faire, car il deliberoit de tenter la fortune, & s'en alla loger à un village prés Paris, appellé Longjumeau : & le Comte de S. Paul, à tout son avant-garde, à Montl'hery, qui est deux lieuës outre : & envoyerent Espies & chevaucheurs aux champs,

(a) C'est la Dame par laquelle il fut averti au Chapitre précédent.

pour fçavoir la venuë du Roy, & fon chemin. En la prefence du Comte de Sainct-Paul fut choifi lieu & place, pour combatre, audit Longjumeau : & fut arrefté entr'eux que ledit Comte de Sainct-Paul fe retireroit à Longjumeau, au cas que le Roy vint, & y eftoient les Seigneurs de Haultbourdin, & le Seigneur de Contay prefens.

Or faut-il entendre que Monfeigneur (a) du Maine eftoit avec fept ou huict cens hommes-d'armes, au devant des Ducs de Berry & de Bretagne : qui avoient en leur compagnie de fages & notables Chevaliers, que le Roy Louis avoit tous defapointez à l'heure qu'il vint à la Couronne : nonobftant qu'ils euffent bien fervi fon pere, au recouvrement & pacification du Royaume : & maintes fois aprés s'eft affez repenti (b) de les avoir ainfi traittez en reconnoiffant fon erreur. Entre les autres y eftoit le Comte de Dunois, (c) fort

(a) Charles d'Anjou, Comte du Maine, troifiéme fils de Louis II, Roi de Sicile & Duc d'Anjou, & frere de Louis III, & de René Rois de Sicile & Ducs d'Anjou.

(b) Louis XI fe repent d'avoir defapointé les anciens ferviteurs de fon pere ; il en a depuis repris & confervé quelques-uns.

(c) Le Comte de Dunois.] Jean, bâtard d'Or-

estimé en toutes choses, le Mareschal de Loheac, (a) le Comte de Dammartin, (b)

léans, Comte de Dunois & de Longueville, Lieutenant Général en Guyenne, fils naturel de Louis Duc d'Orléans; ce dernier étoit frere puisné du Roi Charles VI. Le Comte de Dunois fut Grand Chambellan dès l'an 1450, & mourut en 1468. De lui descendoit le Duc de Longueville, dernier mort en 1672, sans avoir été marié.

(a) Le Maréchal de Loheac.] André de Laval, Seigneur de Loheac, nommé Maréchal de France l'an 1439, puis déchargé par Louis XI l'an 1461, de rechef rétabli l'an 1465, & en la charge d'Amiral de France jusqu'en l'an 1472. Ce fut à sa considération que le Roi donna à son frere Louis de Laval, Sieur de Châtillon en Bretagne, Gouverneur de Dauphiné, Champagne, Brie, Paris & Genes, l'état de Grand-Maître des Eaux & Forêts en 1466. Il est mort sans enfans en 1486. Duchesne; histoire de Montmorency.

(b) Le Comte de Dammartin.] Antoine de Chabannes, Grand-Maître de France l'an 1467, après Antoine Seigneur de Croy, mourut le jour de Noel 1488, âgé de 97 ans. Il avoit épousé Marguerite de Nantueil, Comtesse de Dammartin; il étoit aussi Baron de Toucy & du Tour, & Grand-Pannetier dès l'an 1450. Après quelques disgraces, il eut dans la suite bonne part aux bonnes graces de Louis XI.

Et dans les Lettres originales de Louis XI, il s'en trouve un grand nombre écrites à ce Seigneur. Voyez la Préface générale & les Preuves de la Préface, n. IV & V, &c.

le Seigneur de Bueil, (a) & maints autres :
& estoient partis des ordonnances du Roy.

(a) Le Seigneur de Bueil.] Antoine de Bueil, Comte de Sancerre, fils aîné de Jean de Bueil, Comte de Sancerre, nommé Amiral de France en l'an 1450, & de Jeanne de Montejan sa premiere femme. Il épousa Jeanne, fille naturelle de Louis XI, fut pere de Jacques de Bueil, Comte de Sancerre, qui de Jeanne de Sains sa femme, eut trois fils, Charles, Louis, & Charles, Archevêque de Bourges, Abbé de Plain-pied. Charles fut Comte de Sancerre, il fut tué à la bataille de Marignan l'an 1515. D'Anne de Polignac sa femme, il laissa un fils, Jean Comte de Sancerre, tué au siége d'Hedin l'an 1537, qui ne fut pas marié; son héritier fut son oncle Louis II, fils de Jacques, lequel par cette succession fut Comte de Sancerre, Chevalier de l'Ordre de Saint-Michel, Capitaine des cent Gentilhommes de la Maison du Roi, grand Echanson de France; épousa Jacqueline de la Tremoille, fille de François Vicomte de Thoars, & d'Anne de Laval, laquelle lui apporta en mariage les Seigneuries de Marans & de l'Isle de Ré. Ils eurent entr'autres enfans Jean, Comte de Sancerre, Seigneur de Marans, Grand Echanson, Chevalier des Ordres du Roi, qui d'Anne de Daillon, fils de Guy, Comte du Lude, & de Jacqueline de la Fayette, eut René Comte de Sancerre & de Marans, Grand-Echanson de France (sur lequel le Comté de Sancerre a été vendu au feu Prince de Condé en l'an 1637.) De Françoise de Montalais il a Jean de Bueil, Comte de Marans, Grand-Echanson de France. Messieurs de

bien cinq cens hommes-d'armes, qui tous s'eſtoyent retirez vers le Duc de Bretagne: dont tous eſtoient ſubjets & nez de ſon païs, qui eſtoient de ceſte armée là. Le Comte du Maine, qui alloit au devant, comme j'ay dit, ne ſe ſentant aſſez fort pour les combatre, deſlogeoit tousjours devant eux, en s'approchant du Roy: & cherchoient les Ducs de Berry & Bretagne ſe joindre aux Bourguignons. Aucuns ont voulu dire que ledit Comte du Maine avoit intelligence avec eux: mais je ne le ſceu oncques, & ne le croy pas.

Ledit Comte de Charolois eſtant logé à Longjumeau, comme j'ay dit, & ſon avantgarde à Mont-l'hery, fut adverty par un priſonnier, qu'on luy amena, que le Comte du Maine s'eſtoit joint avec le Roy, & y eſtoient toutes les Ordonnances du Royaume: qui pouvoient bien eſtre environ deux mille deux cens hommes-d'armes, & l'Arriereban du Dauphiné, à tout quarante ou cinquante gentils-hommes de Savoye, gens de bien.

Cependant le Roy eut conſeil avec ledit Comte du Maine, & le grand Seneſchal de

Sainte-Marthe & Charles de Venaſque en la généalogie de Grimaldi, dans laquelle celle de Bueil eſt inſérée au Rameau VI.

Normandie, (a) qui s'appelloit de Brezey, l'Admiral de France, (b) qui eſtoit de la maiſon de Montaubau, & autres : & en concluſion (quelque choſe qui luy fuſt dite &

(a) *Le Grand Seneſchal de Normandie.*] Pierre de Brezé, Seigneur de la Varenne, d'Annet, Breval, Nogent & Montchauvet, fils de Pierre de Brezé, Seigneur de la Varenne, Sénéchal d'Anjou, & de Clemence Carbonnel : ſa femme, qui eſt mentionnée dans cette Hiſtoire, étoit Jeanne Creſpin, Dame du Bec-Creſpin, de Mauny & de Maulevrier, Maréchalle héréditaire de Normandie. Elle avoit pour frere Antoine Baron du Bec-Creſpin, après Jean ſon frere aîné, lequel Antoine fut depuis Evêque & Duc de Laon, enfin Archevêque de Narbonne, & Abbé de Jumiéges, duquel eſt parlé cy-devant, ſur Antoine du Bec-Creſpin, Archevêque de Narbonne. Voyez les notes ci-deſſus.

(b) *L'Admiral de France.*] Jean Sire du Montauban, Seigneur de Landal, iſſu de la Maiſon de Rohan, Maréchal de Bretagne, puis Amiral de France en 1461, Grand-Maître des Eaux & Forêts, & fort affectionné du Roi Louis XI, qu'il a toujours accompagné, n'étant encore que Dauphin, pendant ſa retraite auprès du Duc de Bourgogne, comme il eſt dit au Chapitre 13. du Livre VI de ces Mémoires. Il eſt mort en Mai 1466, il fut fort regretté du Roi, mais peu du peuple. Hiſtoire des Officiers de la Couronne, tome II, pag. 941, édition de 1712, & Chronique ſcandaleuſe.

opinée) il delibera de ne combatre point : mais feulement fe mettre dedans Paris, fans foy approcher de là où les Bourguignons eſtoient logez. Et à mon advis que ſon opinion eſtoit (a) bonne. Il fe foupçonnoit de ce grand Seneſchal de Normandie : & luy demanda, & pria qu'il luy diſt s'il avoit baillé ſon ſellé aux Princes, qui eſtoient contre luy, ou non. A quoy ledit grand Seneſchal reſpondit que ouy, mais qu'il leur demeureroit, & que le corps feroit ſien, & le dit en gaudiſſant, car ainſi eſtoit-il accouſtumé de parler. Le Roy s'en contenta, & luy bailla charge de conduire ſon avant-garde, & auſſi les guides : pour ce qu'il vouloit éviter cette bataille, comme dit eſt. Ledit grand Seneſchal, uſant de volonté, dit lors à quelqu'un de ſes privez : Je les mettray aujourd'hui ſi prés l'un de l'autre, qu'il fera bien habile qui les pourra deſmeſler. Et ainſi le fit-il : & le premier homme, qui y mourut, ce fuſt luy & ſes gens : & ces paroles m'a contées le Roy, car pour lors j'eſtoye avec le Comte de Charolois.

(a) On voit par là que les Princes ne doivent facilement hazarder bataille contre leurs ſujets ſoulevés. C'eſt ce que Comines inſinue encore ci-après Chapitre IX.

En effet, au vingt-septiesme jour de Juillet, (a) l'an mil quatre cens soixante & cinq, cette avant-garde se vint trouver auprés de Mont-l'hery, où le Comte de Sainct-Paul estoit logé. Ledit Comte de Sainct-Paul, à toute diligence signifia cette venuë au Comte de Charolois (qui estoit à deux lieuës prés, & au lieu qui avoit esté ordonné pour la bataille) luy requerant qu'il le vint secourir à toute diligence. Car ja s'estoient mis à pied hommes d'armes & archiers, & clos de son charroy : & que de se retirer à luy (comme il luy avoit esté ordonné) ne luy estoit possible : car s'il se mettoit en chemin, ce sembleroit estre fuite, qui seroit grand danger pour toute la compagnie. Ledit Comte de Charolois envoya joindre avec luy le Bastard de Bourgogne, qui se nommoit Antoine, avec grand nombre de gens qu'il avoit sous sa charge, & à grande diligence, & se debatoit à soy-mesme s'il iroit ou non; mais à la fin marcha après les autres, & y ar-

___

(a) La bataille de Montl'hery s'est donnée le Mardi 16 Juillet de l'an 1465. Comme on le pourra voir par la Chronique scandaleuse, & par Enguerrand de Monstrelet. Voyez une relation assez curieuse de cette bataille aux Preuves, numero 31.

riva environ sept heures de matin : & desja y avoit cinq ou six enseignes du Roy, qui estoient arrivées au long d'un grand fossé, qui estoit entre les deux bendes.

Encores estoit en l'ost du Comte de Charolois, le Vice-Chancelier de Bretagne, appellé Rouville (a), & un vieil homme-d'armes appellé Maderey, qui avoit baillé le Pont Saincte-Maxence : lesquels eurent peur, pour le murmure qui estoit entr'eux, voyans qu'on estoit à la bataille, & que les gens de quoy ils s'estoient fait forts, n'y estoient point joints. Si se mirent les dessusdits à la fuite, avant qu'on combatist, par le chemin où ils pensoient trouver les Bretons. Ledit Comte de Charolois trouva le Comte de Sainct-Paul à pied, & tous les autres se mettoient à la file comme ils venoient : & trouvasmes tous les archiers deshousez, chacun un pal (b) planté devant eux, & y avoit plusieurs pipes de vin desfonsées pour les faire boire : & de ce petit

(a) Jean de Romillé, selon Argentré, comme nous l'avons déjà marqué.

(b) C'est-à-dire une palissade. Ces palissades de bois pointus servoient pour empêcher que la Cavalerie du Roi Louis XI n'incommodât l'Infanterie des Princes confédérés. C'est ce que marque Monstrelet.

que j'ay veu, ne vey jamais gens qui euſ-
fent meilleur vouloir de combattre, qui me
ſembloit un bien bon ſigne & grand recon-
fort. De prime-face fut adviſé que tout ſe
mettroit à pied, ſans nul excepter; & depuis muerent propos, car preſque tous les
hommes-d'armes monterent à cheval. Pluſieurs bons Chevaliers & Eſcuyers furent
ordonnez à demeurer à pied: dont Monſeigneur des Cordes (a) & ſon frere eſtoient
du nombre. Meſſire Philippe de Lallain (b)

(a) Monſeigneur des Cordes & ſon frere.] Ledit
Seigneur des Cordes, autrement Deſquerdes, étoit
Philippe de Crevecœur, fils puiſné de Meſſire Jacques
de Crevecœur Chevalier de la Toiſon d'or, & de Bonne
de la Vieville, fut Gouverneur de Picardie & d'Artois,
pouvu de l'office de Maréchal de France l'an 1483,
Lieutenant général des armées du Roi Charles VIII en
Picardie, mourut près de la ville de Lyon l'an 1494,
ſans laiſſer d'enfans. Son frere aîné étoit Antoine
de Crevecœur Seigneur dudit Crevecœur, duquel la
poſterité maſculine eſt périe, & ſes biens paſſez en
la Maiſon de Gouffiers, par le mariage de Louiſe de
Crevecœur ſa petite fille, avec Guillaume Seigneur
de Bonnivet, Amiral de France. Louvet, hiſt. de
Beauvais.

(b) Philippe de Lallaing]. Il étoit fils de Guillaume Seigneur de Lallaing, Gouverneur & Grand-
Baillif de la Province de Haynault, & de Jeanne de

s'eſtoit mis à pied (car entre les Bourguignons lors eſtoient les plus honorez ceux qui deſcendoient avec les archiers) & tousjours s'y en mettoit grande quantité de gens de bien, afin que le peuple en fut plus aſſeuré, & combatiſt mieux, & tenoient cela des Anglois, (a) avec leſquels le Duc Philippe avoit fait la guerre en France durant ſa jeuneſſe, qui avoit duré trente-deux ans

Crequi Dame de Bugnicourt, & frere du fameux Jacques de Lallaing Chevalier de la Toiſon d'or, dit le Chevalier ſans reproche, duquel la vie a été doublement écrite, l'une en proſe par George Chaſtelain, imprimée à Bruxelles in-4°. en 1634, l'autre en vers par Jean d'Ennetieres Sieur de Beaumé, imprimée in-8°. à Tournay en 1633. Il eſt parlé en l'une & l'autre de ce Philippe de Lallaing & du grand danger qu'il courut au combat de Lockeren, donné le 26 May 1453 contre les Gantois. La ſépulture des Seigneurs de cette maiſon eſt dans le village de Lallaing ſitué ſur la riviere de Scarpe, à deux lieux de la ville de Douay; ils y ont des tombeaux d'une très-grande beauté, celui de Philippe de Lallaing ne s'y trouve point, ayant été enterré ſimplement dans une Chapelle près Montl'hery. Les biens de cette illuſtre maiſon appartiennent à préſent pour la plûpart au Duc d'Aremberg.

(a) Es batailles les Anglois mettoient leurs meilleurs hommes-d'armes avec les gens de pied; mais cet ordre eſt changé, & ce mélange ne ſe fait plus.

sans treves : mais pour ce tems-là le principal fais portoient les Anglois, qui estoient riches & puissans. Ils avoient aussi pour lors sage Roy, le Roy Henry, bel & très-vaillant, qui avoit sages hommes & vaillans, & de très-grands Capitaines, comme le Comte de Salesbury, Talbot, & autres dont je me tay, car ce n'est point de mon tems, combien que j'en aye veu des reliques : car quand Dieu fut las de leur bien faire, ce sage Roy mourut au bois de Vincennes (a) & son fils insensé fut couronné Roy de France & d'Angleterre à Paris : & ainsi muerent les autres degrez d'Angleterre, & division se mit entre eux, qui a duré jusques aujourd'hui, ou peu s'en faut. Alors usurperent ceux de la Maison d'Yorch ce Royaume, s'ils l'eurent à bon tiltre ; je ne sçai lequel : car de telles choses le partage s'en fait au Ciel.

En retournant à ma matiere, de ce que les Bourguignons s'estoient mis à pied, & puis remontez à cheval, leur porta grand'perte de temps, & dommage : & y mourut ce jeune & vaillant Chevalier Messire Philippe de Lalain, pour être mal armé. Les gens du

(a) Ce fut en 1422 le 26 Août, que mourut Henry V, Roi d'Angleterre, près de deux mois avant le Roi de France Charles VI qui décéda le 21 Octobre suivant.

Roy venoient à la file, de la foreſt de Torfou (a), & n'eſtoient point quatre cens Hommes-d'armes quand nous les veiſmes : & qui euſt marché incontinent, ſemble à beaucoup qu'il ne fuſt point trouvé de reſiſtance, car ceux de derriere n'y pouvoient venir qu'à la file, comme j'ay dit : toutesfois touſjours croiſſoit leur nombre. Voyant cecy, vint ce ſage Chevalier, Monſeigneur de Contay, dire à ſon maiſtre Monſeigneur de Charolois, que s'il vouloit gagner cette bataille, il eſtoit tems qu'il marchaſt : diſant les raiſons pourquoy, & ſi pluſtoſt l'euſt fait, desja ſes ennemis fuſſent deſconfits, car il les avoit trouvez en petit nombre, lequel croiſſoit à veuë d'œil, & la verité eſtoit telle. Et lors ſe changea tout l'ordre, & tout le conſeil : car chacun ſe mettoit à en dire ſon advis. Et ja eſtoit commencée une groſſe & forte eſcarmouche au bout du village de Mont-l'hery (b), toute d'Archiers d'un coſté & d'autre.

(a) Torfou.] Village avec un bois autrefois aſſez renommé entre Eſtampes & Chartres ſur le chemin d'Orleans ; c'étoit une retraite de Voleurs.

(b) Sur la journée de Montl'hery on peut voir entr'autres Enguerrand de Monſtrelet & Olivier de la

Ceux de la part du Roy les conduifoit Poncet de Riviere : & eftoient tous Archiers d'Ordonnance, orfaverifez, & bien en point. Ceux du cofté des Bourguignons eftoient fans ordre & fans commandement, comme volontaires. Si commencerent les efcarmouches, & eftoit à pied, avec eux, Monfeigneur Philippe de Lalain, & Jacques du Maes, homme bien renommé, depuis Grand-Ecuyer du Duc Charles de Bourgogne. Le nombre des Bourguignons eftoit le plus grand, & gaignerent une maifon, & prindrent deux ou trois huys, & s'en fervirent de pavois. Le vent leur fervoit, qui pouffoit le feu contre ceux du Roy, lefquels commencerent à defamparer, & à monter à cheval, & à fuir : & fur ce bruit & cry commença à marcher & à fuir le Comte de Charolois laiffant, comme j'ai dit, tout ordre paravant devifé.

Il avoit efté dit que l'on marcheroit à trois fois, pour ce que la diftance des deux batailles eftoit longue. Ceux du Roy eftoient devers le chafteau de Mont-l'hery, & avoient une grande haye & un foffé au devant d'eux. Outre eftoient les champs pleins de bleds & de féves, & d'autres grains trés-forts ; car

Marche, Auteurs du tems ; & parmi les Modernes, l'Hiftoire de Louis XI par M. Duclos.

le territoire y estoit bon. Tous les Archiers dudit Comte marchoient à pied devant luy, & en mauvais ordre : combien que mon advis est que la souveraine chose du monde pour les batailles, sont les Archiers : mais qu'ils soient à milliers (car en petit nombre ne valent rien) & que ce soient gens mal montez, à ce qu'ils n'ayent point de regret à perdre leurs chevaux, ou du tout n'en ayent point : & valent mieux pour un jour, en cet office, ceux qui jamais ne veirent rien, que les bien exercitez. Et aussi telle opinion tiennent les Anglois, qui sont la fleur des Archiers du monde. Il avoit esté dit que l'on se reposeroit deux fois en chemin, pour donner halaine aux Gens-de-pied : pour ce que le chemin estoit long, & les fruits de la terre longs & forts, qui les empeschoient d'aller ; toutesfois tout le contraire se fist comme si on eust voulu perdre son escient. Et en cela montra Dieu que les batailles sont en sa main ; & dispose de la victoire à son plaisir. Et ne m'est pas advis que le sens d'un homme sceust porter & donner ordre à un si grand nombre de gens, ne que les choses tinssent aux champs comme elles sont ordonnées en chambre : & que celuy, qui s'estimeroit jusques là, mesprendroit envers

Dieu, s'il estoit homme qui eust raison naturelle : combien qu'un chacun y doit faire ce qu'il peut, & ce qu'il doit, & reconnoistre que c'est un des accomplissemens des œuvres que Dieu a commencées aucunes fois par petites mouvetez (a) & occasions, & en donnant la victoire aucunes fois à l'un, & aucunes fois à l'autre : & est cecy mystere si grand, que les Royaumes & grandes Seigneuries en prennent aucunes fois fins & desolations, & les autres accroissement & commencement de regner.

Pour revenir à la declaration de cet article, ledit Comte marcha tout d'une boutée, sans donner halaine à ses Archiers & Gens-de-pied. Ceux du Roy passerent par cette haye par deux bouts, tous Hommes-d'armes : & comme ils furent si prés que de jetter les lances en arrest, les Hommes-d'armes Bourguignons rompirent leurs propres Archiers, & passerent par dessus, sans leur donner loisir de tirer un coup de flesche : qui estoit la fleur & esperance de leur armée. Car je ne croy pas que de douze cens Hommes-d'armes, ou environ, qui y estoient, y en eust cin-

---

(a) Mouvetez.] Quelques MSS. mettent Monettes, ou Monitions : mais j'ai laissé Mouvetez, qui veut dire des mouvemens en cette occasion.

quante

quante qui euſſent ſceu coucher une lance en arreſt. Il n'y en avoit pas quatre cens armez de cuiraces : & ſi n'avoient pas un ſeul ſerviteur armé. Et tout cecy, à cauſe de la longue paix, & qu'en cette maiſon de Bourgogne ne tenoient nulles gens de ſolde, pour ſoulager le peuple des tailles : & oncques puis ce jour là, ce quartier de Bourgogne n'eut repos juſques à cette heure, qui eſt pis que jamais. Ainſi rompirent eux-mêmes la fleur de leur armée & eſperances : toutesfois Dieu, qui ordonne de tel myſtere, voulut que le coſté où ſe trouva ledit Comte (qui eſtoit à main dextre derriere le château) vainquiſt, ſans trouver nulle defenſe : & me trouvay ce jour tousjours avec luy, ayant moins de crainte que je n'eus jamais en lieu où je me trouvaſſe depuis, pour la jeuneſſe en quoy, j'eſtoye & que je n'avoye nulle connoiſſance de peril ; mais j'eſtoye esbahy comme nul s'oſoit defendre contre tel Prince à qui j'eſtoye, eſtimant que ce fuſt le plus grand de tous les autres. Ainſi font gens qui n'ont point d'experience : dont vient qu'ils ſouſtiennent aſſez d'argus (a), mal fondez & à peu de raiſon. Par quoy fait bon uſer de l'opinion de celuy qui dit, que l'on ne ſe

(a) C'eſt-à-dire argumens ou ſentimens.

repent jamais pour parler peu ; mais bien fouvent de trop parler.

A la main feneftre eftoit le Seigneur de Ravaftein, & meffire Jacques de Sainct-Paul, & plufieurs autres, à qui il fembloit qu'ils n'avoient pas affez d'Hommes-d'armes pour foutenir ce qu'ils avoient devant eux : mais déslors eftoient fi approchez, & qu'il ne falloit plus parler d'ordre nouvelle. En effect ceux-là furent rompus à plate coufture, & chaffez jufques au charroy ; & la plufpart fuit jufques en la foreft, qui eftoit près de demie lieuë. Au charroy fe rallierent quelques Gens-de-pied Bourguignons. Les principaux de cette chaffe eftoient les Nobles du Dauphiné & Savoifiens, & beaucoup de Gens-d'armes auffi : & s'attendoient d'avoir gaigné la bataille ; & de ce cofté y eut une grande fuite des Bourguignons, & de grands perfonnages : & fuyoient la plufpart pour gaigner le Pont Sainéte Maxence, cuidans qu'il tint encore pour eux. En la foreft y en demeura beaucoup : & entre autres le Comte de Sainct-Paul qui eftoit affez bien accompagné, s'y eftoit retiré. Car le charroy eftoit affez près de ladite foreft ; & montra bien depuis qu'il ne tenoit pas encore la chofe pour perduë.

CHAPITRE IV.

Du danger auquel fut le Comte de Charolois, & comment il fut secouru.

Le Comte de Charolois chassa de son costé demie lieuë, outre le Mont-l'hery, & à bien peu de compagnie : toutes fois nul ne se defendoit : & trouvoit gens à grande quantité : & ja cuidoit avoir la victoire. Un vieil Gentilhomme de Luxembourg, appellé Antoine le Breton, le vint querir : & luy dit que les François s'estoient ralliez sur le champ, & que s'il chassoit plus gueres, il se perdroit. Il ne s'arresta point pour luy, non obstant qu'il luy dist par deux ou trois fois. Incontinent arriva Monseigneur de Contay (dont cy-dessus est parlé) qui luy dit semblables paroles, comme avoit fait le vieil Gentil-homme de Luxembourg, & si audacieusement qu'il estima sa parole & son sens, & retourna tout court : & croy s'il fut passé outre deux traicts d'arcs, qu'il eust esté pris, comme aucuns autres qui chassoient devant luy : & en passant par le village, trouva une flotte de gens à pied qui fuyoient. Il les chassa, & si n'avoit pas cent chevaux en tout. Il ne se retourna qu'un homme à pied, qui luy donna d'un vouge (a) parmi l'eſtomach : & au ſoir s'en veit l'enſeigne. La pluſpart des autres ſe ſauverent par les jardins, mais celuy là fut tué. Comme il paſſoit raſibus du chaſtel, veiſmes les Archiers de la garde du Roy, devant la porte, qui ne bougerent. Il en fut fort esbahy : car il ne cuidoit point qu'il y euſt plus ame de defenſe. Si tourna à coſté pour gagner le champ, où luy viendrent courre ſus quinze ou ſeize Hommes-d'armes ou environ (une partie des ſiens s'eſtoient jà ſeparez de luy) & d'entrée tuerent ſon Eſcuyer trenchant, qui s'appelloit Philippe d'Oignies (b), & portoit un guidon de ſes armes : & là ledit Comte fut en trés-grand danger, & eut pluſieurs coups : & entre les autres, un en la gorge d'une eſpée, dont l'enſeigne lui eſt demeurée toute ſa vie, par defaut de ſa baviere (c) qui luy eſtoit cheute, & avoit

(a) Vouge.] Eſpece de lance.

(b) Philippe d'Oignies.] Quelques-uns le nomment Gilles ; il étoit Seigneur de Brouay & de Chaunes, fils d'Antoine, & de Jeanne de Brimeu, & petit-fils de Baudoin d'Oignies Gouverneur de Lille, Douay & Orchies, & de Pierrone Guillebaut : il a épouſé Antoinette de Beaufort, de laquelle il a eu Philippe d'Oignies pere de Louis, Chevalier des Ordres du Roy, & Comte de Chaunes.

(c) Baviere.] C'étoit la partie inférieure du caſque, qui ſe baiſſoit comme la viſiere ſe montoit en haut.

esté mal attachée dés le matin ; & luy avoye veu cheoir : & luy furent mifes les mains deffus, en difant : *Monfeigneur, rendez-vous, je vous connoy bien, ne vous faites pas tuer.* Tousjours fe defendoit : & fur ce debat le fils d'un Medecin de Paris, nommé maiftre Jean Cadet (a) (qui eftoit à luy) gros & lourd & fort, monté fur un gros cheval de cette propre taille, donna au travers & les departit. Tous ceux du Roy fe retirerent fur le bords d'un foffé, où ils avoient efté le matin, car ils avoient crainte d'aucuns qu'ils voyoient marcher, qui s'approchoient : luy fort fanglant, fe retira à eux comme au milieu du champ : & eftoit l'enfeigne du Baftard de Bourgogne toute defpecée, tellement qu'elle n'avoit pas un pied de longueur ; & à l'enfeigne des Archiers du Comte, il n'y avoit pas quarante hommes en tout, & nous y joignifmes (qui n'eftions pas trente) en trés-grande doute. Il changea incontinent de cheval : & le luy bailla un qui eftoit lors

―――――――――――――――――――――――

(a) Olivier de la Marche qui rapporte le même fait, le nomme Robert Cottereau. Et l'Editeur d'Olivier de la Marche affure que fa poftérité jouit toujours des privileges de Nobleffe, & qu'elle fe foutenoit encore avec honneur à Terremonde en 1560. Voyez Tome IX de cette Collection, p. 72 & fuiv.

son page, nommé Simon de Quingey (a), qui depuis a esté bien connu. Ledit Comte se mit par le champ pour rallier ses gens : mais je vey telle demie heure que nous qui estions demeurez là, n'avions l'œil qu'à fuir, s'il fust marché cent hommes. Il venoit seulement à nostre secours des troupes de dix ou vingt hommes des nostres, tant de pied que de cheval : les Gens-de-pied blessez & lassez, tant de l'outrage que leur avions fait le matin, qu'aussi des ennemis (b) : & vey l'heure qu'il n'y avoit pas cent hommes, mais peu à peu en venoit. Les bleds estoient grands, & la poudre la plus terrible du monde, tout le champ semé de morts & de chevaux : & ne se connoissoit nul homme mort pour la poudre.

Incontinent veismes saillir du bois le Comte de Sainct-Paul, qui avoit bien quarante Hommes-d'armes avec luy, & son enseigne, & marchoit droit à nous, & croissoit de gens :

(a) Voir ci-après le Livre III, vers la fin du Chap. IX où il est parlé de lui.

(b) Un vieux Manuscrit, mettant un point après ennemis, dit ainsi : luy revint incontinent qui n'ammena pas cent hommes : mais peu à peu en venoit. Nostre champ estoit ras, & demie heure devant, le bled y estoit si grand, & à l'heure la poudre, &c.

mais ils nous fembloient bien loin. On luy envoya trois ou quatre fois prier qu'il fe haftaft: mais il ne fe mua point, & ne venoit que le pas, & feit prendre à fes gens des lances, qui eftoient à terre : & venoit en ordre (qui donna grand renconfort à nos gens) & fe joignirent enfemble avec grand nombre, & vindrent là où nous eftions, & nous trouvafmes bien huict cens Hommes-d'armes. De Gens-de-pied peu ou nuls. Ce qui garda bien le Comte qu'il n'euft la victoire entiere : car il y avoit un foffé & une grande haye entre les deux batailles defsufdites.

De la part du Roy, s'enfuit le Comte du Maine, & plufieurs autres, & bien huict cens (a) Hommes-d'armes. Aucuns ont voulu dire que ledit Comte du Maine avoit intelligence avec les Bourguignons : mais à la verité dire, je croy qu'il n'en fuft oncques rien. Jamais plus grande fuite ne fuft des deux coftez : mais par fpecial demeurerent les deux

(a) La chronique fcandaleufe qui parle de ce fait, attribue la retraite du Comte du Maine, à la penfée ou l'on étoit que le Roi étoit peri, ou du moins ignoroit-on où il étoit. On l'avoit fait entrer dans le Château de Mont-l'hery pour prendre quelque rafraichiffement ; mais il n'y refta que quelques heures.

Princes aux champs. Du coſté du Roy fuſt un homme d'eſtat, qui s'enfuit juſques à Luzignan (a), ſans repaiſtre : & du coſté du Comte, un autre homme de bien juſques au Queſnoy-le-Comte. Ces deux n'avoient garde de ſe mordre l'un l'autre. Eſtans ainſi ces deux batailles rangées l'une devant l'autre, ſe tirerent pluſieurs coups de canons, qui tuerent des gens d'un coſté & d'autre. Nul ne deſiroit plus de combattre; & eſtoit noſtre bende plus groſſe que celle du Roy : toutes-fois ſa preſence eſtoit grande choſe, & la bonne parole qu'il tenoit aux Gens-d'armes : & croy veritablement, à ce que j'en ay ſceu, que ſi n'euſt eſté luy ſeul, tout s'en fuſt fuy. Aucuns de noſtre coſté deſiroient qu'on recommençaſt, & par eſpecial Monſeigneur de Haultbourdin, qui diſoit qu'il voyoit une file ou flotte de gens qui s'enfuyoient : & qui euſt pû trouver Archiers en nombre de cent, pour tirer au travers de cette haye, tout fuſt marché de noſtre coſté.

(a) On pourroit appliquer ici cette jolie piéce de vers, faite du tems de la Ligue, ſur la bataille de Senlis, où l'on fait voir qu'il n'eſt que de bien courir : *Bon coureur n'eſt jamais pris.* Elle ſe trouve au Journal de Henry III Edition de 1744, Tome 2. pag. 199.

Eſtans ſur ce propos & ſur ces penſées, & ſans nulle eſcarmouche, ſurvint l'entrée de la nuict : & ſe retira le Roy à Corbeil (a) & nous cuidions qu'il ſe logeaſt & paſſaſt la nuict au champ. D'avanture ſe mit le feu en une caque de poudre, là où le Roy avoit eſté, & ſe print à aucunes charettes, & tout du long de la grande haye, & cuidions que ce fuſſent leurs feux. Le Comte de Saint-Paul, qui bien ſembloit chef de guerre, & Monſeigneur de Haultbourdin, encores plus, commanderent qu'on amenaſt le charroy au propre lieu là où nous eſtions, & qu'on nous cloiſt : & ainſi fuſt fait. Comme nous eſtions là en bataille, & ralliez, revindrent beaucoup des gens du Roy, qui avoient chaſſé, cuidans que tout fuſt gagné pour eux, & furent contraints de paſſer parmi nous. Aucuns en eſchaperent, & les plus ſe perdirent. Des gens de nom de ceux du Roy, moururent Meſſire Geofroy de S. Belin (b), le Grand-Senechal de Normandie, & Floquet

(a) Il y arriva à dix heures du ſoir, & y reſta deux jours, ſelon Monſtrelet.

(b) Geoffroy de Sainct Belin] Il étoit Seigneur de Saxe Fontaine, Baillif de Chaumont en Baſſigny, & mari de Marguerite, ſœur du Maréchal de Baudricourt : il en eut Catherine de Saint Belin, femme d'Ambroiſe

Capitaine (a). Du party des Bourguignons moururent Philippe de Lalain : & des Gens-à-pied & menus gens, plus que de ceux du Roy : mais de Gens-de-cheval, en mourut plus du party du Roy. De prisonniers bons, les Gens du Roy en eurent des meilleurs de ceux qui fuyoient. Des deux parties il mourut deux mille hommes du moins (b) : & fust la chose bien combatuë, & se trouva des deux costez de gens de bien, & de bien lasches. Mais ce fust grand'chose, à mon advis, de se rallier sur le champ, & estre trois ou quatre heures en cet estat, l'un devant l'autre : & devoient bien estimer les deux Princes ceux qui leur tenoient compagnie si bonne à ce besoin : mais ils en firent comme hommes, & non point comme Anges. Tel perdit ses offices & estats pour s'en estre fuy, & furent donnez à d'autres, qui avoient fuy dix lieuës plus loin. Un de nostre costé perdit authorité, & fust privé de la presence de son

Seigneur de Bussy, de laquelle sont issus les Marquis de Gallerand, & les Seigneurs de Bussy.

(a) Jacques de Floques, dit Floquet, reçu l'an 1456 Capitaine & Baillif d'Evreux, par la démission du célebre Robert de Floques son pere.

(b) La chronique scandaleuse en fait monter le nombre jusqu'à trois mille six cens hommes.

maiſtre, mais un mois aprés euſt plus d'autorité que devant.

Quand nous fuſmes clos de ce charroy, chacun ſe logea le mieux qu'il put. Nous avions grand nombre de bleſſez, & la pluſpart fort deſcouragez & eſpouventez, craignans que ceux de Paris, avec deux cens Hommes-d'armes qu'il y avoit avec eux, & le Mareſchal Joachim (a), Lieutenant du Roy en ladite cité, fortiſſent, & que l'on euſt affaire des deux coſtez. Comme la nuict fuſt toute cloſe, on ordonna cinquante lances, pour voir où le Roy eſtoit logé. Il y en alla par adventure vingt. Il y pouvoit avoir trois jects d'arc, de noſtre camp juſques où nous cuidions le Roy. Cependant Monſeigneur de Charolois beut & mangea un peu, & chacun en ſon endroit, & luy fuſt adoubée ſa playe qu'il avoit au col. Au lieu où il mangea, il falut oſter quatre ou cinq hommes morts pour luy faire place : & y mit l'on deux boteaux de paille, où il s'aſſit : & remuant illec, un de ces pauvres gens nuds commença à demander à boire. On luy jetta en la bouche un peu de tiſane, de quoy

(a) Joachim Rouhaut ou de Gamaches, dont il a été parlé plus haut. Il y eut arrêt contre lui en 1475.

ledit Seigneur avoit beu, dont le cœur luy revint, & fuſt connu : & eſtoit un Archier du corps dudit Seigneur, fort renommé, appellé Savarot, qui fuſt penſé & guery.

On euſt conſeil qu'il eſtoit de faire. Le premier qui opina, fuſt le Comte de Sainct-Paul : diſant que l'on eſtoit en peril, & conſeilloit tirer à l'aube du jour le chemin de Bourgogne, & qu'on brulaſt une partie du Charroy, & qu'on ſauvaſt ſeulement l'artillerie, & que nul ne menaſt charroy, s'il n'avoit plus de dix lances : & que de demeurer là ſans vivres entre Paris & le Roy, n'eſtoit poſſible. Après opina Monſeigneur de Haultbourdin aſſez en cette ſubſtance, ſans ſçavoir avant que rapporteroient ceux qui eſtoient dehors. Trois ou quatre autres ſemblablement opinerent de meſme. Le dernier qui opina, fut Monſeigneur de Contay, qui dit que ſi toſt que ce bruit ſeroit en l'oſt, tout ſe mettroit en fuite, & qu'ils ſeroient prins devant qu'ils euſſent fait vingt lieuës, & dit pluſieurs raiſons bonnes : & que ſon advis eſtoit, que chacun s'aiſaſt au mieux qu'il pourroit cette nuict, & que le matin à l'aube du jour on aſſailliſt le Roy, & qu'il falloit là vivre ou mourir, & trouvoit ce chemin plus ſeur que de prendre la fuite. A l'opinion dudit de Contay conclud Monseigneur de Charolois : & dist que chacun s'en allast reposer deux heures, & que l'on fust prest quand sa trompette sonneroit : & parla à plusieurs particuliers, pour envoyer reconforter ses gens.

Environ minuit revindrent ceux qui avoient esté dehors : & pouvez penser qu'ils n'estoient point allez loin : & rapporterent que le Roy estoit logé à ces feux (a) qu'ils avoient veus. Incontinent on y envoya d'autres, & une heure aprés se remettoit chacun en estat de combattre : mais la plufpart avoit mieux envie de fuir. Comme vint le jour, ceux qu'on avoit mis hors du champ, rencontrerent un chartier, qui estoit à nous, & avoit esté prins le matin, qui apportoit une cruche de vin du village : & leur dit que tout s'en estoit allé. Ils envoyerent dire ces nouvelles en l'ost, & allerent jusques là. Ils trouverent ce qu'il disoit, & le revindrent dire, dont la compagnie eut grand'joye : & y avoit assez de gens, qui disoient lors, qu'il falloit aller après, lesquels faisoient bien maigre chere une heure devant. J'avoye un cheval extremement las & viel, il beut un seau plein de

(a) D'autres MSS. mettent : & l'avoient veus.

vin : par aucun cas d'aventure il y mit le museau : je le laissay achever : jamais ne l'avoye trouvé si bon, ne si frais.

Quand il fut grand jour, tout monta à cheval, & les batailles, qui estoient bien esclaircies : toutes fois il revenoit beaucoup de gens, qui avoient esté cachez és bois. Ledit Seigneur de Charolois fist venir un Cordelier, ordonné de par luy à dire qu'il venoit de l'ost des Bretons, & que ce jour ils devoient estre là. Ce qui reconforta assez ceux de l'ost : chacun ne le creut pas, mais tantost aprés environ dix heures du matin, arriva le Vice-Chancelier de Bretagne, appellé Rouville (a), & Madre avec luy, dont ay parlé cy-dessus : & amenerent deux Archiers de la garde du Duc de Bretagne, portans ses hocquetons) & fut enquis, & loüé de sa fuite (considerant le murmure qui estoit contre luy (ce qui reconforta tres-fort la compagnie) & plus encore de son retour ; & leur fist chacun bonne chere.

Tout ce jour demeura encore Monseigneur de Charolois sur le champ, fort joyeux, estimant la gloire estre sienne. Ce qui depuis luy a cousté bien cher, car oncques puis il n'usa

---

(a) Ou plutôt Romillé, comme on a vu ci-devant.

de conseil d'homme, mais du sien propre : & au lieu qu'il estoit très-inutile pour la guerre paravant ce jour, & n'aimoit nulle chose qui y appartint, mais depuis furent muées & changées ses pensées, car il y a continué jusques à sa mort : & par là fut finie sa vie, & sa maison destruite, & si elle ne l'est du tout, si est-elle bien desolée. Trois grands & sages Princes, ses predecesseurs, l'avoient eslevée bien haut, & y a bien peu de Roys (sauf celuy de France) plus puissans que luy : & pour belles & grosses villes, nul ne l'en passoit. L'on ne doit trop estimer de soy, par especial un grand Prince, mais doit connoistre que les graces & bonnes fortunes viennent de Dieu. Deux choses plus je dirai de luy : L'une est, que je croy que jamais nul homme peust porter plus de travail que luy, en tous endroits où il faut exerciter la personne : l'autre, qu'à mon advis je ne connu oncques homme plus hardy. Je ne luy ouy oncques dire qu'il fust las, ne ne luy vey jamais faire semblant d'avoir peur, & si ay esté sept années de rang en la guerre avec luy, l'esté pour le moins, & en aucunes l'hyver & l'esté. Ses pensées, & conclusions estoient grandes ; mais nul homme ne les sçavoit mettre à fin, si Dieu n'y eust adjouté de sa puissance.

CHAPITRE V.

Comment le Duc de Berry, frere du Roy, & le Duc de Bretagne se vindrent joindre avec le Comte de Charolois, contre iceluy Roy.

Le lendemain, qui estoit le tiers jour de la bataille, allasmes coucher au village de *Mont-l'hery*, dont le peuple en partie s'en estoit fui au clocher de l'Eglise, & partie au chasteau. Il les fit revenir, & ne perdirent pas un denier vaillant, mais payoit chacun son escot, comme s'il eust esté en Flandres. Le chasteau tint, & ne fut point assailli. Le tiers jour passé, partit ledit Seigneur, par le conseil du Seigneur de Contay, pour aller gagner Estampes (qui est bon & grand logis, & en bon pays & fertile) afin d'y estre plus tost que les Bretons, qui prenoient ce chemin, afin aussi de mettre les gens las & blessez à couvert, & les autres aux champs, & fut cause ce bon logis, & le sejour que l'on y fist, de sauver la vie à beaucoup de ses gens. Là arriverent Mre Charles de France, lors Duc de Berry, seul frere du Roy, le Duc de Bretagne, Monseigneur de Dunois, Monseigneur
de

de Loheac, Monseigneur de Bueil, Monseigneur de Chaumont (a), & Messire Charles d'Amboise son fils (qui depuis a esté grand homme en ce Royaume) tous lesquels dessus nommez le Roy avoit desapointez, & deffaits de leurs estats, quand il vint à la couronne, nonobstant qu'ils eussent bien servi le Roy son pere, & le Royaume, és conquestes de Normandie, & en plusieurs autres guerres. Monseigneur de Charolois, & tous les plus grands de sa compagnie, les recueillirent & leur allerent au devant, & amenerent leurs personnes loger en la ville d'Estampes (b), où leur logis estoit fait, & les Gens-d'armes demeurerent aux champs. En leur compagnie avoit huict cens Hommes-d'armes, de trés-bonne estoffe, dont il y en avoit trés-large-

___

(a) Pierre d'Amboise Seigneur de Chaumont sur Loire. Sa maison fut rasée par le commandement du Roi Louis XI, l'an 1465 pour avoir tenu le parti du Duc de Berry en la guerre du bien public.

(b) Est fait ici mention de l'assemblée des Princes ligués à Estampes, auquel lieu le Duc de Bretagne & le Comte de Charolois renouvellerent la ligue, qui étoit entr'eux contre le Roi, & firent à ce sujet le traité du 24 Juillet 1465.

Tome X.   Z

ment de Bretons, qui nouvellement avoient laissé les Ordonnances (comme icy & ailleurs j'ai dit) qui amendoient bien leur compagnie. D'Archiers, & d'autres hommes de guerre, armez de bonnes brigandines (a) avoit en trés-grand nombre, & pouvoient bien être six mille hommes à cheval, trés-bien en poinct. Et sembloit bien à voir la compagnie que le Duc de Bretagne fust un trés-grand Seigneur, car toute cette compagnie vivoit sur ses coffres.

Le Roy qui s'estoit retiré à Corbeil (comme j'ay devant dit) ne mettoit point en oubly ce qu'il avoit à faire. Il tira en Normandie, pour assembler ses gens, & de peur qu'il n'y eust quelque mutation au pays : & il mit partie de ses Gens-d'armes és environs de Paris, là où il voyoit qu'il estoit necessaire.

Le premier soir que furent arrivez tous ces Seigneurs dessusdits à Estampes, se conterent des nouvelles l'un à l'autre. Les Bretons avoient pris aucuns prisonniers de ceux qui fuyoient du party du Roy : & quand ils eussent esté un peu plus avant, ils eussent pris ou desconfit le tiers de l'armée. Ils avoient

(a) Brigandines.] Armure faite de lames de fer posées les unes sur les autres, & qui recevoit divers noms, suivant les endroits où elle étoit appliquée.

bien tenu conseil pour envoyer gens dehors, jugeans que les osts estoient prés : toutes-fois aucuns les destournerent : mais, nonobstant, Messire Charles d'Amboise (a) & quelques autres se mirent plus avant que leur armée, pour voir s'ils rencontreroient rien : & prirent plusieurs prisonniers (comme j'ay dit) & de l'artillerie : lesquels prisonniers leur dirent que pour certain le Roy estoit mort : car ainsi le cuidoient-ils : parce qu'ils s'en estoient fuis dés le commencement de la bataille. Les dessusdits rapporterent les nouvelles à l'ost des Bretons, qui en eurent trés-grand'joye, cuidans qu'ainsi fust, & esperans les biens qui leur fussent advenus, si ledit Monseigneur Charles eust esté Roy, & tinrent conseil (comme il m'a esté dit depuis par un homme de bien, qui estoit present) à sçavoir comme ils pourroient chasser ces Bourguignons, & eux en depescher : & estoient quasi tous d'opinion qu'on les destroussast, qui pourroit. Cette joye ne leur dura gueres, mais par cela vous pouvez voir & connoistre quels sont les brouillis en ce Royaume à toutes mutations.

(a) Seigneur de Chaumont, fils de Pierre d'Amboise & d'Anne de Bueil ; & pere de Charles d'Amboise Grand-Maître, Maréchal & Amiral de France.

Pour revenir à mon propos de cette armée d'Eſtampes, comme tous euſſent ſouppé, & qu'il y avoit largement gens qui ſe pourmenoient par les ruës, Monſeigneur Charles de France, & Monſeigneur de Charolois eſtoient à une feneſtre, & parloient eux deux de trés-grande affection. En la compagnie des Bretons, y avoit un pauvre homme, qui prenoit plaiſir à jetter en l'air des fuſées, qui courent parmi les gens, quand elles ſont tombées, & rendent un peu de flambe : & s'appelloit maiſtre Jean Boutefeu, ou maiſtre Jean des Serpens, je ne ſçay lequel. Ce follaſtre eſtant caché en quelque maiſon, afin que les gens ne l'apperceuſſent, en jetta deux ou trois en l'air, d'un lieu haut où il eſtoit, tellement qu'une vint donner contre la croiſée de la feneſtre où ces deux Princes deſſuſdits avoient les teſtes, & ſi prés l'un de l'autre, qu'il n'y avoit pas un pied entre deux. Tous deux ſe dreſſerent & furent esbahis, & ſe regardoient chacun l'un l'autre. Si eurent ſuſpicion que cela n'euſt eſté fait expreſſement pour leur mal faire. Le Seigneur de Contay vint parler à Monſeigneur de Charolois ſon maiſtre : & dès qu'il luy euſt dit un mot en l'oreille, il deſcendit en bas, & alla faire armer tous les Gens-d'armes de ſa maison, & les Archers de son corps, & autres. Incontinent ledit Seigneur de Charolois dit au Duc de Berry, que semblablement il fist armer les Archers de son corps, & y eut incontinent deux ou trois cens Hommes-d'armes armez devant la porte, à pied, & grand nombre d'Archers : & cherchoit l'on partout, dont pouvoit venir ce feu. Ce pauvre homme qui l'avoit fait, se vint jetter à genoux devant eux, & leur dit que ç'avoit esté luy : & en jetta trois ou quatre autres : & en ce faisant, il osta beaucoup de gens hors de suspicion que l'on avoit les uns sur les autres : & s'en prit l'on à rire : & s'en alla chacun desarmer & coucher.

Le lendemain au matin fut tenu un très-grant & beau conseil, où se trouverent tous les Seigneurs & leurs principaux serviteurs : & fut mis en déliberation ce qui estoit de faire : & comme ils estoient de plusieurs pieces, & non pas obéïssans à un seul Seigneur (comme il est bien requis en telles assemblées) aussi eurent-ils divers propos : & entre les autres paroles qui furent bien recueillies & notées, ce furent celles de Monseigneur de Berry, qui estoit fort jeune & n'avoit jamais veu tels exploicts. Car il sembla par ses paroles, que ja en fust ennuyé ; & allegua la grande quantité de gens blessez, qu'il avoit veus de ceux de Monseigneur de Charolois : en monstrant par ces paroles en avoir pitié, usoit de ces mots : qu'il eust mieux aimé que les choses n'eussent jamais esté encommencées, que de voir desja tant de maux venus par luy & pour sa cause. Ces propos desplurent à Monseigneur de Charolois & à ses gens, comme je diray cy-après. Toutesfois à ce conseil fut conclud qu'on tireroit devant Paris, pour essayer si on pourroit réduire la ville à vouloir entendre au bien public du Royaume, pour lequel disoient estre tous assemblez, & leur sembloit bien, si ceux-là leur prestoient l'oreille, que tout le reste des villes (a) de ce Royaume feroient le semblable. Comme j'ay dit, les paroles dites par Monseigneur Charles Duc de Berry en ce conseil, mirent en telle doute Monseigneur de Charolois & ses gens, qu'ils vinrent à dire : *Avez-vous ouy parler cet homme ? Il se trouve esbahy pour sept ou huict cens hommes qu'il voit*

(a) Paris servoit alors d'exemple aux autres villes du Royaume; & l'on verra que la défiance & la division survient facilement entre divers Princes ligués ensemble ; c'est ce qui est encore marqué ci-après Chap. 12, 15 & 16.

blessez allans par la ville, qui ne luy sont rien, ne qu'il ne connoist : il s'esbahiroit bientost si le cas luy touchoit de quelque chose : & seroit homme pour appointer bien legerement, & nous laisser en la fange : & pour les anciennes guerres qui ont esté le temps passé entre le Roy Charles son pere, & le Duc de Bourgogne mon pere, aisément toutes ces deux parties se convertiroient contre nous, pourquoy est nécessaire de se pourveoir d'amys. Et sur cette seule imagination, fust envoyé Messire Guillaume de Clugny, (a) Protonotaire (qui est mort depuis Evesque de Poictiers) devers le Roy Edoüard d'Angleterre, qui pour lors regnoit, auquel Monseigneur de Charolois avoit tousjours eu inimitié : & portoit la maison de Lanclastre contre luy, dont il estoit issu de par sa mere. Et par l'instruction dudit de Clugny, luy estoit ordonné d'entrer en pratique de ma-

---

(a) Guillaume de Cluny, Protonotaire.] originaire de Bourgogne; il a été Trésorier de l'Ordre de la Toison d'or, Evêque suffragant de Thérouanne, Evêque d'Evreux, puis de Poitiers; il étoit frere de Ferry de Clugny, Evêque de Tournay, fait Chef du Conseil du Duc de Bourgogne, puis Cardinal. C'est sans fondement que l'on a dit que ce Guillaume de Clugny a été Chancelier de France.

riage (a) à la sœur du Roy d'Angleterre, appellée Marguerite, mais non pas d'eſtraindre le marché : mais ſeulement de l'entretenir. (b) Car connoiſſant que le Roy d'Angleterre l'avoit fort deſiré, luy ſembloit bien que pour le moins, il ne feroit rien contre luy : & que s'il en avoit affaire, qu'il le gagneroit des ſiens. Et combien qu'il n'eut un ſeul vouloir de conclure ce marché, & que la choſe du monde que plus il haïſſoit en ſon cœur, eſtoit la maiſon d'Yorch, ſi fuſt toutesfois tant demenée cette matiere, que pluſieurs années après elle fuſt concluë :

(a) Duclos, dans ſon Hiſtoire de Louis XI, obſerve avec raiſon que Comines ſe trompe, en diſant que le Comte de Charolois envoya auſſitôt Guillaume de Cluny en Angleterre, pour demander la ſœur du Roi Edouard en mariage, avec ordre de ne rien conclure, mais ſeulement d'amuſer Edouard, afin d'en tirer du ſecours. Comines n'a pas fait attention qu'Iſabelle de Bourbon, femme du Comte de Charolois, vivoit encore, & qu'elle ne mourût que le 26 Septembre, plus de deux mois après la bataille de Montlhery. Ainſi il ne pouvoit pas encore être queſtion du mariage du Comte de Charolois avec la Princeſſe d'Angleterre. (Note des Editeurs.)

(b) Le traité de ce mariage eſt du 16 Février 1467, & ſe trouve imprimé dans le dernier recueil des traités de paix.

& prit davantage l'ordre de la Jartiere, & la porta toute fa vie.

Or mainte telle œuvre fe fait en ce monde par imagination, comme celle que j'ay cy-deffus declarée : & par efpecial entre les grands Princes, qui font beaucoup plus fufpicionneux qu'autres gens, pour les doutes & advertiffemens qu'on leur fait, & très-fouvent par flateries, fans nul befoin qu'il en foit.

CHAPITRE VI.

Comment le Comte de Charolois & fes alliez, avec leur armée, pafferent la riviere de Seine fur un pont portatif ; & comment le Duc Jean de Calabre fe joignit avec eux, puis fe logerent tout à l'entour de Paris.

Ainsi comme il avoit efté conclu, tous ces Seigneurs fe partirent d'Eftampes, aprés y avoir fejourné quelques peu de jours, & tirerent à Sainct-Mathurin de Larchant, & à Moret en Gaftinois. Monfeigneur Charles & les Bretons demeurerent en ces deux petites villes : & le Comte de Charolois s'en alla loger en une grande prairie, fur le bord de la riviere de Seine, & avoit fait crier que chacun portaft crochets pour attacher fes chevaux. Il faifoit mener fept ou huict petits basteaux sur charrois, & plusieurs pipes par pieces, en intention de faire un pont sur la riviere de Seine, pour ce que ces Seigneurs n'y avoient point de passage. Monseigneur de Dunois l'accompagna, luy estant en une litiere (car pour la goutte qu'il avoit, il ne pouvoit monter à cheval) & portoit l'on son enseigne aprés luy. Dés ce qu'ils vinrent à la riviere, ils y firent mettre de ces batteaux qu'ils avoient apportez, & gaignerent une petite Isle, qui estoit comme au milieu, & descendirent des Archers, qui escarmoucherent avec quelques Gens-de-cheval, qui deffendoient le passage de l'autre part : & y estoient le Mareschal Joachim, & (a) Sallezard. Le lieu estoit très-desavan-

(a) *Sallezard.*] Jean de Sallezard ou de Sallazart, Gentil-homme Espagnol, du pays de Biscaye, qui s'étoit attaché au Roi Charles VII, auquel il rendit de grands services contre les Anglois. Il épousa Marguerite de la Tremoille, fille & sœur bâtarde de George & Louis Seigneurs de la Tremoille, & de Georges de la Tremoille, Seigneur de Craon : il eut quatre fils de ce mariage, savoir, Hector de Sallazard, Seigneur de Sain-Just en Champagne; Galeas de Sallazard, sieur de Laz; Lancelot de Sallazard, sieur de Marcilly, & Tristan de Sallazard. Le second de ces quatre fils, qui d'Evêque de Meaux en 1474, devint Archevêque de Sens en 1475, fut employé à la négociation du premier

tageux pour eux : parce qu'il eſtoit fort haut, & en pays de vignoble : & du coſté des Bourguignons, y avoit largement artillerie, conduite par un Canonnier fort renommé, qui avoit nom maiſtre Gerauld, lequel avoit eſté pris en cette bataille de Mont-l'hery, eſtant lors du parti du Roy. Fin de compte, il falut que les deſſuſdits abandonnaſſent le paſſage, & ſe retirerent à Paris. Ce ſoir fuſt fait un pont (a) juſques en cette Iſle : & incontinent fiſt le Comte de Charolois tendre un pavillon, & coucha la nuict dedans, & cinquante Hommes-d'armes de ſa maiſon. A l'aube du jour, furent mis grand nombre de tonneliers en beſongne, à faire pipes de meſrain, (b) qui avoit eſté apporté : & avant qu'il fuſt midy, le pont fuſt dreſſé juſques

---

traité que fit Louis XI avec les Suiſſes : ce Prélat combatit armé aux guerres d'Italie, & mourut en 1518 le 11 Février, & fut enterré dans l'Egliſe de Sens, ſous un tombeau de marbre qu'il avoit fait faire de ſon vivant.

(a) Selon Monſtrelet & la chronique ſcandaleuſe, ce pont ſe fit auprès de Moret en Gâtinois.

(b) Meſrain] ou Marrien, bois de chêne, dont on fait menuiſerie ou tonneaux, retient encore le même nom de Mérain parmi les Tonneliers.

à l'autre part de la riviere : & incontinent paſſa ledit Seigneur de Charolois de l'autre coſté : & y fiſt tendre ſes pavillons, dont il y avoit grand nombre : & fiſt paſſer tout ſon oſt, & toute ſon artillerie par deſſus ledit pont, & ſe logea en un coſteau pendant devers ladite riviere : & y faiſoit trés-beau voir ſon oſt, pour ceux qui eſtoient encores derriere.

Tout ce jour ne purent paſſer que ſes gens. Le lendemain à l'aube du jour paſſerent les Ducs de Berry & de Bretagne, & tout leur oſt; qui trouverent ce pont trés-beau, & fait en grande diligence. Si paſſerent un peu outre ; & ſe logerent ſur le haut pareillement. Incontinent que la nuict fuſt venuë nous commençaſmes à appercevoir grand nombre de feux bien loin de nous, autant que la veuë pouvoit porter. Aucuns cuidoient que ce fuſt le Roy : toutesfois, avant qu'il fuſt minuit, on fut adverty que c'eſtoit le Duc Jean de Calabre, ſeul fils du Roy René de Sicile, & avec luy bien neuf cens hommes-d'armes de la Duché & Comté de Bourgogne. Bien fuſt accompagné de gens-de-cheval : mais de gens-de-pied peu. Pour ce petit de gens, qu'avoit ledit Duc, je ne

vis jamais si belle compagnie, ny qui sem-
blassent mieux hommes exercitez au fait de
la guerre. Il pouvoit bien avoir quelques
six-vingts hommes-d'armes bardez, tous Italiens ou autres, nourris en ces guerres d'I-
talie : entre lesquels estoient Jacques (a) Galiot,
le Comte de (b) Campobache, le Seigneur
de Baudricourt, pour le present Gouverneur
de Bourgogne, & autres : & estoient ces
hommes-d'armes fort adroicts : & pour dire
verité, presque la fleur de nostre ost, au
moins tant pour tant : il avoit quatre cens Cra-

(a) Jacques Galiot] ou Gal de Geenouillac,
Seigneur d'Acier ; il a été Grand-Ecuyer, Grand-
Maître de l'Artillerie de France, & Sénéchal d'Armagnac : il faut voir l'Histoire du Roi Charles VIII,
donnée au Public l'an 1617, par T. Godefroy,
in-4°. pages 91, 92, 93, 94 & 253, & celle
du Chevalier Bayart aussi in-4°. pages 36 & 414.
L'Histoire de Louis de la Tremoille de Jean Bou-
chet, feuillet 61. L'Histoire agrégative d'Anjou de
Jean de Bourdigné, en la troisieme partie, chap. 21,
feuillet 175, où il dit que son corps fut apporté à
Angers en grande pompe militaire, par le commandement du Roi Charles VIII. Il mourut des blessures
reçues en la bataille de Saint-Aubin du Cormier,
donnée l'an 1488, contre les Bretons.

(b) Nicolas de Montfort-l'Amaulry en France,
Comte de Campobasse.

nequiniers, (a) que luy avoit presté le Comte Palatin, gens fort bien montez, & qui sembloient bien gens-de-guerre : & avoit cinq cens Suisses, à pied, qui furent les premiers qu'on vit en ce Royaume : & ont esté ceux qui ont donné le bruit à ceux qui sont venus depuis : car ils se gouvernerent très-vaillamment en tous les lieux où ils se trouverent. Cette compagnie, que vous dis, s'approcha le matin, & passa ce jour par dessus nostre pont. Et ainsi se peut dire que toute la puissance du Royaume de France s'estoit veuë passer par dessus ce pont, sauf ceux qui estoient avec le Roy, & vous asseure que c'estoit une grande & belle compagnie, & grand nombre de gens de bien, & bien en poinct; & devroit-on vouloir que les amis & bien-veillans du Royaume l'eussent veuë, & qu'ils en eussent eu l'estimation, telle qu'il appartient : & semblablement les ennemis : car jamais il n'eust esté heure qu'ils n'en eussent plus craint le Roy & ledit Royaume. Le chef des Bourguignons estoit

(a) Cranequin est un pied de biche, duquel on bande une arbaleste, & sont appellés Cranequiniers ceux qui usoient d'arbalestes à tels bandanges, qui estoient proprement arbalestriers à cheval.

Monseigneur de Neufchastel Mareschal de Bourgogne, (a) joinct avecques luy son frere Seigneur de Montagu, le Marquis de Rotelin, & grand nombre de Chevaliers & Escuyers : dont aucuns avoient esté en (b) Bourbonnois, comme j'ay dit au commencement de ce propos. Le tout ensemble s'estoit joinct pour venir plus asseurement avec mondit Seigneur de Calabre, comme j'ay dit : lequel sembloit aussi bien Prince & grand chef de guerre comme nul autre que veysse en la compagnie, & s'engendra grande amitié entre luy & le Comte de Charolois.

Quand toute cette compagnie fust passée, que l'on estimoit cent mille chevaux, tant bons que mauvais (ce que je croy) se delibererent lesdits Seigneurs de partir pour tirer devant Paris : & mirent toutes leurs avantgardes ensemble. Pour les Bourguignons, les conduisoit le Comte de Sainct Paul. Pour les Ducs de Berry & de Bretagne Oudet de Rye (c) depuis Comte de Comminges, &

(a) Thibault de Neuf Chastel, fait Maréchal de Bourgogne en 1439.

(b) Bourgogne, selon un autre manuscrit.

(c) Odet de Rie.] C'est Odet d'Aydie, originaire de Bearn, Seigneur de Lescut ou de Lescun & de Fronssac, Il fut fait Amiral de Guyenne & Comte de

le Mareschal de Loheac, comme il me semble, & ainsi s'acheminerent. Tous les Princes demeurerent en la bataille. Ledit Comte de Charolois & le Duc de Calabre prenoient grande peine de commander & de faire tenir ordre à leurs batailles, & chevaucherent bien armez ; & sembloit bien qu'ils eussent bon vouloir de faire leurs offices. Les Ducs de Berry & de Bretagne chevauchoient sur petites hacquenées à leur aise, armez de petites brigandines fort legeres ; pour le plus encore disoient aucuns qu'il n'y avoit que petits clous dorez par dessus le satin, afin de moins leur peser : toutes-fois je ne le sçay pas de vray. Ainsi chevaucherent toutes ces compagnies, jusques au Pont de Charenton, prés Paris, à deux petites lieues : lequel pont tost fust gaigné sur quelque peu de Francs-Ar-

---

Comminges en 1472, par donation du Roi Louis XI, à qui cette terre étoit retournée après la mort de Jean bâtard d'Armagnac, Maréchal & Amiral de France. Odet d'Aydie a laissé une fille nommée Jeanne, mariée à Jean de Foix, Vicomte de Lautrec, dont elle a eu Odet de Foix, Seigneur de Lautrec, mort en 1527 ; Thomas de Foix, Seigneur de Lescun, Maréchal de France, tué à la bataille de Pavie en 1524, & André de Foix, Seigneur de Lespare, mort en 1547.

chers

chers qu'il y avoit dedans : & paſſa toute l'Armée par deſſus ce pont de Charenton, & s'alla loger le Comte de Charolois depuis ce pont de Charenton, juſques en ſa maiſon de Conflans, prés delà, au long de la riviere: & ferma ledit Comte un grand pays de ſon charroy & de ſon artillerie, & miſt tout ſon oſt dedans; & avec luy ſe logea le Duc de Calabre, & à Sainct-Maur des foſſez, ſe logerent les Ducs de Berry & de Bretagne, avec un nombre de leurs gens: & tout le demeurant envoyerent loger à Sainct-Denys, auſſi à deux lieuës de Paris: & là fuſt toute cette compagnie onze ſemaines, & avinrent les choſes que je diray cy-aprés.

Le lendemain, commencerent les eſcarmouches juſques aux portes de Paris: où eſtoient dedans Monſeigneur de Nantouillet Grand-Maiſtre de France (qui bien y ſervit comme j'ay dit ailleurs) & le Mareſchal Joachim. Le peuple ſe vit eſpouvanté: & aucuns d'autres eſtats euſſent voulu & les Bourguignons & les autres Seigneurs eſtre dedans Paris, jugeans à leur advis, cette entrepriſe bonne & profitable pour le Royaume. Autres y en avoit adherens auſdits Bourguignons, & ſe meſlans de leurs affaires, eſperans que par leurs moyens ils pourroient parvenir à quelques offices ou estats, qui sont plus desirez en cette cité-là, qu'en nul autre du monde; car ceux qui les ont les font valoir ce qu'ils peuvent, & non pas ce qu'ils doivent : & y a offices sans gages, qui se vendent bien huict cens escus : & d'autres où il y a gages bien petits, qui se vendent plus que leurs gages ne sçauroient valoir en quinze ans. Peu souvent advient que nul ne se desapointe, & soustient la Cour de Parlement cet article, & est raison : mais aussi il touche presque à tous. Entre les Conseillers, se trouvent tousjours largement de bons & notables personnages : & aussi quelques uns bien mal conditionnez. Ainsi est-il en tous estats.

CHAPITRE VII.

Digression sur les estats, offices & ambitions, par l'exemple des Anglois.

JE parle de ces offices & auctoritez, par ce qu'ils font desirer mutations, & aussi sont cause d'icelles. Ce que l'on a veu, non pas seulement de nostre temps, mais encore quand les guerres commencerent des le temps du Roy Charles sixiesme; qui continuerent jusques à la paix d'Arras. (a) Car cependant les Anglois se meslerent parmy ce Royaume, si avant qu'en traittant ladite paix d'Arras, où estoient de la part du Roy quatre ou cinq Ducs ou Comtes, cinq ou six Prélats, & dix ou douze Conseillers de Parlement: de la part du Duc Philippe, grands personnages à l'advenant, & en beaucoup plus grand nombre: pour le Pape, deux Cardinaux pour médiateurs : & de grands personnages pour les Anglois. Ce traité dura par l'espace de deux mois, & desiroit fort le Duc de Bourgogne s'acquiter envers les Anglois avant que de se separer d'avec eux, pour les alliances & promesses qu'ils avoient faites ensemble : & pour ces raisons fust offert au Roy d'Angleterre, pour luy & les Seigneurs siens, les Duchez de Normandie & de Guyenne, pourveu qu'il en fist hommage au Roy, comme avoient fait ses predecesseurs, & qu'il rendist ce qu'il tenoit au Royaume, hors lesdites Duchez. Ce qu'ils refuserent, (b)

(a) Elle se termina en Septembre 1435, comme on l'a déja vu; les Anglois ne voulurent pas y être compris; on les mit donc à l'ecart à cause des excessives demandes qu'ils s'aviserent d'y faire.

(b) L'opiniâtreté des Anglois leur fit perdre tout ce qu'ils tenoient au Royaume de France. Et heureu-

pour ce qu'ils ne voulurent faire ledit hommage, & mal leur en prit aprés : car abandonnez furent de cette maison de Bourgogne, & ayans perdu leur temps, & les intelligences du Royaume, se prirent à perdre & à diminuer. Pour lors estoit Regent en France pour les Anglois, le Duc de Bethfort, frere du Roy Henry cinquiesme, marié avec la sœur du Duc Philippe de Bourgogne; & se tenoit icelui Regent à Paris, ayant vingt mille escus par mois, pour le moindre estat qu'il eust jamais en cet office. Ils perdirent Paris, & puis petit à petit le demeurant du Royaume. Aprés qu'ils furent retournez en Angleterre, nul ne vouloit diminuer son estat, mais les biens n'estoient audit Royaume pour satisfaire à tous. Ainsi guerre s'esmeut entre eux, pour leurs authoritez; qui a duré par longues années : & fust mis le Roy Henry sixiesme (qui avoit esté couronné Roy de France & d'Angleterre à Paris) en prison au chasteau de Londres, & declaré traistre & crimineux de leze Majesté : & là dedans a usé la pluspart de sa vie, & à la fin a esté

---

sement ils n'y ont plus remis le pied; ils avoient cependant encore la ville de Calais, qui leur fut ôtée en 1558, par l'armée de Henry II, Roi de France, commandée par François Duc de Guise.

tué. Le Duc d'Yorch, pere du Roy Edoüard dernier mort, s'intitula Roy. Et peu de jours aprés fuſt deſconfiſt en bataille, & mort: & tous morts eurent les teſtes tranchées, luy & le Comte de Warvic dernier mort, qui tant a eu de credit en Angleterre. Ceſtuy-là emmena le Comte de la Marche (depuis appellé le Roy Edoüard) par la mer à Calais, avec (a) quelque peu de gens, fuyans de la bataille. Ledit Comte de Warvic ſouſtenoit la maiſon d'Yorch, & le Duc de Sommerſet la maiſon de Lancaſtre. Tant ont duré ces guerres, que tous ceux de la maiſon de Warvic & de Sommerſet y ont eu les teſtes tranchées, ou y ſont morts en bataille.

Le Roy Edouard fiſt mourir ſon frere le Duc de Clarence en une pipe de malvoyſie, pour ce qu'il ſe vouloit faire Roy comme l'on diſoit. Aprés que Edoüard fuſt mort, ſon frere ſecond, Duc de (b) Cloceſtre, fiſt mourir les deux fils dudit Edoüard, & declara ſes filles baſtardes, & ſe fiſt couronner Roy.

Incontinent aprés paſſa en Angleterre le

(a) Voyez livre III, chapitre IV.
(b) Les exemplaires imprimés avoient Lanclaſtre & & Lancaſtre, mais un MS, dit Cloceſtre, comme veut auſſi Polid. Virgile, & tous bons Hiſtoriens.

Comte (a) de Richemont, de preſent Roy (qui par longues années avoit eſté priſonnier en Bretagne) qui deſconfiſt, & tua en bataille ce cruel Roy Richard, qui peu avant avoit fait mourir ſes neveux. Et ainſi de ma ſouvenance, ſont morts en ces diviſions d'Angleterre, bien quatre-vingts hommes de la lignée Royale d'Angleterre, dont une partie j'ay connu : des autres m'a eſté conté par les Anglois demeurans avec le Duc de Bourgogne, tandis que j'y eſtoys. Ainſi ce n'eſt pas à Paris ny en France ſeulement, qu'on s'entrebat pour les biens & honneurs de ce monde : & doivent bien craindre les Princes ou ceux qui regnent aux grandes Seigneuries, de laiſſer engendrer une partialité en leur maiſon. Car de là ce feu court par la Province ; mais mon advis eſt que cela ne ſe fait que par diſpoſition divine, car quand les Princes ou Royaumes ont eſté en grande proſperité ou richeſſes, & ils ont meſconnoiſſance dont procede telle grace, Dieu leur dreſſe un ennemi ou ennemie, dont nul ne ſe douteroit : comme vous pouvez voir par les Roys nommez en la bible, & par ce que puis peu d'années en avez veu en

(a) C'eſt le Roi Henri VII.

cette Angleterre, & en cette maison de Bourgogne, & autres lieux, que avez veu, & voyez tous les jours.

CHAPITRE VIII.

Comment le Roy Louys entra dedans Paris, pendant que les Seigneurs de France y dreſſoient leurs pratiques.

J'AY eſté long en ce propos, & eſt temps que je retourne au mien. Dés que ces Seigneurs furent arrivez devant Paris, ils commencerent tous à pratiquer leans, & promettre offices & biens, & ce qui pouvoit ſervir à leur matiere. Au bout de trois jours furent grande aſſemblée en l'hoſtel de la ville de Paris, & aprés grandes & longues paroles, & ouyes les requeſtes & ſommations, que les Seigneurs leur faiſoient en public, & pour le grand bien du Royaume (comme ils diſoient) fuſt conclu d'envoyer devers eux, & entendre à pacification. Ils vindrent donc en grand nombre de gens-de-bien, vers les Princes deſſuſdits, aulieu de Sainct-Mor : & porta la parole Maiſtre Guillaume Chartier, (a) lors Eveſque de Paris, re-

(a) Guillaume Chartier.] Il étoit natif de Bayeux en Normandie, d'une famille entierement différente

nommé trés-grand homme : & de la part des Seigneurs, parloit le Comte de Dunois. Le Duc de Berry, frere du Roy, presidoit, assis en chaire, & tous les autres Seigneurs debout. De l'un des costez estoient les Ducs de Bretagne & de Calabre; & de l'autre le Comte de Charolois, qui estoit armé de toutes pieces, sauf la teste, & les gardes-bras, & une manteline fort riche sur sa cuirace : car il venoit de Conflans, & le bois-de-Vincennes tenoit pour le Roy, & y avoit beaucoup de gens, par quoy luy estoit besoin d'estre venu bien accompagné. Les requestes & fins des Seigneurs estoient

de celle dont il y a eu des Avocats célèbres, & des Conseillers au Parlement de Paris, qui sont originaires de la ville d'Orléans; il étoit proche parent, aucuns disent frere, d'Alain Chartier, Secrétaire des Rois Charles VI & VII, qui a composé l'Histoire de son tems, & fait quelques poésies; & de Jean Religieux, & Auteur des grandes Chroniques de Saint-Denys. Il est parlé de cet Evêque à l'an 1472 de la Chronique scandaleuse, où l'on voit la haute estime où ce Prélat étoit parmi le Peuple; ce qui décide plus en sa faveur, que les prétendus mécontentemens de Louis XI, qui ne l'aimoit pas, & le regardoit même comme son ennemi, parce que souvent il faisoit des remontrances qui ne s'accordoient point avec les idées de ce Roi sur le Gouvernement.

d'entrer dedans Paris, pour avoir converſation & amitié avec eux, ſur le faict de la reformation du Royaume : lequel ils diſoient eſtre mal conduict, en donnant pluſieurs grandes charges au Roy. Les reſponſes eſtoient fort douces toutes-fois prenans quelque delay avant que de reſpondre : & neantmoins le Roy ne fuſt depuis content dudit Eveſque, ny de ceux qui eſtoient avec luy. Ainſi s'en retournerent, demeurans en grand pratique, car chacun parla à eux en particulier, & croy bien qu'en ſecret fuſt accordé par aucuns, que les Seigneurs en leur ſimple eſtat y entreroient : & leurs gens pourroient paſſer outre (ſi bon leur ſembloit) en petit nombre à la fois. Cette converſation n'euſt point eſté ſeulement ville gaignée, mais toute l'entrepriſe : car aiſement tout le peuple ſe fuſt tourné de leur part (pour pluſieurs raiſons) & par conſequent toutes celles du Royaume, à (a) l'exemple de celle-là. Dieu donna ſage conſeil au Roy : & il l'executa bien, eſtant ja adverti de toutes ces choſes.

(a) La même choſe eſt dite ci-deſſus chapitre 2. On voit par cet endroit & par pluſieurs autres, que Comines ſe répete quelquefois.

Avant que ceux qui eſtoient venus vers ces Seigneurs, euſſent fait leur rapport, le Roy arriva en la ville de Paris, en l'eſtat qu'on doit venir pour reconforter un peuple; car il y vint en trés-grande compagnie, & mit bien deux mille Hommes-d'armes en la ville, tous les Nobles de Normandie, grande force de Francs-Archers, les gens de ſa maiſon, penſionnaires & autres gens de bien qui ſe trouvent avec tel Roy en ſemblables affaires. Et ainſi fuſt cette pratique rompue, & tout ce peuple bien mué des ſiens : ny ne ſe fuſt trouvé homme de ceux qui paravant avoient eſté devers nous, qui plus euſt oſé parler de la marchandiſe, & à aucuns en prit mal. Toutes-fois le Roy n'uſa de nulle cruauté en cette matiere : mais aucuns perdirent leurs offices, les autres envoya demeurer ailleurs : ce que je luy repute à loüange, de n'avoir uſé d'autre vengeance. Car ſi cela, qui avoit eſté commencé, fuſt venu à effet, le meilleur qui luy pouvoit venir, c'eſtoit fuir hors du Royaume. Auſſi pluſieurs fois, m'a-t'il dit, que s'il n'euſt pû entrer dedans Paris, & qu'il euſt trouvé la ville muée, qu'il fut fuy devers les Suiſſes, ou devers le Duc de Milan Franciſque, qu'il reputoit ſon grand amy : & bien luy monſtra ledit Francifque, par le fecours qu'il luy envoya : qui étoit de cinq cens Hommes-d'armes, & trois mille Hommes de pied, fous la conduite de fon fils aifné appellé Galeas, depuis Duc (a) : & vinrent jufques en Foreft, & firent guerre à Monfeigneur de Bourbon : mais à caufe de la mort du Duc Francifque, ils s'en retournerent : & auffi par le confeil qu'il luy donna, en traittant la paix, appellée le traité de Conflans : où il luy manda qu'il ne refufaft nulle chofe qu'on luy demandaft, pour feparer cefte compagnie; mais que (b) feulement fes gens luy demeuraffent.

(a) Ce confeil de François Sforce, Duc de Milan, étoit fage, paroitre accorder tout pour divifer & rompre une Ligue; & Louis XI le pratiqua bien. A peine les Princes furent-ils féparés, qu'ils ne purent fe rejoindre & former une nouvelle affociation. Ce fut bien alors que fe vérifia l'Axiome des Politiques, *divide & impera*, on devient fupérieur à fes ennemis en femant la divifion parmi eux. François Sforce fut un de ces hommes rares, & qui de rien ont le talent de faire quelque chofe. Il étoit fils naturel de Sforce, Comte de Cottignola; il époufa Blanche Marie, fille naturelle de Philippe Marie Vifconti, Duc de Milan. François eut l'induftrie, partie de gré, partie de force, de fe faire Duc de Milan, au commencement de Février 1450, & mourut en 1466, âgé de 66 ans.

(b) Galeas Marie, fuccéda à François fon pere, au

A mon advis, nous n'avions point eſté plus de trois jours devant Paris, quand le Roy y entra. Tantoſt nous commença la guerre trés-forte, & par eſpecial ſur nos fourrageurs : car l'on eſtoit contrainct d'aller loin en fourrage, & falloit beaucoup de gens à les garder. Et faut bien dire qu'en cette Iſle de France eſt bien aſſiſe cette ville de Paris, de pouvoir fournir de ſi puiſſans oſts, car jamais nous n'euſmes faute de vivre : & dedans Paris à grande peine s'appercevoient-ils qu'il y euſt homme, rien n'encherit que le pain, ſeulement d'un denier ſur pain : car nous n'occupions point les rivieres d'audeſſus, qui ſont trois, c'eſt-à-ſçavoir (a) Marne, Yonne, & Seine, &

Duché de Milan; mais ſes débauches & ſa tyrannie occaſionnerent des ſoulevemens, & enfin une conjuration formée, qui le fit périr le lendemain de la fête de Noël de l'an 1476.

(a) Il s'en faut beaucoup que Paris ſe ſoit maintenu dans l'état que le marque ici Comines. Comme on fait rarement des proviſions à Paris, à peine peut-il ſubſiſter huit jours ſans aucun ſecours étranger. C'eſt ce qui s'eſt vû dans le ſiége que Henri IV y mit en 1590. Ce ſiége qui dura plus de trois mois, pouſſa les Bourgeois aux dernieres extrémités, & l'on y fut réduit aux nouritures les plus viles : mais ſelon la remarque de Comines, dès qu'on n'avoit point fermé le haut & le bas de

plufieurs petites rivieres qui entrent en celles-
là. A tout prendre, cette cité de Paris, eft
la cité que jamais je viffe environnée de
meilleur pays & plus plantureux, & eft chofe
prefque incroyable des biens qui y arrivent.
J'y ay efté depuis ce tems avec le Roy Louys,
demy an fans en bouger, logé és Tournelles,
mangeant & couchant avec luy ordinairement : & depuis fon trefpas, vingt mois,
maugré moy, tenu prifonnier (a) en fon
palais, où je voyois de mes feneftres arriver
ce qui montoit contremont la riviere de Seine
du cofté de Normandie. Du deffus en vient
auffi fans comparaifon plus que n'euffe jamais cru, ce que j'en ay veu.

Ainfi donc tous les jours failloit de Paris
force gens, & y eftoyent les efcarmouches
groffes ; noftre guet eftoit de cinquante lances, qui fe tenoient vers la (b) Grange-aux-

la riviere, tout y peut venir en abondance. C'eft le feul
moyen d'affamer cette grande ville.

(a) Philippe de Comines fut détenu pendant trois
ans, dont partie à Loches & partie à Paris. Sa prifon
de Loches arriva au mois de Janvier 1486, d'où il fut
transféré à Paris fur la fin de 1487, & l'Arrêt qui fut
rendu contre lui, eft du 24 jour de Mars 1488, ftyle
ancien.

(b) La Grange-aux-Merciers) étoit au-deffus de

merciers : & avoient des Chevaucheurs le plus prés de Paris qu'ils pouvoient, qui trés-souvent estoient ramenez jusques à eux : & bien souvent falloit qu'ils revinssent sur queuë jusques à notre charroy, en se retirant le pas, & aucunes fois le trot: & puis on leur renvoyoit des gens, qui trés-souvent aussi renvoyoient les autres jusques bien prés les portes de Paris. Et ceci étoit à toutes heures, car en la ville il y avoit plus de deux mille cinq cens Hommes-d'armes, de bonne estoffe, & bien logez : grande force de Nobles de Normandie, & de Francs-Archers, & puis voyoient les Dames tous les jours, qui leur donnoient envie de se monster. De nostre costé il y avoit un trés-grand nombre de gens, mais non point tant de gens de cheval : car il n'y avoit que les Bourguignons (qui estoient environ quelques deux mille lances, que bons que mauvais) qui n'estoient point si bien accoustrez que ceux de dedans Paris, par la longue paix qu'ils avoient euë, comme j'ay dit autrefois. (a) Encore de ce nombre

Paris sur la riviere, au-dessous de Conflans, comme le marque Olivier de la Marche, livre I, chapitre 35, pages 478, édition de Louvain, 1643, c'est au lieu de Bercy.

(a) Voyez ci-devant Chapitre III sur la fin.

en y avoit à Lagny deux cens Hommes-d'armes, & y eſtoit le Duc de Calabre. De gens à pied nous avions grand nombre & de bons. L'armée des Bretons eſtoit à Sainct-Denis, qui faiſoient la guerre là où ils pouvoient, & les autres Seigneurs eſpars pour les vivres. Sur la fin y vinrent le Duc de Nemours, le Comte d'Armignac, & le Seigneur d'Albret. Leurs gens demeurerent loin, pour ce qu'ils n'avoient point de payement, & qu'ils euſſent affamé noſtre oſt, s'ils euſſent pris ſans payer; & ſçay bien que le Comte de Charolois leur donna de l'argent, juſques à cinq ou ſix mille francs : & fut adviſé que leurs gens ne viendroient point plus avant. Ils eſtoient bien ſix mille hommes de cheval, qui faiſoient merveilleuſement de maux.

CHAPITRE IX.

Comment l'artillerie du Comte de Charolois & celle du Roy tirerent l'un contre l'autre prés Charenton : & comment le Comte de Charolois fit faire derechef un pont ſur batteaux en la riviere de Seine.

EN retournant au fait de Paris, il ne faut douter que nul jour ne ſe paſſoit ſans perte ou gain, tant d'un coſté que d'autre, mais de grosses choses n'y avint rien. Car le Roy ne vouloit point (a) souffrir que ses gens saillissent en grosses bandes : ny ne vouloit rien mettre en hazard de la bataille, & desiroit paix, & sagement departir cette assemblée. Toutesfois un jour bien matin, vinrent loger droit vis-à-vis l'hostel de Conflans, au long de la riviere & sur le fin bord, quatre mille Francs-Archers. Les Nobles de Normandie, & quelque peu de Gens-d'armes d'ordonnance demeurerent à un quart de lieuë de là, en un village, & depuis leurs Gens de pied jusques-là, n'y avoit qu'une belle plaine. La riviere de Seine estoit entre nous & eux : & commencerent ceux du Roy une tranchée à l'endroit de Charenton, où ils firent un boulevart de bois & de terre, jusques au bout de nostre ost : & passoit ledit fossé par devant Conflans, la riviere entre deux, comme dit est ; & là assortirent grand nombre d'artillerie, qui d'entrée chassa tous les gens du Duc de Calabre, hors du village de Charenton : & fallut qu'à grande haste ils vins-

(a) Les Princes ne doivent facilement hazarder bataille contre leurs sujets, au tems qu'ils commencent à se mutiner, & telle fut l'opinion de Louis XI. La même maxime se trouve Chap. III & ci-après dans ce même Chapitre.

sent

fent loger avec nous : & y eut des gens & des chevaux de tuez, & logea le Duc Jean en un petit corps d'hoftel, tout droit au devant de celuy de Monfeigneur de Charolois, à l'oppofite de la riviere.

Cette artillerie commença premierement à tirer par noftre oft, & efpouventa fort la compagnie; car elle tua des gens d'entrée, & tira deux coups par la chambre où le Seigneur de Charolois eftoit logé, comme il difnoit, & tua un Trompette, en apportant un plat de viande fur le degré.

Après le difner ledit Comte de Charolois defcendit en l'eftage bas, & delibera n'en bouger, & la feift tendre au mieux qu'il peut. Le matin vinrent les Seigneurs tenir confeil, & ne fe tenoit point le confeil ailleurs que chez le Comte de Charolois : & tousjours après le confeil difnoient tous enfemble : & fe mettoient les Ducs de Berry & de Bretagne au banc, le Comte de Charolois & le Duc de Calabre au devant : & portoit ledit Comte honneur à tous (a), les conviant à l'affiete. Auffi le devoit bien faire à d'aucuns, & à tous, puifque c'eftoit chez luy.

(a) C'eft-à-dire les convioit à manger, ou à fe mettre à table.

Il fut advifé que toute l'artillerie de l'oft feroit affortie encontre celle du Roy. Ledit Seigneur de Charolois en avoit trés-largement, le Duc de Calabre en avoit de belle, & auffi le Duc de Bretagne. L'on fit de grands trous aux murailles, qui font au long de la riviere derriere ledit hoftel de Conflans, & y affortit-on les meilleurs pieces, excepté les Bombardes & autres groffes pieces, qui ne tirerent point, & le demeurant, où elles pouvoient fervir. Ainfi en y eut du cofté des Seigneurs beaucoup plus que de celuy du Roy. La tranchée, que les gens du Roy avoient faite, eftoit fort longue, tirant vers Paris, & tousjours la tiroient avant, & jettoient la terre de noftre cofté, pour foy taudir (a) de l'artillerie, car tous eftoient cachez dedans le foffé, ny nul n'euft ofé monftrer la tefte. Ils eftoient en lieu plain comme la main, & en belle prairie.

Je n'ay jamais tant veu tirer pour fi peu de jours, car de noftre cofté on s'attendoit de les chaffer de là à force d'artillerie. Aux autres en venoit de Paris tous les jours, qui

(a) Taudir] & taudiffoient, qui eft quelques lignes plus bas. On voit par la fituation de ce mot, qu'il fignifie fe mettre à couvert ou fe garentir, mais en le cachant dans des tranchées ou des foûterrains.

faifoient bonne diligence de leur cofté, & n'efpargnoient point la poudre. Grande quantité de ceux de noftre oft firent des foffez en terre à l'endroit de leurs logis. Encores davantage y en avoit beaucoup, pource que c'eft lieu où l'on a tiré de la pierre. Ainfi fe taudiffoit chacun, & fe paffa trois ou quatre jours. La crainte fut plus grande que la perte des deux coftez, car il ne fe perdit nul homme de nom.

Quand ces Seigneurs virent que ceux du Roy ne s'efmouvoient point, il leur fembla honte & peril, & que ce feroit donner cœur à ceux de Paris. Car par quelque jour de treves, il y vint tant de peuple, qu'il fembloit que rien ne fuft demeuré en la ville. Il fut conclu en un confeil, que l'on feroit un fort grand pont fur grands bateaux, & coupperoit-on l'eftroit du bateau, & ne s'afferroit le bois que fur le large, & au dernier couplet y auroit de grandes ancres pour jetter en terre. Avec cela furent amenez plufieurs grands batteaux de Seine, qui euffent pû aider à paffer la riviere, & affaillir les gens du Roy. A maiftre Girauld, Canonnier, fut donnée la charge de cet ouvrage, auquel il fembloit que pour les Bourguignons eftoit grand avantage de ce que les autres avoient jetté les terres de noſtre coſté : pour ce que quand ils feroient outre la riviere, ceux du Roy trouveroient leur tranchée beaucoup au-deſſous des aſſaillans, & qu'ils n'oferoient faillir dudit foſſé, pour crainte de l'artillerie.

Ces raiſons donnerent grand cœur aux noſtres de paſſer : & fut le pont achevé, amené & dreſſé, ſauf le dernier couplet, qui tournoit de coſté, preſt à dreſſer, & tous les bateaux amenez. Dés qu'il fuſt dreſſé, vint un Officier d'armes du Roy, dire que c'eſtoit contre la tréve, pour ce que ce jour, & le jour precedent, y avoit eu tréve, & venoit pour voir que c'eſtoit. A l'aventure il trouva Monſieur de (a) Bueil, & pluſieurs autres ſur ledit pont, à qui il parla. Ce ſoir paſſoit la tréve. Il y pouvoit bien paſſer trois Hommes-d'armes, la lance ſur la cuiſſe, de front, & y pouvoit bien avoir ſix grands bateaux, que chaſcun eut bien paſſé mille hommes à la fois, & pluſieurs petits : & fut accouſtrée l'artillerie, pour les ſervices à ce paſſage. Si furent faites les bendes, & les rooles de ceux qui devoient paſſer, & en

(a) De Bueil.] Suivant le MS de Saint-Germain des Prez & autres, l'imprimé portoit Bouillet, mais mal à ce qu'il paroît.

estoient Chefs le Comte de Sainct-Paul, & le Seigneur de Haultbourdin.

Dés que minuit fut passé, commencerent à s'armer ceux qui en estoient, & avant jour furent armez : & oyoient les aucuns messe en attendant le jour, & faisoient ce que bons Chrestiens font en tel cas. Cette nuit je me trouvay en une grand'tente, qui estoit au milieu de l'ost, où l'on faisoit le guet : & estoys du guet cette nuit là (car nul n'en estoit excusé) & estoit chef de ce guet Monseigneur de Chastel-Guyon, (a) qui mourut depuis à Granson : & s'attendoit l'heure de voir cet esbat. Soudainement nous ouysmes ceux qui estoient en ces tranchées, qui commencerent à crier à haute voix, Adieu voisins, Adieu : & incontinent mirent le feu en leurs logis, & retirerent leur artillerie. Le jour commença à venir. Les

---

(a) Ou Château-Guyon. Louis de Châlon fils puisné de Louis de Châlon Prince d'Orange, & d'Eléonor d'Armagnac sa seconde femme, Chevalier de la toison d'or. Cette journée de Granson dont il est ici parlé, & qui ne fut point avantageuse au Duc de Bourgogne, se passa au mois de Fevrier 1479 peu de tems avant la défaite du même Duc à Morat, l'un & l'autre en Suisse : au lieu de Granson le MS. de Saint-Germain des Prez met Morat.

ordonnez à cette entreprife eftoient jà fur la riviere, au moins partie, & virent les autres jà bien loin qui fe retiroient à Paris. Ainfi donc chacun s'alla defarmer, trés-joyeux de ce departement. Et à la verité ce que le Roy avoit mis de gens, ce n'eftoit que pour battre noftre oft d'artillerie, & non pas en intention de combattre; car il ne vouloit rien mettre en hazard, comme j'ay dit ailleurs; nonobftant que fa puiffance fut trés-grande pour tant qu'il y avoit de Princes enfemble. Mais fon intention (comme bien le monftra) eftoit de traiter de paix, & departir la compagnie, fans mettre fon eftat (qui eft fi grand & fi bon que d'eftre Roy de ce grand & obeiffant Royaume de France) en peril de chofe fi incertaine qu'une bataille.

Chafcun jour fe menoit de petits marchez, pour fortraire gens l'un à l'autre : & eut plufieurs jours de tréves & affemblées d'une part & d'autre, pour traitter paix : & fe faifoit ladite affemblée en la Grange-aux-merciers, affez prés de noftre oft. De la part du Roy y venoit le Comte du Maine, & plufieurs autres. De la part des Seigneurs, le Comte de Sainct-Paul, & plufieurs autres; auffi de tous les Seigneurs. Affez de fois furent affemblez sans rien faire : & cependant duroit la tréve, & s'entrevoyoient beaucoup de gens des deux armées, un grand fossé entre deux, qui est comme mi-chemin, les uns d'un costé, les autres de l'autre, car par la tréve nul ne pouvoit passer. Il n'estoit jour qu'à cause de ces veuës ne se vint rendre dix ou douze hommes du costé des Seigneurs, & aucunes fois plus ; un autre jour s'en alloient autant des nostres. Et pour cette cause s'appella le lieu depuis, le Marché, pour ce que telles marchandises s'y faisoient. Et pour dire la verité, telles assemblées & communications sont bien dangereuses en telles façons; & par especial pour celuy qui est en plus grande apparence de decheoir. Naturellement la pluspart des gens ont l'œil ou à s'accroistre ou à se sauver, ce qui aisément les fait tirer aux plus forts. Autres y en a si bons & si fermes, qu'ils n'ont nuls de ces regards : mais peu s'en trouve de tels. Et par especial est ce danger quand ils ont Prince qui cherche à gagner gens, qui est une trés-grand'grace que Dieu fait au Prince, qui le sçait faire : & est signe qu'il n'est point entaché de ce fort vice & peché d'orgueil, qui procure haines envers toutes personnes. Pour quoy, comme j'ay dit, quand on vient à tels marchés que de traitter paix, il se doit faire par les plus feables serviteurs que les Princes ont, & gens d'aage moyen : afin que leur foiblesse ne les conduise à faire quelque marché deshonneste, ne à espouventer leur retour, plus que de besoin : & plustost empescher ceux qui ont receu quelque grace ou bienfait de luy, que nuls autres, mais sur tout sages gens, car d'un fol ne fit jamais homme son profit ; se doivent plustost conduire ces traités loin que prés. Et quand lesdits Ambassadeurs retournent, les faut ouyr seuls, ou à peu de compagnie : afin que si leurs paroles sont pour espouventer les gens, qu'ils leur disent les langages, dont ils doivent user à ceux qui les enquerront : car chacun desire de sçavoir nouvelles d'eux, quand ils viennent de tels traitez, & plusieurs disent : *Tel ne me celera rien*. Si feront, s'ils sont tels comme je dis, & qu'ils connoissent qu'ils ayent maistres sages.

CHAPITRE X.

Digression sur quelques vices & vertus du Roy Louis onziesme.

JE me suis mis en ce propos, par ce que j'ay veu beaucoup de tromperies en ce monde, & de beaucoup de serviteurs envers leurs maiſtres, & plus ſouvent tromper les Princes & Seigneurs orgueilleux, qui peu veulent ouyr parler les gens, que les humbles qui volontiers les eſcoutent. Et entre tous ceux que j'ay jamais connu, le plus ſage pour ſoy tirer d'un mauvais pas, en temps d'adverſité, c'eſtoit le Roy Louis XI noſtre maiſtre : le plus humble en paroles & en habits : & qui plus travailloit à gagner un homme qui le pouvoit ſervir, ou qui luy pouvoit nuire. Et ne s'ennuyoit point d'eſtre refuſé une fois d'un homme qu'il pretendoit gagner, mais y continuoit, en luy promettant largement, & donnant par effet argent & eſtats qu'il connoiſſoit qui luy plaiſoient. Et ceux qu'il avoit chaſſez & deboutez en temps de paix & de proſperité, il les rachetoit bien cher, quand il en avoit beſoin, & s'en ſervoit : & ne les avoit en nulle haine pour les choſes paſſées. Il eſtoit naturellement ami des gens de moyen eſtat, & ennemy de tous grands qui ſe pouvoient paſſer de luy. Nul homme ne preſta jamais tant l'oreille aux gens, ny ne s'enquiſt de tant de choſes, comme il faiſoit, ne qui vouluſt jamais connoiſtre tant de gens ; car auſſi veritablement il connoiſſoit toutes gens d'authorité & de valeur, qui eſtoient en Angleterre, en Eſpagne, en

Portugal, en Italie, & és Seigneuries du Duc de Bourgogne, & Bretagne, comme il faifoit fes fujets (a). Et ces termes & façons qu'il tenoit, dont j'ay parlé cy-deſſus, luy ont fauvé la couronne, veu les ennemis qu'il s'eſtoit luy-meſme acquis à fon avenement au Royaume. Mais fur tout luy a fervi fa grande largeſſe; car ainſi comme fagement il conduifoit l'adverſité, à l'oppoſite dés ce qu'il cuidoit eſtre aſſeur, ou feulement en une tréve, fe mettoit à mefcontenter les gens, par petits moyens, qui peu luy fervoient, & à grand'peine pouvoit endurer paix. Il eſtoit leger à parler des gens, & auſſi toſt en leur prefence qu'en leur abfence; fauf de ceux qu'il craignoit, qui eſtoit beaucoup: car il eſtoit aſſez craintif de fa propre nature. Et quand pour parler il avoit receu quelque dommage, ou en avoit fufpicion, & le vouloit reparer, il uſoit de cette parole au per-

(a) Les Letttes originales de Louis XI dont nous donnons quelques-unes dans la Préface & dans les Preuves de cet ouvrage, font connoître fon efprit de détail : il vouloit qu'on lui envoyât des liſtes caractériſées, même des mauvais fujets; & il prétendoit que les particuliers s'addreſſaſſent à lui. C'eſt ce que l'on a pu apercevoir dans la Préface génerale de cette édition.

sonnage propre (a) : *Je sçay bien que ma langue m'a porté grand dommage, aussi m'a-elle fait quelquefois du plaisir beaucoup : toutesfois c'est raison que je repare l'amende.* Et n'usoit point de ces privées paroles, qu'il ne fist quelque bien au personnage à qui il parloit, & n'en faisoit nuls petits.

Encore fait Dieu grand'grace à un Prince quand il sçait le bien & le mal, & par especial quand le bien (b) precede, comme au Roy nostre maistre dessusdit. Mais à mon advis, que le travail qu'il eut en sa jeunesse, quand il fut fugitif de son pere, & fuit sous le Duc Philippe de Bourgogne, où il fut six ans, luy valut beaucoup : car il fut contraint de complaire à ceux dont il avoit besoin : & ce bien, qui n'est pas petit, luy apprit adversité (c). Comme il se trouva grand & Roy couronné, d'entrée ne pensa qu'aux vengeances, mais tost luy en vint le dommage, & quand & quand la repentance. Et repara

(a) C'est de quoi on trouve un exemple plus bas, Chap. XII du Livre III.

(b) Precede.] C'est-à-dire surpasse.

(c) Quand un Prince a eu du mal & du travail étant jeune ; il n'en vaut que mieux sur l'âge. C'est ce que l'on a vû depuis dans les Roi Louis XII, & Henry IV.

cette folie & cette erreur, en regagnant ceux aufquels il faifoit tort, comme vous entendrez cy-aprés. Et s'il n'euft eu la nourriture autre que les Seigneurs que j'ay veu nourrir en ce Royaume, je ne croy pas que jamais fe fuft reffous : car ils ne les nourriffent feulement qu'à faire les fols en habillemens & en paroles. De nulles lettres ils n'ont connoiffance. Un feul fage homme on ne leur met à l'entour. Ils ont des Gouverneurs à qui on parle de leurs affaires, à eux rien, & ceux-là difpofent de leurs affaires; & tels Seigneurs y a qui n'ont que treize livres de rente en argent, qui fe glorifient de dire : *Parlez à mes gens :* cuidans par cette parole contrefaire les trés-grands Seigneurs. Auffi ay-je bien veu fouvent leurs ferviteurs faire leur profit d'eux, & leur donner à connoiftre qu'ils eftoient beftes. Et fi d'aventure quelqu'un s'en revient, & veut connoiftre ce qui luy appartient, c'eft fi tard qu'il ne luy fert plus de gueres : car il faut noter que tous les hommes, qui jamais ont efté grands & fait grandes chofes, ont commencé fort jeunes. Et cela gift à la nourriture, ou vient de la grace de Dieu.

CHAPITRE XI.

Comment les Bourguignons estans prés de Paris, attendans la bataille, cuiderent des chardons qu'ils virent, que ce fussent lances debout.

Or ay-je long-temps tenu ce propos; mais il est tel que n'en sors pas bien quand je veux: & pour revenir à la guerre, vous avez ouy comme ceux que le Roy avoit logez en cette tranchée, au long de cette riviere de Seine, se deslogerent à l'heure que l'on les devoit assaillir. La tréve ne duroit jamais gueres qu'un jour ou deux. Aux autres jours se faisoit la guerre tant aspre qu'il estoit possible, & continuoient les escarmouches depuis le matin jusques au soir. Grosses bandes ne sailloient point de Paris: toutesfois souvent nous remettoient nostre guet, & puis on le renforçoit. Je ne vis jamais une seule journée qu'il n'y eust escarmouche, quelque petite que ce fust: & croy bien que si le Roy eust voulu, qu'elles y eussent esté bien plus grosses: mais il estoit en grand soubçon, & de beaucoup, qui estoit sans cause. Il m'a autrefois dit qu'il trouva une nuit la Bastille Sainct-Antoine ouverte, par la porte des champs, de nuit. Ce qui luy donna grand' suspicion de Messire Charles de Meleun (a) pour ce que son pere tenoit la place. Je ne dis autre chose dudit Messire Charles, que ce que j'en ay dit, mais meilleur serviteur n'eut point le Roy pour cette année-là.

Un jour fut entrepris à Paris pour nous venir combattre, & croy que le Roy n'en delibera rien, mais les Capitaines, & de nous assaillir de trois costez. Les uns devers Paris, qui devoit estre la grand'compagnie. Une autre bande devers le Pont-de-Charanton; & ceux-là n'eussent gueres sceu nuire: & deux cens Hommes-d'armes, qui devoient venir par devers le Bois-de-Vincennes. De cette conclusion fut adverty l'ost, environ la minuit, par un Page, qui vint crier de l'autre part de la riviere, que aucuns bons amis des Seigneurs les advertissoient de l'entreprise (qu'avez ouy) & en nomma aucuns, & incontinent s'en-alla.

Sur la fine pointe du jour vint Messire Poncet de Riviere devant ledit Pont-de-Charenton, & Monseigneur du Lau (b) d'autre

(a) Seigneur de Nantouillet, dont il est parlé ci-devant, & dont il sera encore parlé.

(b) Antoine de Chasteau-neuf Grand-Bouteiller de France, Sénéchal de Guyenne, Grand-Chambellan du Roi Louis XI & son favori.

part, devers le Bois de Vincennes, jufques à noftre artilerie, & tuerent un Canonier. L'alarme fut fort grande, cuidant que ce fuft ce dont le Page avoit adverty la nuit. Toft fut armé Monfeigueur de Charolois: mais encore pluftoft Jean Duc de Calabre, car à tous alarmes c'eftoit le premier homme armé, & de toutes pieces, & fon cheval tousjours bardé. Il portoit un habillement que ces conducteurs portent en Italie, & fembloit bien Prince & chef de guerre : & tiroit tousjours droit aux barrieres de noftre oft, pour garder les gens de faillir; & y avoit d'obéiffance autant que Monfeigneur de Charolois, & luy obeïffoit tout l'oft de meilleur cœur: car à la vérité il eftoit digne d'être honoré.

En un moment tout l'oft fut en armes, & à pied, au long des chariots par le dedans, fauf quelques deux cens chevaux, qui eftoient dehors au guet : (& excepté ce jour) je ne connu jamais que l'on euft efperance de combattre, mais cette fois chacun s'y attendoit. Et fur ce bruit arriverent les Ducs de Berry & de Bretagne, que jamais je ne vis armés que ce jour. Le Duc de Berry eftoit armé de toutes pieces. Ils avoient peu de gens, ainfi ils pafferent par le camp, & fe mirent un peu au dehors pour trouver Mefseigneurs de Charolois & de Calabre, & là parloient ensemble. Les Chevaucheurs, qui estoient renforcez, allerent plus prés de Paris ; & veirent plusieurs Chevaleureux qui venoient pour sçavoir ce bruit en l'ost. Nostre artillerie avoit fort tiré, quand ceux de Monseigneur du Lau s'en estoient approchez si pres. Le Roy avoit bonne artillerie sur la muraille de Paris, qui tira plusieurs coups jusques à notre ost, qui est grand'chose (car il y a deux lieuës) mais je croy bien que l'on avoit levé le nez bien haut aux bastons (a). Ce bruit d'artillerie faisoit croire de tous les deux costez quelque grande entreprise. Le temps estoit fort obscur & trouble, & nos Chevaucheurs qui s'estoient approchez de Paris, voyoient plusieurs Chevaucheurs, & bien loin outre devant eux voyoient grande quantité de lances debout, ce leur sembloit, & jugeoient que c'estoient toutes les batailles du Roy, qui estoient aux champs, & tout le peuple de Paris : & cette imagination leur donnoit l'obscurité du temps.

Ils se reculerent droit derriere ces Sei-

(a) Bastons.] C'est ainsi que l'on appelloit quelquefois les Canons & Coulevrines, & même les Mousquets : mais le plus souvent on les appelloit *Bastons à-feu.*

gneurs,

gheurs, qui eſtoient hors de noſtre camp, & leur ſignifierent ces nouvelles, & les aſſeurerent de la bataille. Le Chevaucheurs ſaillis de Paris s'approchoient touſjours: pour ce qu'ils voyoient reculer les noſtres, qui encores les faiſoit mieux croire. Lors vint le Duc de Calabre là ou eſtoit l'eſtendart du Comte de Charolois, & la pluſpart des gens de bien de ſa maiſon, pour l'accompagner, & ſa banniere preſte à deſployer, & le guidon de ſes armes, qui eſtoit l'uſance de cette maiſon; & là nous dit à tous ledit Duc Jean: *Or ça nous ſommes à ce que nous avons tous deſiré: voilà le Roy & tout ce peuple ſailly de la ville, & marchent, comme diſent nos Chevaucheurs: & pour ce, que chacun ait bon vouloir & cœur. Tout ainſi qu'ils ſaillent de Paris nous les aunerons à l'aune de la ville, qui eſt la grande aulne* (a). Ainſi alla reconfortant la compagnie. Nos Chevaucheurs avoient un petit repris de cœur, voyans que les autres Chevaucheurs eſtoient foibles, ſe raprocherent de la ville, & trouverent encore ces batailles au lieu où ils les avoient

(a) Ce mot a rapport à l'aune de Paris, qui eſt plus grande que celle de Flandres, Hollande, Angleterre, & autres pays, la plupart étant de moitié plus petite.

laissées : qui leur donna nouveau pensement. Ils s'en approcherent le plus qu'ils peurent, mais estant le jour un peu haussé & esclaircy, ils trouverent que c'estoient grands chardons. Ils furent jusques auprès des portes, & ne furent honteux ceux qui avoient dit ces nouvelles : mais le temps les excusa, avec ce que le Page avoit dit la nuit de devant.

CHAPITRE XII.

Comment le Roy & le Comte de Charolois parlerent ensemble, pour cuider moyenner la paix.

LA pratique de paix continuoit tousjours, plus estroit entre le Roy & le Comte de Charolois qu'ailleurs, pour ce que la force gisoit en eux ; les demandes des Seigneurs estoient grandes, par especial pour ce que le Duc de Berry vouloit la Normandie pour son partage : ce que le Roy ne vouloit accorder. Le Comte de Charolois vouloit avoir les villes assises sur la riviere de Somme, comme Amiens, Abbeville, Sainct-Quentin, Peronne, & autres : que le Roy avoit rachetées du Duc Philippe, il n'y avoit pas (a) trois mois : les-

(a) Au Chapitre XIV au lieu de trois mois il en met neuf; mais Comines se trompe également dans ces

quelles avoit euës ledit Duc, par la paix d'Arras, du Roy Charles septiesme. Le Comte de Charolois disoit, que de son vivant le Roy ne les devoit racheter, luy ramentevoit combien il estoit tenu à sa maison : car durant qu'il estoit fugitif de son pere, le Roy Charles, il y fut receu & nourri six ans, ayant deniers de luy pour son vivre, & puis fut amené par eux jusques à Reims & à Paris à son Sacre. Ainsi avoit pris le Comte de Charolois en trés-grand despit ce rachapt des terres dessusdites.

Tant fut demenée cette pratique de paix, que le Roy vint un matin par eau, jusques vis à vis de nostre ost, ayant largement de chevaux sur le bord de la riviere : mais en son bateau n'estoient que quatre ou cinq

deux endroits : Ce fut au mois de Septembre 1463 que Louis XI remboursa au Duc de Bourgogne, Philippe le bon, les quatre cens mille écus d'or & retira les villes de la riviere de Somme ; ainsi il y avoit deux ans, puisque la paix de Conflans se fit le 5 Octobre 1465. Cette faute peut être pardonnée à Comines, qui, au tems du remboursement, n'étoit pas à la Cour de Bourgogne, n'y étant arrivé qu'au mois de Novembre 1464.

personnes, hormis ceux qui le tiroient : & y avoit Monseigneur de Lau, Monseigneur de Montauban, lors Admiral de France, Monseigneur de Nantouillet, & autres. Les Comte de Charolois & de Sainct-Paul estoient sur le bord de la riviere de leur costé, attendans ledit Seigneur. Le Roy demanda à Monseigneur de Charolois ces mots : Mon frere, m'asseurez-vous ? car autrefois ledit Comte avoit épousé sa sœur (a). Ledit Comte luy respondit (b) : Monseigneur, Oui comme frere. Je l'ouis, si feirent assez d'autres. Le Roy descendit à terre, avec les dessusdits, qui estoient venus avec luy. Les Comtes dessusdits luy firent grand honneur, comme raison estoit : & luy n'en estoit point chiche, & commença la parole, disant : *Mon frere, je connoy que vous estes Gentilhomme, & de la maison de France.* Ledit Comte de Charolois luy demanda : *Pourquoy, Monseigneur ? Pour ce* (dit-il) *que quand j'envoyay mes Ambassadeurs à l'Isle, n'a gueres, devers mon oncle vostre pere, & vous, & que ce fol Morvillier parla si*

(a) Madame Catherine de France, fille du Roi Charles VII morte en 1446.

(b) Le vieil Exemplaire dit : Monsieur, ouy. Je l'ouy, si firent assez d'autres. Le Roi ; &c.

bien à vous, vous me mandaftes par l'Archevefque de Narbonne (qui eft Gentilhomme, & il le montra bien, car chacun fe contenta de luy) que je me repentiroye des paroles que vous avoit dit ledit Morvillier, avant qu'il fuft le bout de l'an : Et dit le Roy à ces paroles : *Vous m'avez tenu promeffe : & encores beaucoup pluto/t que le bout de l'an.* Et le dit en bon vifage & riant, connoiffant la nature de celuy à qui il parloit eftre telle, qu'il prendroit plaifir aufdites paroles : & feurement elles luy plûrent. Puis pourfuivit ainfi : *Avec telles gens je veux avoir à befogner, qui tiennent ce qu'ils promettent.* Et defavoüa ledit (a) Morvillier, difant ne luy avoir point donné de charge d'aucunes paroles qu'il avoit dites. En effet long temps fe pourmena le

(a) Louis XI defavoue le Chancelier Morvillier, & ce, contre l'inftruction qu'il lui avoit donnée. Je ne puis m'empêcher à ce fujet, de rapporter ce que dit Brantofme, qu'il ne faut jamais parler mal des Princes même ennemis, ils font tous freres, & ce qu'on dit d'injurieux de l'un, attaque indirectement les autres : *Ils s'entendent comme Larrons en foires*, & le médifant eft ordinairement facrifié à la réconciliation des ennemis. C'eft la maxime très véritable de cet agréable Ecrivain, qui s'eft trouvé dans les tems orageux de notre Monarchie, où l'occafion doit rendre circonfpect.

Roy au milieu de ces deux Comtes. Du costé dudit Comte de Charolois avoit largement gens armez, qui les regardoient assez de prés. Là fut demandé cette Duché de Normandie (a) &

(a) C'est ainsi que ce prétendu bien public dégénera en bien particulier : non-seulement les Chefs voulurent être récompensés de leur révolte, mais encore les Seigneurs particuliers se firent donner des charges, des honneurs, ou des pensions; & l'on trouve dans le premier volume des MSS. de Grandvelle, qui sont dans l'Abbaye de Saint Vincent de Besançon, toutes les demandes des Chefs : sçavoir, la Normandie pour le Duc de Berry; Mouzon, Sainte-Menehoud & Vaucouleur, pour le Duc de Calabre, fils de René Roi de Sicile, outre quinze cens lances, ce qui faisoit une espece d'armée payée pour six mois; le Comte de Charolois recouvra les villes de la riviere de Somme, qui devoient passer à son premier héritier, & aprés leur mort pouvoient être rachetées le prix d'onze cens mille écus, mais il devoit avoir à perpétuité Boulogne & Boulenois, Perone, Mondidier & Roye, & l'on devoit rétablir la Pragmatique : le Duc de Bourbon demandoit quelques places en Auvergne, trois cens lances, une pension, & cens mille écus d'or comptans : le Duc de Bretagne obtint Estampes, Monfort, & Nantes, avec les regales de Bretagne que lui disputoit Louis XI. Le Comte de Saint-Pol fut fait Connétable; le Comte de Dammartin fut rétabli dans ses biens : tous les autres eurent à proportion de leur avidité. Quand cela fut terminé, on ne s'embarassa

la riviere de Somme, & plufieurs autres demandes pour chacun & aucunes ouvertures, ja pieça faites pour le bien du Royaume : mais c'eſtoit là le moins de la queſtion, car le bien eſtoit converty en bien particulier. De Normandie, le Roy n'y vouloit entendre pour nulles choſes : mais accorda audit Comte de Charolois ſa demande : & offrit audit Comte de Sainct-Paul l'office de Connetable, en faveur dudit Comte de Charolois : & fut leur Adieu trés-gracieux, & ſe remit le Roy en ſon bateau, & retourna à Paris, & les autres à Conflans.

Ainſi ſe paſſerent ces jours, les uns en treves, les autres en guerre : mais toutes paroles d'appointement s'eſtoient rompues (j'entend où les deputez d'un coſté & d'autre s'eſtoient accouſtumez d'aſſembler, qui eſtoit à la Grange-aux-merciers) mais la pratique deſſuſdite s'entretenoit entre le Roy & ledit Seigneur de Charolois, & alloient envoyans gens de l'un à l'autre, nonobſtant qu'il fuſt guerre, & y alloit un nommé Guillaume de Biſche

---

que médiocrement du bien public : ainſi en eſt-il dans la plûpart des Guerres civiles, le peuple qui a la folie de s'y prêter, en eſt ordinairement la victime.

(a) & un autre appellé Guillot Divoye, eſtans au Comte de Charolois tous deux : toutes fois avoient autrefois receu bien du Roy ; car le Duc Philippe les avoit bannis, & le Roy les avoit recueillis, à la requeſte dudit Seigneur de Charolois. Ces allées ne plai-ſoient pas à tous ; & commençoient ja ces Seigneurs à ſe deffier l'un de l'autre, & à ſe laſſer ; & n'euſt eſté ce qui ſurvint peu de jours aprés, ils s'en fuſſent tous allez hon-teuſement. Je les ay veu tenir trois conſeils en une chambre, où ils eſtoient tous aſſem-blez, & vis un jour qu'il en deſplût bien au Comte de Charolois, car il s'eſtoit desja fait deux fois en ſa preſence, & il luy ſem-bloit bien que la plus grande (b) force de cet oſt eſtoit ſienne, & parler en conſeil en ſa chambre ſans l'y appeler, ne ſe devoit point faire. Et en parla au Seigneur de Contay,

(a) Il en eſt parlé ci-après Livre V Chapitre XV. C'eſt ce qui s'eſt encore vû depuis.

(b) On lit dans les imprimés : plus grand choſe & toute, c'eſtoit que de parler en ſa preſence & ſans l'appeller ; mais nous avons ſuivi le MSS. de Saint Germain des Prez & autres, qui ſont plus clairs pour le ſens.

bien fort sage homme (comme j'ay dit ailleurs) qui luy dit qu'il le portast patiemment; car s'il les courrouçoit, qu'ils trouveroient mieux leur appointement que luy, & que comme il estoit le plus fort, il falloit qu'il fut le plus sage, & qu'il les gardast de se diviser, & mit peine à les entretenir joincts de tout son pouvoir, & qu'il dissimulast toutes ces choses; mais qu'à la verité l'on s'ebahissoit assez, & mesmement chez luy, de quoy si petits personnages, comme les dessus deux nommez, s'empeschoient de si grand'matiere, & que c'estoit chose dangereuse, encores ayant affaire à Roy si liberal comme cestuy-cy. Ledit de Contay haïssoit ledit Guillaume de Bische; toutesfois il disoit ce que plusieurs autres disoient comme luy; & croy que sa suspicion ne l'en faisoit point parler, mais seulement la necessité de la matiere. Audit Seigneur de Charolois plût ce conseil, & se mit à faire plus de feste & de joye avec ces Seigneurs, que auparavant, & avec meilleure chere; & eut plus de communication avec eux, & leurs gens, qu'il n'avoit accoustumé; & à mon advis qu'il en estoit grand besoin, & danger qu'ils ne s'en fussent separez.

Un sage homme sert bien en telle compagnie, mais qu'on le veuille croire, & ne se pourroit trop acheter. Mais jamais je n'ay connu Prince, qui ait sceu connoistre la difference entre les hommes, jusques à ce qu'il se soit trouvé en necessité, & en affaire; & s'ils le connoissoient, si l'ignoroient-ils; & departent leur authorité à ceux qui plus leur sont agreables & pour l'aage qui leur est plus sortable, & pour estre conformes à leurs opinions : ou aucunes fois sont maniez par ceux qui sçavent & conduisent leur petits plaisirs. Mais ceux qui ont entendement s'en reviennent tost, quand ils en ont besoin. Tels ay-je veu, le Roy, ledit Comte de Charolois, pour le temps de lors, & le Roy Edouard d'Angleterre, & autres plusieurs : & à telle heure j'ay veu ces trois qui leur en estoit besoin, & qu'ils avoient faute de ceux qu'ils avoient mesprisez. Et depuis que ledit Comte de Charolois eut esté une piece Duc de Bourgogne, & que la fortune l'eut mis plus haut que ne fut jamais homme de sa maison, & si grand qu'il ne craignoit nul Prince pareil à luy, Dieu le souffrit cheoir en cette gloire; & tant luy diminua du sens qu'il mesprisoit tout autre conseil du monde, sauf le sien seul; & aussi tost après finit sa vie douloureusement avec grand nombre de gens, & de ses subjets, & desola sa maison, comme vous voyez.

CHAPITRE XIII.

Comment la ville de Roüen fut mise entre les mains du Duc de Bourbon, pour le Duc de Berry, par quelques menées : & comment le traitté de Conflans fut de tous poincts conclu.

Pour ce qu'ici-dessus, j'ay beaucoup parlé des dangers qui sont en ces traittez, & que les Princes y doivent estre bien sages, & bien connoistre quelles gens les meinent, & par especial celuy qui n'a pas le plus apparent du jeu; maintenant s'entendra qui m'a meu de tenir si long conte de cette matiere. Cependant que ces traittez se menoient par voyes d'assemblées, & que l'on pouvoit communiquer les uns avec les autres, en lieu de traitter paix, se traitta par aucuns que la Duché de Normandie se mettroit entre les mains du Duc de Berry, seul frere du Roy, & que là il prendroit partage, & laisseroit Berry au Roy : & tellement fut conduite cette marchandife, que Madame la Grand'Senefchale de Normandie (a) & aucuns à fon adveu, comme ferviteurs & parens, mirent le Duc Jehan de Bourbon au chafteau de Roüen, & par là entra en la ville, laquelle toft fe confentit à cette mutation, comme trop defirant d'avoir Prince qui demeuraft au pays de Normandie, & le femblable firent toutes les villes & places de Normandie, ou peu s'en fallut. Et a tousjours bien femblé aux Normands, & fait encores, que fi grand Duché comme la leur, requiert bien un Duc : & à dire la verité, elle eft de grande eftime, & s'y leve de grands deniers. J'en ay veu lever neuf cens cinquante mille frans. Aucuns difent plus.

Aprés que cette ville fut tournée, tous les habitans firent le ferment audit Duc de Bourbon, pour ledit Duc de Berry, fauf le Baillif, appellé Ouafte (b) qui avoit efté nourry du Roy fon valet de chambre, luy eftant en Flandres, & bien privé de luy, & un appellé Maiftre Guillaume Piquart, de-

(a) Voyez la note ci-deffus fur le Chapitre III.

(b) Son nom manque dans les imprimés, & je l'ai trouvé dans le MS. de Saint Germain des Prez.

puis General de Normandie, & auſſi (a) le Grand-Seneſchal (b) de Normandie (qui eſt aujourd'huy) ne voulu faire le ferment; mais retourna vers le Roy, contre le vouloir de ſa mere, laquelle avoit conduit cette reduction, comme dit eſt.

Quand cette mutation fut venuë à la connoiſſance du Roy, il ſe delibera d'avoir paix, voyant ne pouvoir donner remede à ce qui ja eſtoit advenu. Incontinent donc fit ſçavoir à mondit Seigneur de Charolois, qui eſtoit à ſon oſt, qu'il vouloit parler à luy, & luy nomma l'heure qu'il ſe rendroit aux champs, auprés dudit oſt, eſtant prés Conflans; & ſaillit à l'heure dite, avec par aventure cent chevaux, dont la pluſpart eſtoit des Eſcoſſois de ſa garde, (c) d'autres gens peu. Ledit Comte de Charo-

(a) Ou Picart Seigneur d'Eſtelau; de lui ſont deſcendus les Seigneurs de Baſſompiere, & de Saint-Luc.

(b) Jacques de Brezé, fils de Pierre, dont il eſt parlé ci-devant au Chap. III, de ce même Livre.

(c) Les Ecoſſois de la garde du Roi, ſont la plus ancienne garde de nos Rois; & la compagnie des gardes Ecoſſoiſe, conſerve toujours le premier rang.

lois ne mena gueres de gens, & il alla sans nulle ceremonie; toutesfois il en survint beaucoup, & tant qu'il y en avoit beaucoup plus qu'il n'en estoit sailly avec le Roy. Il les fit demeurer un petit loin, & se pourmenerent eux deux une espace de temps, & luy dit le Roy comme la paix estoit faite, & luy conta ce cas, qui estoit advenu à Roüen, dont ledit Comte ne sçavoit encores rien, disant le Roy que de son consentement n'eust jamais baillé tel partage à son frere; mais puisque d'eux mesmes les Normands en avoient cette nouvelleté, il en estoit content, & passeroit le traité (a) en toutes telles formes qu'il avoit esté advisé par plusieurs journées precedentes; & peu d'autres choses y avoit à accorder. Ledit Seigneur de Charolois en fut fort joyeux; car son ost estoit en très-grand'necessité de vivres, & principalement d'argent; & quand cecy ne fust advenu, tout autant qu'il y avoit là de Seigneurs s'en fussent tous allez honteusement. Toutesfois audit Comte arriva ce jour, ou bien peu de jours aprés, un renfort que son

(a) Il y eut protestation contre ce traité, tant au Parlement qu'à la Chambre des Comptes.

pere le Duc Philippe de Bourgogne luy envoyoit, qu'amenoit Monseigneur de Saveuses (a) où il y avoit six vingt Hommes-d'armes, & bien quinze cens Archers, & six vingt mille escus comptans sur dix sommiers, & quantité d'arcs & de traits; & cecy pourveut assez bein l'ost des Bourguignons, estant en desfiance que le demeurant ne s'accordast sans eux.

Ces paroles d'appointement plaisoient tant au Roy & audit Comte de Charolois, que je luy ay ouy conter depuis, que si affectueusement parloient d'achever le demeurant, qu'ils ne regardoient point où ils alloient, & tirerent droit devers Paris, & tant allerent qu'ils entrerent dedans un grand Boulevart de terre & de bois, que le Roy avoit fait faire assez loin hors de la ville, au bout d'une tranchée, & entroit dedans la ville par icelle. Avec ledit Comte estoient quatre ou cinq personnes seulement; & quand ils furent dedans, ils se trouverent trés-esbahis; toutesfois ledit Comte tenoit la meilleure contenance qu'il pouvoit. Il est à croire que

(b) Philippe Seigneur de Saveuses, Conseiller & Chambellan du Duc de Bourgogne, Capitaine général d'Artois en 1465.

nul de ces Seigneurs (a) ne furent errans de foy depuis ce tems-là, veu qu'à l'un ny à l'autre ne prit mal.) Comme les nouvelles vinrent à l'oſt que ledit Seigneur de Charolois eſtoit entré dans ledit boulevart, il y eut trés-grand murmure : & ſe mirent enſemble le Comte de Sainct-Paul, le Mareſchal de Bourgogne, le Seigneur de Contay, le Seigneur de Haultbourdin, & pluſieurs autres, donnant grande charge audit Seigneur de Charolois de cette folie, & aux autres qui eſtoient de ſa compagnie; & alleguoient l'inconvenient advenu à ſon grand pere, (b) à Montereau-Faut-Yonne, preſent le Roy Charles ſixieſme. Incontinent firent retirer dedans l'oſt ce qui eſtoit dehors pourmenant aux champs; & uſa le Mareſchal de Bourgogne (appellé Neuf-Chaſtel par ſon ſurnom) de cette parole : *Si ce jeune Prince, fol & enragé s'eſt allé perdre, ne perdons pas ſa maiſon, ny le faict de ſon pere, ny*

(a) Le vieil exemplaire dit, ne ſont accreus de foy, &c. néanmoins il raye toute cette clauſe : *il eſt à croire*, juſques à *comme les nouvelles*.

(b) Ce fut lorſque Jean Duc de Bourgogne fut tué d'un coup de hache par Tanneguy du Chaſtel, le 10 Septembre 1419 ſur le Pont de Montereau, ce qui occaſiona tant de troubles dans le Royaume.

le noſtre : & pour ce, que chacun ſe retire en ſon logis, & ſe tienne preſt, ſans ſoy esbahir de fortune qui advienne : car nous ſommes ſuffiſans, nous tenans enſemble, de nous retirer juſques és marches de Henault, ou de Picardie, ou en Bourgogne.

Aprés ces paroles monta à cheval avec le Comte de Sainct-Paul, ſe pourmenant hors de l'oſt, & regardant s'il venoit rien devers Paris. Aprés y avoir eſté une eſpace de temps, (a) virent venir quarante ou cinquante chevaux, & y eſtoit le Comte de Charolois, & autres gens du Roy, qui le ramenoient, tant Archers qu'autres. Et comme il les vit approcher, il fit retourner ceux qui l'accompagnoient ; & adreſſa la parole audit Mareſchal de Neuf-chaſtel, qu'il craignoit ; car il uſoit de trés-aſpres paroles, & eſtoit bon & loyal Chevalier pour ſon party, & luy oſoit bien dire : *Je ne ſuis à vous que par emprunt, tant que voſtre pere vivra.* Les paroles dudit Comte furent telles : *Ne me tenſez point ; car je connoy bien ma grande folie : mais je m'en ſuis apperceu ſi tard,*

_____

(a). La bonne foi de Louis XI envers le Comte de Charolois ſon ennemi, qui eſtoit en ſon pouvoir, parut extraordinaire. On en loua ce Roi, preuve qu'on en avoit une médiocre idée.

que j'eſtoye prés du Boulevart. (a) Puis luy dit le Mareſchal qu'il avoit fait cela en ſon abſence. Ledit Seigneur baiſſa la teſte, ſans rien dire ny reſpondre; & s'en revint dedans ſon oſt, où tous eſtoient joyeux de le revoir, & loüoit chacun la foy du Roy; toutesfois ne retourna oncques ledit Comte en ſa puiſſance.

CHAPITRE XIV.

Du traité de paix conclu à Conflans entre le Roy & le Comte de Charolois & ſes Alliez.

FINALEMENT toutes choſes furent accordées: & le lendemain fit le Comte de Charolois une grande monſtre, pour ſçavoir quelles gens il avoit, & ce qu'il pouvoit avoir perdu; & ſans dire gare, y revint le Roy, avec trente ou quarante chevaux, & alla voir toutes les compagnies l'une aprés l'autre, ſauf celle de ce (b) Mareſchal de Bourgogne,

(a) Au vieil exemplaire : puis luy dit ledit Mareſchal en ſa preſence, qu'il l'avoit fait en ſon abſence.

(b) On croit que l'Auteur s'eſt mépris ſur le tems, la ville d'Eſpinal n'ayant paſſé au pouvoir du Duc de Calabre, que quelque tems aprés le traité de Conflans, ſuivant les lettres du 6 Août 1466.

lequel ne l'aymoit pas, à cauſe que dés pieça en Lorraine ledit Seigneur luy avoit donné Eſpinal, & depuis oſté, pour la donner au Duc Jehan de Calabre (a), dont grand dommage en avoit eu ledit Mareſchal. Peu à

(a) Louis XI donne la ville d'Eſpinal en Lorraine, au Duc de Calabre. Cette note ſe trouve expliquée par ce qui ſuit, qui eſt de M. *Godefroy*. Les Baillif, quatre Gouverneurs, Prevôt, Echevins, Grand-Doyen, & les Bourgeois, Habitans & Communauté des Ville, Chaſtel, Châtellenie, Rualmeſnil, & Forbourgs d'Eſpinal, ayant fait obéiſſance au Roi Charles VII deſdites ville, Chaſtel & Seigneurie d'Eſpinal, & leurs appartenances, ſoubs cet accord & promeſſes que jamais pour quelconques cauſes, titres ou raiſons qui fuſſent, il ne les mettroit hors de ſes mains, ni de ſes ſucceſſeurs Rois de France; & de ce leur en ayant octroyé ſes lettres, leſquelles depuis furent confirmées & ratifiées par le Roi Louis XI à ſon advenement à la Couronne. Nonobſtant ces promeſſes, & depuis icelle confirmation ledit Roi Louis donna cette ville à Thiébaut de Neuf-Chatel Mareſchal de Bourgogne, de quoi lettres furent expédiées. Mais leſdits habitans appellerent de ce don en Parlement à Paris, & enſuite pour pluſieurs vengeances & violences à ce ſubjet contre eux par ledit Mareſchal, du conſentement dudit Roi Louis XI ils ſe mirent ſoubs la protection & obéiſſance, & ſe donnerent à Jean Duc de Calabre & de Lorraine, le 21 Juillet 1466 ce qui fut confirmé par Lettres du Roi Louis XI rapportées aux Preuves.

peu reconcilioit le Roy avec luy les bons & notables Chevaliers, qui avoient servy le Roy son pere, lesquels il avoit desapointez à son advenement à la couronne, & qui pour cette cause s'estoient trouvez en cette assemblée; & connoissoit ledit Seigneur son erreur. Il fut dit que le lendemain le Roy se trouveroit au chasteau de Vincennes, & tous les Seigneurs qui avoient à luy faire hommage; & pour seureté de tous, bailleroit le Roy ledit chasteau de Vincennes au Comte de Charolois.

Le lendemain s'y trouva le Roy & tous les Princes, sans en faillir un; & estoit le portail & la porte bien garnie des gens dudit Comte de Charolois en armes. Là fut le lieu où se fit le traité de paix. Monseigneur Charles fit hommage au Roy de la Duché de Normandie; & le Comte de Charolois des terres de Picardie, dont il a esté parlé; & autres qui en avoient à faire. Et le Comte de Sainct-Paul fit le serment de son office de Connestable. Il n'y eut jamais de si bonnes nopces qu'il n'y en eust de mal disnez. Les uns firent ce qu'ils voulurent; & les autres n'eurent rien. Des moyens & bons personnages en tira le Roy; toutesfois la plus grand'part demeurerent avec le Duc nouveau de Normandie, & le Duc de Bretagne ; & qui allerent à Rouen prendre leur possession. Au partir du chasteau du Bois-de-Vincennes, prirent tous congé l'un de l'autre, & furent faites toutes lettres, pardons & toutes autres choses necessaires, servans au faict de la paix. Tout en un jour partirent le Duc de Normandie, & le Duc de Bretagne pour eux retirer, premierement audit pays de Normandie, & le Duc de Bretagne, puis aprés en son pays ; & le Comte de Charolois pour se retirer en Flandres ; & comme ledit Comte fut en train, le Roy vint à luy, le conduisit jusques à Villiers-le-bel, qui est un village à quatre lieuës prés de Paris, montrant par effet avoir un grand desir de l'amitié dudit Comte ; & tous deux y logerent ce soir. Le Roy avoit peu de gens ; mais il avoit fait venir deux cens Hommes-d'armes pour le reconduire : dont fut adverty le Comte de Charolois en se couchant, qui en entra en une trés-grande suspicion : & fit armer largement de gens. Ainsi pouvez voir qu'il est presque impossible que deux grands Seigneurs se puissent accorder, (a) par les rapports

(a) Deux grands & puissans Princes qui se voudroient entr'aimer, ne se devroient jamais voir, leurs entrevues étant dangereuses. Ainsi en arriva-t-il en

& suspicion qu'ils ont à chacune heure ; & deux grands Princes qui se voudroient entr'aimer, ne se devroient jamais voir, mais envoyer bonnes gens & sages les uns vers les autres, & ceux-là les entretiendroient en amitié ou amenderoient les fautes.

Le lendemain au matin, les deux Seigneurs dessusdits prirent congé l'un de l'autre, (a) avec quelques bonnes & sages paroles : & retourna le Roy à Paris en la compagnie de ceux qui l'estoient allé querir ; & cela osta la suspicion qu'on pouvoit avoir euë de luy, & de leur venuë. Et ledit Comte de Charolois prit le chemin de Compiegne & de Noyon : & par tout luy fut ouvert par le commandement du Roy. De là il tira vers Amiens, où il receut leur hommage, & de ceux de la riviere de Somme, & des terres de Picardie, qui luy estoient (b) restituées

core au Roi Louis XI dans son entrevue avec Henri IV Roi de Castille : ils se virent avec confiance, & ne s'estimerent point. Ainsi en arriva-t'il entre Henri IV Roi de France, & Charles Emanuel Duc de Savoye : leur entrevue ne fit que les rendre un peu plus ennemis qu'ils n'étoient auparavant.

(a) Ils se quitterent le Dimanche 3 Novembre après diner, & le Comte alla ce jour souper à Senlis.

(b) Ou même selon quelques MSS : » qui avoient été baillées à son pere par le traité d'Arras.

par cette paix ; lefquelles le Roy avoit payé quatre cens mille efcus d'or, n'avoit pas neuf mois, (a) comme j'ay dit ailleurs cy-deffus. Et incontinent paffa outre : & tira au pays de Liege, pource qu'ils avoient desja fait la guerre par l'efpace de cinq ou fix mois à fon pere (luy eftant dehors) és pays de Namur & de Brabant; & avoient desja lefdits Liegeois fait une deftrouffe entr'eux. Toutesfois à caufe de l'hyver (b) il ne peut pas faire grand'chofe. Nonobftant y eut grande quantité de villages brufiez, & de petites deftrouffes furent faites fur les Liegeois, & firent une paix, & s'obligerent lefdits Liegeois de la tenir, fur peine d'une grande fomme de deniers ; & s'en retourna ledit Comte en Brabant. (c)

CHAPITRE XV.

Comment par les divifions des Ducs de Bretagne & de Normandie, le Roy reprit en fes mains ce qu'il avoit baillé à fon frere.

EN retournant aux Ducs de Normandie &

(a) Cette faute de Philippe de Comines eft rectifiée ci-deffus note 1 du Chapitre XII.

(b) Ou même ils n'y peuvent pas faire grand'chofe, ce qui doit s'entendre du Duc de Bourgogne.

(c) Il arriva à Bruxelles vers le Duc de Bourgogne

de Bretagne, qui eſtoient allés prendre poſſeſſion de la Duché de Normandie, dés que leur entrée fut faite à Roüen, ils commencerent à ſe diviſer, quand ce fut à departir le butin ; car eſtoient avec eux ces Chevaliers que j'ay devant nommez (a) leſquels avoient accouſtumez d'avoir de grands honneurs, & de grands eſtats du Roy Charles ; & leur ſembloit bien qu'ils eſtoient à la fin de leur entrepriſe, & qu'au Roy ne ſe pouvoit fier ; & voulut chacun en avoir du meilleur endroit.

D'autre part le Duc de Bretagne en vouloit diſpoſer en partie; car c'eſtoit luy qui avoit porté la plus grande miſe, & les plus grands frais en toutes choſes. Tellement ſe porta leur diſcord, qu'il fallut que le Duc de Bretagne, pour crainte de ſa perſonne, ſe retirat au Mont de Sainte-Katherine, prés Roüen ; & fut leur queſtion juſques-là, que les gens dudit Duc de Normandie avec ceux de la ville de Roüen, furent preſts à aſſaillir ledit Duc de Bretagne juſques au lieu deſſuſdit. Parquoi fut contraint de ſe

ſon pere, le Vendredi au ſoir 31 Janvier (1496, ſtyle nouveau) & y reſta juſqu'au 12 Février, qu'il en partit pour aller à Gand, & enſuite à Bruges.

(a) Voyez la même choſe au Chapitre VI.

retirer le droit chemin vers Bretagne. Et sur cette division marcha le Roy prés du pays, & pouvez penser qu'il entendoit bien, & qu'il aidoit à la conduire, car il estoit maistre en cette science. Une partie de ceux qui tenoient les bonnes places, commencerent à les luy bailler, & en faire leur bon appointement avec luy. Je ne sçay de ces choses que ce qu'il m'en a dit & conté ; car je n'estoye pas sur les lieux. Il prit un parlement avec le Duc de Bretagne, qui tenoit une partie des places de la basse Normandie, esperant de luy faire abandonner son frere de tous poincts. Ils furent quelque peu de jours ensemble à Caën ; & firent un traité, (a) par lequel ladite ville de Caën & autres, demeurerent és mains de Monseigneur de Lescut, avec quelque nombre de gens payez ; mais ce traité estoit si troublé, que je croy que l'un ne l'autre ne l'entendit jamais bien. Ainsi s'en alla le Duc de Bretagne en son pays ; & le Roy s'en retourna tirant le chemin vers son frere.

Voyant ledit Duc de Normandie qu'il ne pouvoit resister, & que le Roy avoit pris

(a) Ce traité est imprimé dans la nouvelle histoire de Bretagne, par le Pere Dom Alexis Lobineau, Tome II col. 1283.

le Pont-de-Larche, & autres places fur luy, fe delibera prendre la fuite, & de tirer en Flandres. Le Comte de Charolois eſtoit encores à Sainct-Tron (a) petite ville au pays de Liege; lequel eſtoit empefché, & fut fon armée toute rompuë & deffaite, & en temps d'hyver, empefchée contre les Liegeois; & luy douloit bien de voir cette divifion; car la chofe du monde qu'il defiroit le plus, c'eſtoit de voir un Duc de Normandie; car par ce moyen il luy fembloit le Roy eſtre affoibly de la tierce partie. Il faifoit amaffer gens fur la Picardie pour mettre dedans Dieppe; mais avant qu'ils fuffent prefts, celuy qui tenoit ladite ville de Dieppe, en fit fon appointement avec le Roy. Ainfi retourna au Roy toute ladite Duché de Normandie, fauf les places qui demeurerent à Monfeigneur de Lefcut, par l'appointement fait a Caën.

(a) Le Comte a été à Saint-Tron depuis le 21 Décembre 1465, jufqu'au 12 Janvier fuivant, & depuis le 25, jufqu'au 31 dudit mois de Janvier.

CHAPITRE XVI.

Comment le nouveau Duc de Normandie se retira en Bretagne, fort pauvre & désolé de ce qu'il estoit frustré de son intention.

LEDIT Duc de Normandie (comme j'ay dit) s'estoit deliberé un coup de fuir en Flandres, mais sur l'heure se reconcilierent le Duc de Bretagne & luy, connoissans tous deux leurs erreurs, (a) & que par division se perdent les bonnes choses du monde : & si est presque impossible que beaucoup de grands Seigneurs ensemble & de mesme estat, se puissent longuement entretenir, sinon qu'il y ait chef par dessus tous, & s'y feroit besoin que celuy-là fust sage & bien estimé pour avoir l'obéissance de tous. J'ay veu beaucoup d'exemples de cette matiere à l'œil : & ne parle pas par ouyr dire : & sommes bien sujets à nous diviser ainsi à

(a) Il est souvent parlé de la retraite de Charles Duc de Normandie en Bretagne, & de la négociation de Louis XI avec lui, à quoi se rapporte une lettre de ce Roi, donnant pouvoir à Jean Duc de Calabre (dont est souvent fait mention dans les susdits Mémoires) de se saisir de la personne de sondit frere, l'an 1466 le 8 Août.

noftre dommage, fans avoir grand regard à la conféquence qui en advient : & prefque ainfi en ay veu advenir par tout le monde, (a) ou l'ay ouy dire. Et me femble qu'un fage Prince, qui aura pouvoir de dix milles hommes, & façon de les entretenir, eft plus à craindre & eftimer que ne feroient dix, qui en auroient chacun fix milles tous alliez & conféderez enfemble : pour autant que des chofes qui font à demefler & accorder entre eux, la moitié du temps fe perd avant qu'il y ait rien conclu, ny accordé.

Ainfi fe retira le Duc de Normandie en Bretagne, pauvre & deffait, & abandonné de tous ces Chevaliers, qui avoient efté au Roy Charles fon pere : & avoient fait leur appointement avec le Roy, & mieux appointez de luy que jamais n'avoient efté du Roy fon pere. Ces deux Ducs deffufdits eftoient fages après le coup (comme l'on dit des Bretons) & fe tenoient en Bretagne, & ledit Seigneur de Lefcut, principal de tous leurs ferviteurs. Et y avoit maintes Ambaffades allans & venans au Roy de par eux,

(a) Le vieil exemplaire raye ces quatre mots : *Ou l'ay ouy dire.*

& de par luy à eux deux, & de par eux au Comte de Charolois, & de luy à eux : du Roy audit Duc de Bourgogne, & de luy au Roy : les uns pour fçavoir des nouvelles, les autres pour fouftraire gens, & pour toutes mauvaifes marchandifes, fous ombre de bonne foy.

Aucuns y allerent par bonne intention, pour cuider pacifier les chofes : mais c'eftoit grand'folie à ceux qui s'eftimoient fi bons & fi fages, que de penfer que leur préfence pût pacifier fi grands Princes, & fi fubtils comme eftoient ceux-cy, & tant entendus à leurs fins : & veu fpécialement que de l'un des coftez, ny de l'autre ne s'offroit nulle raifon. Mais il y a de bonnes gens, qui ont cette gloire, qu'il leur femble qu'ils conduiroient des chofes là où ils n'entendent rien : car quelquefois leurs maiftres ne leur defcouvrent point leurs fecrettes penfées. La compagnie de tels que je dis, eft que le plus fouvent ne vont que pour parer la fefte; & fouvent à leurs defpens : & va tousjours quelque humblet, qui a quelque marché à part. Ainfi au moins l'ay-je veu par toutes ces faifons dont je parle, & de tous les coftez. Et auffi bien, comme j'ay dit, les Princes doivent eftre fages à regarder à quelles gens ils baillent leurs besongnes entre mains ; aussi devroient bien penser ceux qui vont dehors pour eux, s'entremettre de telles matieres : & qui s'en pourroient excuser, & ne s'en empescher point, sinon qu'on vit qu'eux mesmes y entendissent bien, (a) & eussent affection à la matiere, ce seroit estre bien sage. Et j'ay connu beaucoup de gens de bien s'y trouver bien empeschez & troublez. J'ay veu Princes de deux natures : les uns si subtils & si très-suspicionneux, que l'on ne sçavoit comment vivre avec eux, & leur sembloit tousjours qu'on les trompoit : les autres se fioient en leurs serviteurs assez : mais ils estoient si lourds, & si peu entendans à leurs besongnes, qu'ils ne sçavoient connoistre qui leur faisoit bien ou mal. Et ceux-là sont incontinent muez d'amour en haine, & de haine en amour. Et combien que de toutes les deux sortes s'en trouve bien peu de bons, ny là où il y ait grande fermeté, ny grande seureté, toutesfois j'aimerois tousjours mieux vivre sous les sages que

(a) Belle leçon pour les Ministres, qui doivent sentir le mal qu'il y a de traiter avec des Princes, qui se laissent gouverner par de mauvais serviteurs ; mais respectons les Souverains qui travaillent par eux-mêmes.

fous les fols : pour ce qu'il y a plus de façon & manière de s'en pouvoir efchapper, & d'acquérir leur grace : car avec les ignorans ne fçait-on trouver nul expédient, pour ce qu'avec eux ne fait-l'on rien, mais avec leurs ferviteurs faut avoir affaire, (a) defquels plufieurs leur efchappent fouvent. Toutesfois il faut que chacun les ferve & obeyffe, aux contrées là où ils fe trouvent : car on y eft tenu, & auffi contraint. Mais tout bien regardé, noftre feule efpérance doit eftre en Dieu : car en celuy-là gift toute noftre fermeté, & toute bonté, qui en nulle chofe de ce monde ne fe pourroit trouver ; mais chacun de nous la connoift tard, & après ce que nous en avons eu befoin : toutesfois vaut encore mieux tard que jamais.

(a) Peut-être feroit-il bon de mettre ainfi : *Lefquels ferviteurs plufieurs Princes efchangent fouvent*, ou *lefquels font plufieurs*. Mais ces mots, *defquels plufieurs leurs efchappent fouvent*, manquent au manufcrit de Saint-Germain.

Fin du I. Livre des Mémoires de Philippe de Comines.

PREUVES
DU PREMIER LIVRE
DES MÉMOIRES
DE
PHILIPPE DE COMINES.

PREMIERE PREUVE.

Sommaire de la vie de Meſſire ANGELO CATTO, *Archevêque de Vienne* (a), *à qui Meſſire Philippe de Comines adreſſe ſes Mémoires.*

Messire Philippes de Comines, Chevalier, Seigneur d'Argenton, Auteur du préſent Livre, qui contient les Mémoires des vies des Roys Louys XI & Charles VIII,

(a) Pour ſçavoir ſommairement quel étoit cet Archevêque de Vienne, à qui le Seigneur d'Argenton adreſſe ſes Mémoires, voici ce qu'on en a pris mot à mot, & en même ſtyle qu'il a été trouvé entre les papiers d'un ancien ſtudieux & curieux Perſonnage de l'Hiſtoire.

que Dieu abfolve, dit par fon Proeme (a), iceux avoir recolligez & compilez à la requefte d'un Archevefque de Vienne, duquel il fait fouvent mention en plufieurs endroits de fefdits Mémoires, fans toutefois déclarer, ny autrement exprimer le nom dudit Archevefque, ne quel perfonnage c'eftoit : & pour ce que cela ne peut eftre advenu, qu'il n'ait efté homme grand & venerable, digne d'eftre mis en plus grand lumiere, il fera ici recité ce qui a efté recueilly & entendu de luy, par le rapport de trois perfonnages de grande foy, prudence & authorité, l'un defquels (qui eft décedé) eftoit Meffire Jehan-François de Cardonne, Chevalier, Seigneur de la Foleyne & du Pleffis-de-Ver en Bretagne, Confeiller & Maiftre d'hoftel des Roys Charles VIII, Louys XII & François I de ce nom, auffi fouvent (b) allegué par ledit Seigneur d'Argenton, en la Chronique qu'il a faite dudit Roy Charles : le deuxiefme eft Meffire Jehan Briçonnet, Chevalier, Seigneur du Pleffis-Rideau, Confeiller & fe-

(a) [Proeme] vieux terme qui fignifie Prologue, ou Préface ; ces derniers font aujourd'huy en ufage.

(b) Il pourroit y avoir de l'abus en ce lieu ; finon que Comines eût écrit de Charles VIII autre chofe que ce qu'on en a.

cond Préſident des Comptes à Paris (qui eſt (a) encores vivant) ; & le tiers eſtoit un Gentilhomme de Naples, partiſan de la Maiſon d'Anjou, appellé Meſſire Renaldo d'Albiano, auſſi Chevalier, qui a longuement demeuré en ce Royaume, & y eſt mort du regne du Roy François : leſquels ont connu, veu & frequenté ledit Seigneur Archeveſque, qui de ſon propre nom & ſurnom, s'appelloit Meſſire Angelo Catto, & eſtoit natif de Tarente au Royaume de Naples, & avoit ſuivy la part de la Maiſon d'Anjou, meſme les Ducs Jehan & Nicolas de Calabre, & enfans heritiers de ladite Maiſon, qui avoient grand droict audit Royaume, & deſquels mention eſt auſſi faite en pluſieurs endroits deſdits Mémoires, & eſtoit ledit Archeveſque perſonnage de bonne vie, grande littérature, modeſtie, & très-ſçavant ès Mathematiques. Et pource que leſdits Ducs Jehan & Nicolas prétendirent ſubſecutivement au mariage de la fille unique du Duc Charles de Bourgogne (qui eſtoit lors le plus grand

(a) Les deux mots ſuivans ſont rayez en une copie, & il y a au-deſſus, décédé puis peu de temps, d'une autre main ; mais il pouvoit encore vivre quand ceci fut écrit.

mariage de la Chreſtienté), ils tindrent ledit Meſſire Angelo Catto près de la perſonne dudit Duc, pour conduire de leur part ledit mariage; lequel ne fut accomply ne pour l'un ne pour l'autre; car ils veſquirent peu, & décederent toſt l'un après l'autre: & après leur déceds ledit Duc connoiſſant le grand ſens & vertu dudit Meſſire Angelo, le retint en ſon ſervice, & luy donna penſion. Et eſtoit pareillement au ſervice dudit Duc ledit Seigneur (a) d'Argenton, avec lequel il contracta grande amitié & familiarité; & pendant qu'il fut avec ledit Duc, il lui predit pluſieurs des fortunes bonnes & mauvaiſes qui lui advindrent, meſme des batailles de Granſon & Morat; & après ladite bataille de Morat, connoiſſant l'obſtination dudit Duc, (& peut-eſtre) les malheurs qui eſtoient à advenir à lui & à ſa Maiſon, prit congé de lui honneſtement, comme il pouvoit bien faire, ſans pour ce eſtre reproché ou calomnié; car il eſtoit eſtranger & non ſujet dudit Duc : & fut toſt retiré par ledit Roy Louys XI, duquel il eſt it devenu nouvellement ſujet, au moyen que le Roy René, Duc d'Anjou, & Roy de Naples & de Se-

---

(a) Il le quitta en 1472.

cille, avoit inſtitué ledit Roy Louys XI ſon neveu, ſon heritier eſdits Royaumes & tous ſes biens. Et eſtant au ſervice dudit Roy Louys (qui le fit toſt Archeveſque de Vienne), ſurvint la tierce bataille donnée à Nancy, en laquelle fut tué ledit Duc, la vigile des Roys, l'an mil quatre cens ſoixante & ſeize, & à l'heure que ſe donnoit ladite bataille, & à l'inſtant meſme que ledit Duc fut tué, ledit Roy (a) Louys oyoit la Meſſe en l'Egliſe Monſieur Sainct Martin à Tours, diſtant dudit lieu de Nancy de dix grandes journées pour le moins, & à ladite Meſſe le ſervoit d'Aumoſnier ledit Archeveſque de Vienne : lequel en baillant la paix audit Seigneur, luy dit ces paroles. *Sire, Dieu vous donne la paix & le repos, vous les avez ſi vous voulez,* quia conſummatum eſt : *Votre ennemy le Duc de Bourgogne eſt mort, & vient d'eſtre tué, & ſon armée deſconfite.* Laquelle heure cottée, fut trouvée eſtre celle en laquelle veritablement avoit eſté tué ledit

___

(a) Il ſe trouve bien au Chap. 4 du VII Livre de Comines, que cet Archevêque étoit Aſtrologue ; mais il y a lieu de s'étonner qu'il ne parle pas d'une choſe auſſi conſiderable que celle-cy, au ſujet de la mort du Duc de Bourgogne, mais la tradition s'en étoit conſervée.

Duc. Et oyant ledit Seigneur lefdites paroles, s'esbahyt grandement, & demanda audit Archevefque s'il eftoit vray ce qu'il difoit, & comme il le fçavoit ? A quoy ledit Archevefque refpondit, qu'il le fçavoit comme les autres chofes, que Noftre-Seigneur avoit permis qu'il predît à luy & au feu Duc de Bourgogne : & fans plus de paroles, ledit Seigneur fit vœu à Dieu & à Mr. S. Martin, que fi les nouvelles qu'il difoit eftoient vrayes (comme de faict elles fe trouverent bien-toft après) qu'il feroit faire le treillis de la chaffe de Monfieur Sainct Martin (qui eftoit de fer) tout d'argent. Lequel vœu ledit Seigneur accomplit depuis, & fit faire ledit treillis valant cent mille francs, ou à peu près. Semblablement ledit Archevefque, eftant au fervice dudit Roy Louys, rencontra un jour bien matin Meffire Guillaume Briçonnet, pere dudit Préfident, cy-devant nommé (qui depuis fut Cardinal, comme fera dit cy-après), homme (a) grand & honnorable, & de grande prudence & vertu, & pour lors eftoit Général de Languedoc,

(a) Si Comines en parle un peu autrement, il faut croire auffi que celui qui écrivoit ceci, étoit affectionné aux Briçonnets ; car après *vertu*, on avoit mis : » quelque chofe qu'ait voulu dire ledit Seigneur

lequel Général eſtoit mandé par ledit Roy Louys XI pour aller devers luy au Pleſſis à Tours : & ayant ledit Archeveſque eſté quelque temps ſans parler, & regardé le Ciel, & puis après ledit General, luy dit enfin ces paroles : *Monſieur le General, je vous ay pluſieurs fois dit que le paſſage & frequentation des eaux vous ſont dangereux, & vous en adviendroit quelque jour un grand peril, & peut-eſtre la mort : Je viens du Pleſſis où vous allez : Les eaux ſont grandes au Pont-ſaincte-Anne, le pont eſt rompu, & y a un mauvais baſteau : Si vous m'en croyez, vous n'irez point.* Toutefois ledit General n'en fit rien, & ne le creut; dont veritablement il fut au plus grand danger du monde d'eſtre noyé; car il cheut en l'eau, & ſans un ſaule qu'il empoigna, c'eſtoit fait de luy: il fut ramené en ſon logis, où il fut longuement malade, tant de la frayeur, que de la grande quantité d'eau qui luy eſtoit entrée par la bouche, & par le nez & oreilles : & depuis ledit Archeveſque viſita pluſieurs fois ledit General (qui eſtoit ſon amy) durant ſadite maladie ; lequel General pour lors eſtoit marié, & avoit ſa femme vivante (qui

d'Argenton; » mais ces mots ont été rayés par une autre main.

estoit jeune) & avoit quelques enfans janez, entre lesquels estoit ledit Président, & luy predit derechef qu'il seroit quelque jour un grand personnage en l'Eglise, & bien près d'estre Pape : chose à quoy ledit General n'avoit oncques pensé, & n'y avoit aucune apparence : & oyant cela sadite femme (qui s'appelloit Raoullette de Beaune, femme de grande chasteté, d'honneur & vertu,) n'en fut trop contente ; car c'estoit à dire qu'elle s'en iroit la premiere (chose que les femmes n'aiment pas volontiers) : or vesquit néanmoins ladite femme long-temps depuis, & fit plusieurs enfans, & pour cette cause, elle & plusieurs autres disoient souvent que ledit Archevesque ne disoit pas tousjours verité. Toutesfois enfin elle deslogea la premiere, & la survesquit ledit General son mary, lequel se tint longuement en viduité, sans parler de se faire homme d'Eglise, & après la mort dudit Roy Louys XI demeura au service de Charles VIII son fils, (auquel il avoit esté specialement recommandé par ledit Roy Louys, son pere) ; il fut de son Conseil privé, & bien près de sa personne, & aida & favorisa grandement l'entreprise que fit ledit Roy Charles, pour la conqueste de Naples, tant pour le bon droict qu'il connoiſſoit que ledit Seignèur y avoit, que pour ſatisfaire aux requeſtes & pourſuites du (a) Pape Alexandre VI, & du Duc de Milan, appellé le Seigneur Ludovic, qui ſollicitoient fort ladite entrepriſe, plus toutesfois pour la haine mortelle & capitale qu'ils portoient aux Roys de Naples, Alphonſe & Ferrand, que pour le bien & augmentation de l'Eſtat dudit Roy Charles, choſe qu'ils ne déclarerent pas du commencement de ladite entrepriſe audit Seigneur, ny à ſes ſerviteurs : & leur ſembloit bien que quand ils ſe feroient aidez dudit Seigneur à deffaire leſdits Roys de Naples, qu'ils le chaſſeroient bien aiſément de l'Italie, comme ils donnerent aſſez à connoiſtre par la ligue qu'ils firent contre luy avec les Venitiens, & la bataille qu'ils luy donnerent à Fornouë, ſi-toſt qu'il eût fait ſadite conqueſte : & audit voyage de Naples fut avec ledit Roy Charles, ledit Meſſire Guillaume Briçonnet, qui y fit de grands ſervices, & fut fait à Rome homme

(a) Le Pape y tint bien la main au commencement pour donner crainte aux Aragonnois, qui étoient Rois de Naples; mais il ne perſiſta gueres en ce propos, devenant ennemi de Charles VIII & jaloux de ſes proſperitez.

d'Eglife, Evefque de Sainct-Malo, & Abbé de Sainct Germain-des-Prez, près Paris, & depuis fut fait Cardinal par ledit Pape Alexandre, & par après fut Archevefque de Rheims & de Narbonne, & eut quelques voix à l'élection du Papat après la mort dudit Alexandre, fuivant ce que luy avoit prédit ledit Archevefque; & depuis eftant Cardinal, durant le regne dudit Charles, & celuy du Roy Louys XII fon fucceffeur, a tenu grand lieu & grands eftats en ce Royaume, jufques à eftre Lieutenant dudit Seigneur au Gouvernement de Languedoc. Ledit Meffire Angelo Catto, Archevefque deffufdit, depuis toutes ces chofes & plufieurs autres, qui ont par luy efté prédites longtemps auparavant qu'elles fuffent advenuës, eft décedé, ayant vefcu fainctement & aufterement, & gift en fon Eglife de Vienne.

II.

Procès Verbal (a) des Ambaſſadeurs de Louys XI, Roy de France; à ſçavoir, Meſſires le Comte d'Eu & le Chancelier de France, les Archevêque de Narbonne & M. de Rambours, des choſes dites par ledit Chancelier, pardevant M. le Duc & M. de Charolois, & autres Chevaliers, Conſeillers & Seigneurs en grand nombre, le Mardy ſixieme de Novembre, l'an 1464.

P<small>REMIER</small>, ledit Chancelier preſenta Lettres de créance à mondit Sieur le Duc, leſquelles le Duc fit lire à M. de Tournay, & après le Chancelier propoſa en la maniere qui s'enſuit:

Monſieur, nous ſommes envoyez de par le Roy pour à vous remonſtrer & requerir les choſes que je reciteray, & combien qu'il y

---

(a) Ce Procès Verbal n'eſt pas tout-à-fait exact; puiſqu'on y a omis des circonſtances eſſentielles, rapportées par Philippe de Comines en ſes Mémoires Livre I Chap. I, & ce qui manque à ce Procès Verbal fut préciſément ce qui irrita le plus le Comte de Charolois, en quoi même le Chancelier fut juſtement déſavoué par le Roi Louis XI.

a bien plusieurs notables & plus dignes, & qui mieux eussent proposé, toutesfois, puisqu'il a plû au Roy, sous votre benigne supportation, le diray le mieux que je pourray, & comme mes memoires & instructions portent.

Monsieur, il est vray que le Roy a esté adverty, & bien sçu que le Duc de Bretagne, qui est Vassal & Subjet du Roy, & qui luy a fait foy & hommage, avoit envoyé son Chancelier au Roy Edouard en Angleterre, pour avec iceluy faire traité, qui sont anciens ennemis du Royaume, & pour y faire alliance contre la haulteur du Roy, contre sa foy & serment, & contre le bien public d'iceluy Royaume, en quoy il a commis crime de Sa Majesté, confiscation de corps, de biens pour luy, ses femme & enfans & lignage jusqu'au tiers degré, crime sur tous autres crimes.

Et pour cette cause, le Roy envoya le Bastard de Rubempré avec autres, pour au retour dudit Chancelier hors d'Angleterre, le prendre sur la mer, & le amener prisonnier au Roy; lesquels Bastard & autres, sont arrivez en vos pays de Hollande & de Zellande, & de part M. de Charolois votre fils, ladite navire a esté arrestée, & ledit

Baſtard pris luy troiſiéme; & ce fait, M. de Charolois a envoyé Olivier de la Marche, natif de Bourgogne envers vous mondit ſieur, qui en paſſant parmy la Ville de Bruges, a dit partout avant la Ville, que le Roy avoit voulu faire prendre M. de Charolois priſonnier, & qui plus eſt, un Jacobin l'a preſché à Bruges publiquement devant tout le monde, dont ja ſont les nouvelles par tous les Royaumes Chreſtiens, en grand vitupere de la hauteur du Roy, lequel pour cette cauſe a intention d'envoyer ſes Ambaſſadeurs, comme il fait à préſent, envers le Roy d'Eſpagne, de Portugal & de tous autres Chreſtiens, pour ſoy excuſer.

Car oncques n'en eut vouloir, ne penſée de faire, ne veut aucun mal envers M. de Charolois votre fils, & pour tant requiert le Roy, que réparation lui ſoit faite de cette injure & fâme publique, volant par tous les Royaumes, & peut (a) le Roy penſer la cauſe de cette matiere ſe ce ne ſoit, parce que il a oſté à M. de Charolois ſa penſion de Normandie.

Et qu'il ſoit vray & apparent, vous Monſieur, eſtes parti de votre Ville de Heſdin

(a) Et peut, je crois qu'il faut lire : & ne peut.

haſtivement après ces nouvelles deſſuſdites venues, & ceux de voſtre Ville de Heſdin ont plutoſt fermé leurs portes qu'ils n'ont accoutumé, plus tard les ont ouvertes qu'ils n'ont fait par cy-devant, & vous venant ſur ce chemin envers votre Ville de Lille, ſe ſont venus aucuns demander s'il vous falloit rien ou quelque choſe, comme ſi vous fuſſiez mal content parti de Heſdin, dont le Roy ſe donne grand merveille de cette fâme & renommée courant contre ſon honneur, & pourtant, il requiert comme il m'a commandé de vous le dire & requierre.

Premier, que ledit Olivier de la Marche luy ſoit rendu, pour eſtre de par le Roy puni comme de raiſon, & de droit faire ce doit, & ſemblablement ledit Jacobin qui a preſché publiquement telle fâme & renommée du Roy, contre ſa hauteur & honneur, & en outre, que ledit Baſtard de Rubempré & ſes Conſors, ſoient mis à plaine delivrance, enſemble la navire & le fourniſſement d'icelle ſans coût, frais ou depens comme ſes Legats pris & arrêtés en vos pays qui eſtes Vaſſal & Sujet du Roy, c'eſt noſtre Charge.

Réponſes baillées ſur le pied.

Premier, M. de Charolois après qu'il avoit

demandé licence & obtenu de M. le Duc de pouvoir parler & foy excufer, pour ce que le Chancelier le chargea, refpondit en la maniere qui s'enfuit.

Pour ce que par la propofition faite l'on me veult charger, je dis que après la Caufe ou Arreft dont le Roy fe plaint, j'ai envoyé Olivier de la Marche envers mondit fieur mon Pere, fans fçavoir de telle fâme & renommée que vous avez propofé, & fans auffi fçavoir de ce que le Jacobin deuft avoir prefché telle chofe, & m'en doit M. le Roy bien tenir pour excufé, car fe telle fâme ou renommée vole comme vous dites, je n'y ai coulpe ne de commandement, ne de fceu, ne de adveu, néanmoins M. le Roy m'a monftré plufieurs duretés fans l'avoir deffervi, ne en fait, ne en aucune maniere, &c.

Après fur le pied, refpondit M. le Duc comme s'enfuit.

Pour vous advertir & refpondre fur aucuns points par vous propofés, & fonner fur ce que vous dites de Olivier de la Marche & du Jacobin, & de la fâme & renommée publiée ; eft vray que Olivier de la Marche eftoit envoyé envers moy à Hefdin pour plufieurs caufes, mais de ce qu'il deuft avoir publié les nouvelles en la Ville de Bruge, telles que vous dites, je n'en fçai rien, & ne cuide point; & au regard du Jacobin, j'en ai oui parler, qu'il deuſt avoir preſché aucunes paroles de cette matiere, dont j'ai eſté deſplaiſant, & ne fut pas de mon fçû ne adveu.

Et au regard de mon partement de Heſdin haſtivement, je me partis de beau ſoleil, & n'allai que juſques à Saint Paul, combien que je euſſe bien allé juſques à Houdain; ce ne fut pas ſigne de haſte, mais je me partis pour mes autres affaires de mes autres pays & ſubjets, & avois envoyé à la Requeſte du Roy au Comte de Warwic, pour fçavoir ſa venuë à la journée dont avois nouvelle qu'il ne viendroit point, & alors je me partis, car y avois longuement eſté, & avois eu grande deſpenſe.

Et au regard des portes de Heſdin, je n'en fçai rien de les plus tempre (a) fermer, & ne le cuide point, car mon Bailli, qui eſt icy preſent, me demanda à mon département, ſe le Roy venoit en mon abſcence à Heſdin, comment il le recevroit; & je luy reſpondis, que s'il venoit comme devant, qu'il le rece-

(a) Tempre c'eſt-à dire de bonne heure, terme encore uſité en Flandres.

vroit comme autrefois, dont je m'en rapporte à luy, il est droit là present.

Et alors le Bailli de Hesdin respondit qu'il estoit ainsi.

Et au regard de rendre les prisonniers à Mr. le Roy pour ce que je suis son subjet ou Vassal : il est mon souverain Seigneur, & luy ai fait comme je dois faire, & ne lui ai point fait faute, ne à homme qui vive, mais peut-estre que je ai fait faute à femmes. Ce que je eusse volontiers amendé, se je eusse pû ; & de les rendre, il faut sçavoir qu'ils ont esté pris en mes pays & Seigneuries qui ne sont pas subjets au Roy, & lesquels je ne tiens point de luy.

Et après, M. de Charolois dit :

Nous connoissons bien que le Bastard de Rubempré eust un mal (a) gouvernement. Et se vous dites qu'il estoit Legat du Roy ; il est vray qu'il sont venus en Zellande, & illec ont laissé leur navire, & sont venus par Zellande, & par Hollande jusques

(a) Il faut lire *Garnement*, ainsi qu'on le voit dans Monstrelet, sur l'an 1464, fol. 104 verso, où il est dit que ce Bastard estoit mauvais Garnement, & qui rien ne valloit, homicide & mauvais garçon.

à Gorkum ;

à Gorkum ; ce n'eſtoit point le chemin pour attendre ou pour prendre le Chancelier de Bretagne venant d'Angleterre, comme vous dites & que vous dites qu'ils eſtoient Legats & Envoyés de par le Roy, ſe ils fuſſent eſté envoyés de par M. le Roy ; ils ſe deuſſent avoir préſenté pardevant moy, quand ils vindrent à Gorkum, ce qu'ils ne firent point, & que plus eſt, un d'iceux a confeſſé qu'il avoit eſté à Montfort au Baſtiau ; ce n'eſtoit pas le chemin d'Angleterre, ne de Bretagne.

Après, le Chancelier requit premiers les Priſonniers, & M. le Duc reſpondit.

Ils ont eſté pris en mes pays non ſubjets au Roy, & pour tant, ne ſuis pas tenu de les rendre.

Et alors le Chancelier répliquoit.

Se les gens de guerre du Roy ſur la mer ne pouvoient venir en vos pays non ſubjets au Roy, ce feroit trop près pris.

Monſieur le Duc.

Vous parlez de gens de guerre du Roy, & le Roy n'a point de guerre ; car il a fait treves avec les Anglois, un an durant.

Le Chancelier difoit.

Monfieur, comme nous entendons que vous ne voulez point rendre au Roy les prifonniers, vous prendrez advis fur la matiere, & nous baillez meilleure reponfe, s'il vous plaift.

Monfieur le Duc refpondit.

Vous ne faites que venir, vous vinftes hier foir, cet huy més vous ne irez nulle part, il eft trop tard.

Et fe partirent les Ambaffadeurs, & allerent à leurs logis.

Trois jours après, c'eft à fçavoir le Vendredy, neuviéme de Novembre, les Ambaffadeurs ont eu refponfe de M. le Duc, comme s'enfuit.

Monfieur le Duc & M. de Charolois ont chacun refumé la matiere comme deffus, & en la fin les Ambaffadeurs ont requis, & mefmement le Chancelier, avoir refponfe finale fe Monfieur voudroit rendre les prifonniers au Roy ou non, & ledit Jacobin & Olivier de la Marche.

Monfieur refpondit.

Que il envoyera fes Ambaffadeurs vers

Mr. le Roy, lesquels parleront au Roy, & luy bailleront telle response, qu'il a espoir qu'il en sera bien content.

Le Chancelier respondit :

Monsieur, vous verrez que le Roy a envoyé icy pardevers vous moult grande & notable Ambassade; à savoir, M. le Comte de Eu icy present, qui est Comte & Prince de son sang; M. l'Archevesque de Narbonne, moy comme son Chancelier de France indigne, & de Rambomes, veuillez nous bailler votre response finale, comme vous seriez au Roy, car nous representons sa personne, & le vous requerons.

Monsieur le Duc respondit.

Comme dessus, qu'il envoyera briefment Ambassade envers le Roy.

Et lors prirent congé les Ambassadeurs à M. le Duc, & sont rallés & partis de Lille, la nuit de Saint Martin.

(Voyez le Vol. 1922 de la Bibliothèque Colbertine, aujourd'huy dans celle du Roy.)

III.

Remarque sur le Bastard de Rubempré.

LE Bastard de Rubempré arriva à Hermue (a), descendit luy troisiéme, alla à Gorkum, fit dans un cabaret plusieurs questions, alla au Chasteau, le visita; tout cela le rendit suspect. Il fut aresté s'étant mis en azile dans une Eglise, varia dans son interrogatoire, dit qu'il alloit veoir la Dame de Montfort, cousine de son frere. Le sieur de Rubempré, Gouverneur du Crotoy, nota que la Dame de Montfort estoit fille d'Antoine de Crouy; ses variations firent qu'on le crût coupable, & sur cela, les bruits furent estranges qu'il vouloit enlever le Comte de Charolois, & le prendre mort ou vif; le Comte fit l'effrayé, envoya Olivier de la Marche à Hesdin vers le Duc, qui manda de donner la question au Bastard, & qu'on le punisse selon la rigueur des Loix incidentes; en ce temps, mourut le sieur de Touteville, Capitaine du Mont-Saint-Michel, le plus riche homme du Royaume en argent comptant; il avoit esté fait, au commencement de ce Regne, Grand-Senechal de Normandie à

(a) Armuyden en Zelande.

la place de Brezé, à qui le Roi rendit alors cet Eſtat au refus & à la priere de Crouy qui repreſenta au Roy, que Brezé avoit eſté le premier qui euſt pris le nom de Grand Senechal.

Montauban (a) écrivit à Crouy d'etouffer toute cette affaire, & de faire renvoyer le Baſtard, mais Crouy qu'on compliquoit dans cette affaire, ne voulut pas recevoir les Lettres de Montauban, & dit au Meſſager : Mon ami reporte tes Lettres à ton Maiſtre, & luy dis que je ne m'en meſlerai ja ; qui l'a braſſé ſi le boive, bien leur en convient.

Rubempré frere du Baſtard avoit eſté élevé en la maiſon du Duc, eſtoit ſon Chambellan & Sujet, tant que le Duc poſſeda les Villes de Somme ; c'eſtoit luy qui avoit inſtruit & engagé le Baſtard, & le Roy avoit raiſon de dire qu'il ne connoiſſoit point le Baſtard.

On conſeilloit au Duc de ſe retirer plus avant, il n'en vouloit rien faire, & attendoit toujours la journée des Anglois, quoiqu'il n'y euſt pas d'apparence que jamais les deux Roys puſſent s'accorder ; car l'un vouloit avoir Pays & Provinces pour ſa part droituriere, & l'autre ne vouloit, ni n'euſt oſé rendre un pied pour la criée du monde.

(a) Il étoit Admiral.

mefme eſtoit blafmé encore & noté des leaux François, qui les avoient aidé à conquerir de ce qu'il chaudoit tant les Anglois d'avoir paix à eux, & qui leur querroit ſi fort l'amour; & luy dit le Grand-Senechal de Normandie, Meſſire Pierre de Brezé: Sire, ce diſt-il, voulez-vous eſtre bien aimé des François vos Subjets ou Vaſſaux, ne querez nulle amitié aux Anglois, car d'autant que vous y querez amour, vous ſerez hay des François; faites-vous amy des Princes de votre Royaume, vos parens & Subjets, & tout le monde ne vous pourra nuire, ne Anglois ne autre; là giſt votre ſalut, & là giſt l'amour & l'amitié que vous devez querir.

Le Chevaucheur Henriet raporta que les Anglois ne viendroient point, 1°. à cauſe qu'on avoit arreſté Philippe de Savoye, qui eſtoit venu ſur une parole qu'on luy avoit donnée, 2°. A cauſe de l'entrepriſe du Roy contre le Comte de Charolois, 3°. A cauſe du Mariage de Savoye rompu & qu'on alloit faire de celuy de la fille de Riviere.

Le Duc auroit voulu que, pour les terres enclavées, on euſt fait quelqu'accord pour ſa vie, & celle du Comte de Charolois ſon fils; le Roy y conſentoit pour la vie du Duc, mais non pour celle du fils.

Le Roy envoya Georges-Havart, prier le Duc de le vouloir attendre à Hefdin, le Duc ne promit, ni ne refufa. Cecy fe fit un Samedy, le Roy vouloit venir un Lundy, chacun hors les Crouy, preffoit le Duc de partir, & fur le minuit, le Duc dit à Philippe-Martin fon valet, d'avertir fes Officiers d'eftre prefts à partir de grand matin : Havart eftoit déja parti quand on repandit cette nouvelle qui eftonna bien du monde.

(Voyez les Recueils de M. l'Abbé Le Grand.)

I V.

Traité d'alliance entre Jean Duc de Calabre & de Lorraine, & Charles Comte de Charolois, y compris le Duc de Bretagne.

A Nancy, le 10 Decembre 1464.

JEHAN fils du Roy de Jerufalem & de Sicile, &c. Duc de Calabre & de Lorraine, à tous ceux qui ces prefentes verront falut : fçavoir faifons que, en enfuivant ce qui eft de raifon, fingulierement pour la bonne, entiere & cordiale amour que avons à la perfonne de noftre très-cher & très-amé Coufin Charles de Bourgogne, Comte de Charolois, Seigneur de Chafteau-Belin & de Bethune, seul fils & vray heritier de haut & puissant Prince nostre très-cher & très-amé Oncle le Duc de Bourgogne, de Brabant & de Limbourg, Comte de Flandres, &c. Nous, ces choses considerées & pour autres causes & considerations raisonnables à ce nous mouvans, avons fait & par ces presentes faisons alliance, confederation & paction avec nostredit cousin le Comte de Charolois, en la forme & maniere qui s'ensuit, c'est à sçavoir : que nous luy sommes & serons vray amy, allié & bien veillant, tiendrons son party, le conforterons conseillerons, aiderons & secourerons de toute nostre puissance, à garder, sauver & deffendre sa personne & celle de ses enfans presens & avenir, leur honneur, estat, pays, terres, Seigneuries & subjets, tant les pays, terres & Seigneuries que nostredit Cousin le Comte de Charolois a de present, comme ceux que tient nostredit Oncle son Pere, lesquels après son decès luy doivent competer & appartenir, tout ainsy que nous ferions les nostres propres sans difference aucune par mettre & employer pour & en faveur d'iceux, & en leur ayde nos pays & toute nostre puissance en guerre contre & envers tous ceux qui les personnes de nostredit Cousin le Comte de Cha=

rolois ou de fesdits enfans, pays, terres, Seigneuries & subjets presens & avenir, vouldroient grever ou amaindrir, invader, guerroier ou usurper en quelconque maniere, ne soubs quelque couleur ou querelle que ce soit ou puist estre, sans nuls excepter ne reserver fors seulement la personne de mon très-redoubté Seigneur & Pere; & en outre, tout ce que pourrions sçavoir estre fait, dit, pourchassé ou procuré allencontre ne ou prejudice d'iceluy nostre Cousin ou de sesdits enfans, pays, terres, Seigneuries & subjets presens & avenir luy signifierons, l'en advertirons, & de tout notre pouvoir l'en garderons; & telle alliance & confederation entendons & promettons avoir avec nostre très-cher & très-amé Cousin François Duc de Bretagne, &c. ses pays, Seigneuries & subjets aussy presens & advenir, & aussy y comprenons tous nos alliez entant que compris y voudront estre, & en celles que cy après ferons nostre pouvoir, y comprendons nostredit Cousin le Comte de Charolois, sesdits pays, Seigneuries & subjets, avec ses amis & alliez, presens & avenir & leurs pays & subjets, comme nous & les nostres, se compris y veulent estre & l'accepter, promettans par cesdites presentes par la foy & serment de noſtre corps en parole de Prince, & ſur noſtre honneur, ces preſentes alliances & confederations tenir & garder fermement, ſans jamais aler allencontre en aucune maniere, moyennant & parmy ce que iceluy noſtre Couſin le Comte de Charolois nous a fait & baillé pareille ſeureté & promeſſe. En teſmoins de ce, nous avons fait mettre noſtre ſeel à ces preſentes, & icelles avons ſignées de noſtre propre main. Donné en noſtre Ville de Nancy le dixiéme jour de Decembre, l'an de grace mil quatre cens ſoixante & quatre.

V.

Lettre du Roy de Sicile à ſon Fils, le Duc de Calabre.

Mon fils, Monſeigneur le Roy m'a preſentement eſcrit par Gaſpar Coſſe, & auſſi envoyé le double d'une Lettre que luy avez eſcrite, lequel par ſes Lettres me fait ſçavoir qu'il envoye devers vous le ſieur de Precigny, & que de ma part je vouliſſe auſſy envoyer devers vous aucun des miens qui me fut feable. Mon fils, vous ſçavez ce que je vous ai fait ſçavoir par l'Eveſque de Verdun, de la volonté du Roi & de la mienne, auſſi touſjours m'avez été obéïſſant juſqu'apreſent encore. Si vous eftes fage, ne commencerez-vous pas à cette heure à faire autrement, & je le vous confeille pour votre bien & honneur, & fur ce, veuillez croire & auffi faire & accomplir ce que vous dira de par mondit Seigneur le Roy & moy ledit Gafpar que j'envoye devers vous pour cette caufe, autrement je ne pourrois eftre content de vous. Notre Seigneur foit garde de vous, efcrit à Lannoy le dixiéme jour d'Août, ainfi *figné*, votre Pere RENÉ. *Le Roy de Sicile envoya cette Lettre au Roy Louis XI, & luy écrivit de l'ouvrir & de voir fi elle étoit telle qu'il la fouhaitoit.*

(Voyez les Recueils de M. l'Abbé Le Grand.)

V I.

Traité d'alliance & confederarion entre le Roy Louis XI, George Roy de Boheme & la Seigneurie de Venife, pour refifter au Turc.

(Voyez le Volume 760 des MSS. de M. Dupuy, aujourd'hui chez M. Joli de Fleuri, Procureur Général au Parlement.)

VII.

Déclaration du Roy Louys XI par laquelle, après avoir narré les menées & pratiques de plusieurs Seigneurs unis & liguez sous pretexte du Bien Public, qui s'estoient joints avec son Frere, il leur donne un mois pour venir vers lui, & se réduire à leur devoir; ce faisant leur pardonne le crime de leze-Majesté, qu'ils ont encourus par leur rebellion. 16 Mars 1464 (ou 1465 style nouveau).

Voyez les Recueils de M. l'Abbé Le Grand.

VIII.

Lettre de Monsieur le Duc de Berry au Duc de Bourgogne.

Très-cher & très-amé Oncle, je me recommande à vous tant comme je puis. Vous plaise sçavoir que depuis aucun temps en ça j'aye eu souvent les clameurs de plusieurs Seigneurs du Sang, mes parens & aucuns nobles hommes de ce Royaume, en tous estats du désordonné & patent Gouvernement, qui est par les gens & estat autour de Monsieur, pleins de toutes mauvaiseté & iniquité, lesquels pour le profit & affection singuliere

& desordonnée, ont mis Monsieur en soupçon & haine devers vous & moy, & tous les Seigneurs du Royaume, mesmement vers les Roys de Castille & d'Escosse, alliez de si long-temps à la Couronne que chacun sçait, au regard comment l'auctorité de l'Eglise est gardée, Justice faite & administrée, les Nobles maintenus en leurs droits de noblesse, le pauvre peuple supporté & gardé de oppression; ne vous en escris plus autant, car je sçay que assez en estes informé, & moy desplaisant des choses dessusdites ; ainsi que doit estre, comme celuy à qui le fait touche de si près que chacun sçait ; & desirant y pourveoir par le conseil de vous, desdits Seigneurs & parens, & autres notables hommes, qui tous m'ont promis ayder & servir, sans y espargner corps ne biens, au bien du Royaume & de la chose publique d'iceluy, aussi pour sauver ma personne, que je sentois en danger ; car incessamment & couvertement, mondit Sieur & ceux d'alentour luy, parloient de moy paroles telles, que par raison me devoient donner cause de douter ; je me suis départy d'avec mondit Sieur, & devenu devers beau Cousin de Bretagne, lequel m'a fait si bon & louable recueil, que assez ne m'en saurois louer, & est deliberé de me servir de corps, biens & de toute sa puissance au bien dudit Royaume & de la chose publique; & pour ce, très-cher & très-amé Oncle, que mon desir est de m'employer avec vous & lesdits Sieurs mes parens, par le conseil desquels je veuille user & non autrement à la réponse & bonne addresse dudit Royaume desolé, & que je sçay que estes des plus grands du Royaume à qui le bien & le mal touche bien avant, & Doyen des Pairs de France, Prince renommé d'honneur & de bonne justice, ainsi qu'il appert par vos grands faits, conduite & entretenement de vos grandes Seigneuries; & sachant que la désordonnance dudit Royaume vous a desplû & desplaist, comme raison est, desirois de tout mon cœur avec vous & les autres Seigneurs mes parens, pouvoir assembler, afin de pourveoir par conseil de vous & d'eux à tous les faits, qui par deffaut d'ordre, de Justice & Police, sont aujourd'huy en tous les estats dudit Royaume, & au soulagement du pauvre peuple, que tant à porter que plus ne peut, & mettre tel ordre en tous endroits, qu'il puisse estre à Dieu plaisant, à l'honneur & felicité dudit Royaume, & en la retribution d'honneur & de memoire perpetuelle de tous ceux qui s'y feront employez ; ſi vous prie, très-cher & très-amé Oncle, que ſi cette matiére, qui eſt ſi grande & pour la bonne fin, vous plaiſe monſtrer & aſſiſter, à vous employer, & auſſi faire employer mon beau-frere de Charolois, voſtre fils, en mon ayde, comme je m'y ſuis tousjours confié que le feriez, & afin que vous & ⬤ nous puiſſions aſſembler, qui eſt la choſe que plus deſire, pource que mon intention eſt de brief incontinent entrer en pays & tenir les champs avec leſdits autres Princes & Seigneurs, qui m'ont promis moy accompagner & ayder ; je vous prie qu'il vous plaiſe vous mettre ſus encore de voſtre part en pays vers France, & en cas que faire ne le pourriez, y vouliſſiez faire venir mondit beau-frere de Charolois, à toute bonne puiſſance de gens, & avec ce envoyer & faire venir aucuns de voſtre Conſeil feable, pour eſtre & aſſiſter pour vous, à ce que les autres Seigneurs du Sang adviſeront eſtre à faire pour le bien du Royaume, & par leſquels pourrez tousjours eſtre informé de ma bonne & juſte intention, laquelle par vous & leſdits autres Seigneurs du Sang ſe veuille conduire, & non autremennt ; & ce que par mondit beau-frere en voſtre abſence, ſi a fait & dit pour le bien de la chose publique & du Royaume, & soulagement du pauvre peuple, je le soustiendray & maintiendray tant que je vivray, & de ce pouvez estre bien certain, très-cher & très-amé Oncle; tousjours vous me ferez sçavoir se il est chose que pour vous puisse & je le feray de bon cœur, priant Dieu qu'il vous doint bonne v●● Escrit à Nantes en Bretagne le seiziesme jour de Mars. *La suscription.* A mon oncle le Duc de Bourgogne. *La souscription.* Vostre Nepveu CHARLES.

Voyez les Recueils de M. l'Abbé Le Grand.

IX.

Manifeste de Monsieur le Duc de Berry sur la prise des armes pour le Bien Public.

Voyez les mêmes Recueils.

X.

Traité d'Alliance, entre François Duc de Bretagne, d'une part, & Charles, Comte de Charolois, d'autre part; à Nantes le 22 Mars 1464 (ou 1465 nouveau stile).

Voyez l'Edition de Godefroy.

XI.

Ce font les points (a) *que le Seigneur de Charolois met & impose au Seigneur de Croy. 1475.*

ET premierement, dit ledit Seigneur de Charolois, que ledit Seigneur de Croy (b) s'est efforcé & efforce tous les jours de mettre ledit Seigneur de Charolois en malveillance de mondit Seigneur de Bourgogne son pere, & de le faire destruire, se son pouvoir estoit de ce faire.

Item. Dit ledit Seigneur de Charolois que

(a) Copié sur les Manuscrits de M. Baluze, numero 165. C'est proprement un abregé de la Lettre que le Comte de Charolois publia contre les Seigneurs de la Maison de Croy; ou comme l'on prononce aujourd'huy, de Crouy. La Lettre entiere est imprimée au Tome III de Monstrelet, fol. 107 verso, édition de Paris 1572. Elle contient quatre pages in folio, elle y est néanmoins imprimée avec quelques fautes.

(b) Par les amples Recueils que M. l'Abbé Le Grand avoit faits sur le Regne de Louis XI, on voit aux années 1463 & 1464 beaucoup de Lettres de confiance des Seigneurs de Crouy à ce Roy, qui les combla même de bienfaits; preuve qu'il y avoit quelque intelligence entre eux : car ce Prince ne plaçoit pas inutilement ses graces & ses faveurs.

le Seigneur de Croy, le Roy eſtant Dauphin, travailla & pourſuit tant le Roy, de le faire conſtituer priſonnier, ainſi comme le Roy, depuis ſon joyeux advenement en ſon Royaume, luy a dit.

Item. Dit ledit Seigneur de Charolois, que depuis que le Roy eſt Roy, ledit Sieur de Croy s'eſt efforcé de mettre haine & malveillance entre le Roy & ledit Seigneur de Charolois, laquelle jamais ne fut.

Item. Dit ledit Seigneur de Charolois, que ledit Sieur de Croy & les ſiens, en la ville de Liſle, comme Ambaſſadeurs du Roy mirent & impoſerent grandes charges ſur ledit Seigneur de Charolois; & que ledit de Croy & les ſiens ont preſenté & offert de ſervir le Roy à l'encontre dudit Seigneur de Charolois, après la mort de Monſeigneur de Bourgogne, au cas que le Roy fiſt guerre audit Seigneur de Charolois.

Item. Dit ledit Seigneur de Charolois, que ledit Sieur de Croy s'eſt vanté de luy faire guerre aux places & Forteresſes de Boulogne, Namur, Luxembourg, & en autres, que ledit Sieur de Croy tenoit en ſes mains, & icelles mettre en autres mains que de mondit Sieur de Bourgogne & de Charolois.

Item. Dit ledit Seigneur de Charolois, que ledit Sieur de Croy a émeu & incité le Roy à rachepter (a) les Terres, que Monsieur de Bourgongne tenoit en gage, lequel ne l'eust jamais fait, se ce n'eust esté au pourchas (b) & moyen dudit Sieur de Croy.

Item. Dit ledit Seigneur de Charolois, que ledit Sieur de Croy a favorisé, soutenu & aydé à l'encontre dudit Seigneur de Charolois son Cousin le Comte de Nevers; lesquels Nevers & Croy se sont vantez, que le Roy leur avoit promis de bailler quatre cens lances avec l'ayde des Liegeois, pour entrer au Pays de Brabant après le deceds de Monsieur de Bourgogne, & par ce moyen en priver dudit Pays ledit Sieur de Charolois.

Item. Dit ledit Seigneur de Charolois, que pour venir aux fins susdites, que le Roy a fait ledit de Nevers, au moyen dudit sieur de Croy, son Lieutenant & Capitaine General esdites

(a) Cette plainte peut avoir quelque realité, puisque dans les instructions de Louis XI pour le rachat des villes de la Riviere de Somme, il est ordonné au Sieur Chevalier de s'accorder avec Mr de Croy.

(b) Pourchas, c'est-à-dire à la sollicitation, à l'instigation; terme encore usité parmi le peuple de la Flandre Walone.

Terres defengagées, pour parvenir à fes fins, & en conclufion ledit Sieur de Charolois a fait publier par toutes les villes & cités de Monfeigneur de Bourgogne, par Lettres patentes, tout ce que dit eft deffus, en donnant en mandement fur certaines & grandes peines efdittes villes dudit Seigneur de Bourgogne, qu'ils ne voulfiffent (a) recepter, ne donner faveur ne ayde audit de Croy, ny à fes alliez en aucune maniere.

XII.

LETTRE du Duc de Bourbon, 24 Mars 1465.

Mon très-redouté & fouverain Seigneur, je me recommande humblement à voftre bonne grace, & vous plaife favoir, mon très-redouté Seigneur, que j'ai receu les Lettres qu'il vous a pleu m'écrire de voftre main, par Joffelin du Bois porteur de ceftes, & ouï bien au long la créance, que fur icelle il m'a dite de par vous, contenant en effet, comment n'agueres, en allant en voftre voyage de Noftre-Dame du-Puit, avez fceu comment

---

(a) Recepter, c'eft-à-dire, recevoir, comme il eft marqué dans la Lettre même.

Monsieur de Berry voſtre Frere, s'en eſtoit allé avec Odet Daydie en Bretagne, ſans voſtre ſceu, & pource qu'avez grande & ſinguliere confiance en moy, en me requerant que incontinent voulſiſſe partir pour aller devers vous, & laiſſer mon frere le Baſtard de Bourbon par deça, pour mettre ſus cent Lances en mon pays, pour tirer après & faire ce qui feroit adviſé, dont je vous remercie tant & ſi très-humblement, comme faire puis; & pour vous advertir & faire ſçavoir plus à plein, mon très-redouté & ſouverain Seigneur, les motifs de mondit Sieur de Berry, comme des autres cauſes, termes ès choſes preſentes, qui ſont à cette heure, comme je croy, divulguées, qui ſont à cette part, tant de voſtre Royaume que dehors par long-temps, ont eſté conſiderées & peſées generalement par tous les Seigneurs & Princes de voſtre ſang & lignage, qui ont Seigneuries, Terres & pays de voſtredit Royaume & ſous vous, & qui ont intereſt après vous au bien, proſperité & entretenement de voſtredit Royaume, auquel après vous, ils ont bonne part, chacun en ſon endroit, les façons qui ont eſté tenues, tant au fait de la Juſtice, Police & Gouvernement d'iceluy, que aux grandes, extreſmes & exceſfives charges du pauvre peuple, lequel entre nous Princes & Seigneurs deſſuſdits, chacun en droit ſoy, avons veu, ouï & conneu, plaindre, douloir & ſouffrir, & ſouſtenir charges, vexations & moleſtes importables, & par deſſus tout ordre, façon deuë & accouſtumée, dont pluſieurs d'entre nous & nos ſubjets tant en general que en particulier, vous ont eſté faites des remonſtrances, & à ceux qu'il vous a pleu eſlever & approcher entour vous, ayant le maniement & conduite deſdites choſes; leſquelles remonſtrances, requeſtes & complaintes eſtoient, ont eſté & ſont dignes d'eſtre ouïes, & que proviſion y fut donnée pour le bien, utilité & conſervation de la choſe publique de voſtredit Royaume, & auſſi pour l'eſtat deſdits Seigneurs & Princes de voſtre Sang; auſquelles choſes juſques à preſent n'a eſté voſtre plaiſir aucunement entendre, ne donner l'oreille, ne proviſion, ordre, ne police raiſonnable à ce & autres choſes, leſquelles ont eſté par cydevant faites & conduites par voſtre plaiſir, voulenté & tolerance, au moyen d'aucuns qui ſont entour vous, qui par cy-devant n'ont gueres congnu, comme il appert, le fait & eſtat de voſtredit Royaume, lequel a eſté ſi longuement proſperant en ſi bonne justice, tranquilité & police ordinaire, qui sont toutes notoires choses & manifestes, dedans vostredit Royaume, & ailleurs; pourquoy, mon très-redouté & souverain Seigneur, tous ensemble & d'une voix & commun assentement, meus de pitié & compassion du pauvre peuple à eux subjets, la clameur & oppression duquel, en tous les estats est parvenue souvent à leurs oreilles, après ce qu'ils ont veu & cognu, que par remonstrances particulieres, ne requestes que on vous ait sur ce faites, vous n'y avez voulu donner remede, ordre ne provision convenable, ont & convenu en un, conclud & deliberé, par serment & scellez autentiques, & tels qu'il appartient en tel cas, de eux trouver & mettre ensemble, pour vous remonstrer, donner à connoistre par aucune voye, telle que Dieu, raison & équité leur enseigne, les choses dessusdites, pour y donner d'oresnavant bon ordre & provision, autre qu'il n'y a euë depuis que la Couronne de France est venuë en vostre main; en quoy nous esperons tous à l'ayde de Dieu, nostre Createur, qui congnoist & & sçait toutes choses, pensées & intentions, faire œuvre, qui à vous & à vostredite Couronne, & à toute la chose publique de vostredit

Royaume, sera profitable & utile, & ausdits Princes & Seigneurs de vostredit Sang, honorable & digne de recommadation & memoire perpetuelle; & quant à ce, mon très-redouté & souverain Seigneur, que m'escrivez que aille devers vous, en quoy me semble, pour la façon de vos Lettres, qu'estes non adverti de ces choses que vous escris, la chose ne le requiert à present, ne faire ne le puis, & desplaist à tous lesdits Sieurs Princes de vostre Sang, qu'il faille que par faute de donner bon ordre de bonne heure aux choses, le fait de vostredit Royaume vienne en telle commiseration & necessité; laquelle se pourroit légitimement par vous appaiser, quand il vous plairoit considerer en vous mesme l'estat & prosperité en quoy vous avez trouvé vostredit Royaume, & en quel il est de present; mais il peut estre, mon très-redouté & souverain Seigneur, que n'estes pas de tout adverty, & quand plusieurs choses se sont mal faites par cy-devant, tant entour vous, que parmy vostredit Royaume, par puissance, force, violence & autres voyes estrangeres & non accoustumées, que ne sont pas venues à vostre notice & connoissance, & dont on vous informera tellement & si avant, que vous pourrez & de-

vrez dire que ce qui fe fait à bonne &
jufte caufe, & en quoy quiconque s'en
meſſe ne peut avoir blâme, ne reproche
envers Dieu, vous, voſtre Couronne, ne
Juſtice; pource que, mon très-redouté &
fouverain Seigneur, je vous fupplie très-humblement, que attendu & confideré, ce que
dit eſt, & autres chofes que bien ſçaurez
confiderer, que ne puis efcrire, dont pleinement ay parlé audit Joſſelin, vous plaife
m'avoir pour excufé ce que je ne vais devers vous; car je fuis bien deliberé avec les
autres Seigneurs & Princes de cette alliance
& voulenté, pour le bien de vous & de
voſtredit Royaume, d'entendre à vous faire
lefdites remonſtrances & y donner ordre,
vous fuppliant très-humblement, mon très-
redouté & fouverain Seigneur, pour honneur
de Dieu, qu'il vous plaife y avoir advis &
& y donner de bonne heure provifion, telle
qu'on puiſſe dire que de voſtre temps ne foit
advenu inconvenient à voſtredit Royaume
par faute de y vouloir remedier, comme il appartient par raifon; en vous aſſurant mon très-
redouté Seigneur, que cette befongne n'eſt
point entreprife, ne ne fe conduit contre
voſtre perfonne, ne le bien de voſtre Couronne, mais feulement pour remettre les

choses en bon ordre, à l'honneur de vous & de vos subjets, & relievement & confort du pauvre peuple, qui sont choses de tous droits & de bonne raison, dignes de perseverance & recommandation, & où il écheoit prompte & convenable provision, comme vostre bonne discretion, envers laquelle, tant que je, puis & dont m'en acquitte par cette Lettre, pourra s'il luy plaist mieux adviser. Mon très-redouté, &c. je supplie au benoist Fils de Dieu, qu'il vous donne bonne vie & longue. Escrit à Bourges hastivement, la veille Nostre-Dame de Mars.

Voyez les Recueils de M. l'Abbé Le Grand.

XIII.

Articles envoyez au Roy Louys XI par le Roy de Sicile, touchant ce qui avoit esté pourparlé entre ledit Roy de Sicile & Monsieur le Duc de Berry, accompagné du Duc de Bretagne, de Monsieur de Dunois & autres ; avec les responses faites par le Roy.

Voyez les mêmes Recueils.

XIV.

Sommation, Interpellation & Commission de Charles, fils & frere de Roy, Duc de Berry, à Monseigneur le Duc de Calabre, Lorraine, &c. Jean II, pour prendre les armes, & se joindre avec luy & autres Princes du Sang, contre le Roy Louis XI & ceux de son Conseil, pour le bien public du Royaume. 1465.

Voyez les Recueils de M. l'Abbé Le Grand.

XV.

Declaration des trois Estats de Brabant, Limbourg, Flandres, Artois, Hainaut, Namur, Malines & Anvers, par laquelle ils reconnoissent le Comte de Charolois comme leur Seigneur après la mort du Duc de Bourgogne son pere.

A Bruxelles le 27 Avril 1465.

Voyez l'édition de M. Godefroy.

XVI.

Saufconduit du Duc de Berry, pour les Ambassadeurs du Roy.

Voyez les Recueils de M. l'Abbé Le Grand.

XVII.

Declaration de Charles Comte de Charolois, que la reserve faite de la personne du Roy Louis XI, dans le traité fait avec l'Archevesque de Tresves n'aura point de lieu. Treves d'Angleterre, du 16 May 1465.

A' Bruxelles, le 15 May 1465.

Voyez l'édition de M. Godefroy.

XVIII.

Treves d'Angleterre, du 16 Mars 1465.

Voyez les Recueils de M. l'Abbé Le Grand.

XIX.

Lettre du Roy à Monsieur le Comte d'Eu, du 18 May 1465.

Voyez les mêmes Recueils.

XX.

Instruction de Charles, Comte de Charolois, aux Commissaires qui devoient traiter en son nom avec les Ambassadeurs du Roy d'Escosse.

Au Quesnoy le 21 May 1465.

Voyez l'édition de M. Godefroy.

XXI.

Lettres de l'Archevefque de Treves, par lefquelles il promet d'exécuter le Traité d'alliance qu'il avoit fait le 4 May 1462 avec le Duc de Bourgogne.

A Coblents le dernier May 1465.

(Voyez l'Edition de M. Godefroy.)

XXII.

Declaration de Monfieur de Berry, de pourfuivre fon deffein de reformer le Public, le Roy ayant refufé l'affemblée des Princes du Sang, & autres Notables du Royaume, pour y pourvoir. Du 2 Juin.

Voyez les Recueils de M. l'Abbé Le Grand.

XXIII.

Traité d'alliance entre Louis, Duc de Baviere, & Charles, Comte de Charolois.

A Nuremberg le 4 Juin 1465.

(Voyez l'édition de M. Godefroy.)

XXIV.

Traité d'alliance entre Federic, Electeur Palatin, & Charles, Comte de Charolois.

A Heidelberg, le 15 Juin 1465.

(Voyez l'Edition de M. Godefroy.)

XXV.

Acte par lequel Federic, Electeur Palatin, se reserve le droit de nommer trois Alliez, pour les excepter du traité d'alliance qu'il avoit fait avec Charles, Comte de Charolois, ainsi que ce Comte en avoit aussi reservé trois de son costé.

A Heydelberg, le 15 Juin 1465.

(Voyez l'édition de M. Godefroy).

XXVI.

Articles de l'accord fait par le Roy avec Messeigneurs les Ducs de Bourbon, de Nemours, le Comte d'Armagnac, & le Seigneur d'Albret.

(Voyez les Recueils de M. l'Abbé Le Grand).

XXVII.

Lettre du Sieur Balue à Monsieur le Chancelier.

(Voyez les Recueils de M. l'Abbé Le Grand.)

XXVIII.

Lettre de Guillaume Cousinot, à Monsieur le Chancelier, touchant le voyage du Roy Louys XI en Auvergne.

Voyez les mêmes Recueils.

XXIX.

Promesse de Charles de Bourgogne, Comte de Charolois, de confirmer les Privileges des Duchés de Brabant & de Limbourg, lorsqu'il sera parvenu à la succession de ces Pays.

Au Camp devant Mitry, (cinq lieues au Nord-est de Paris), le 3 Juillet 1465.

(Voyez l'édition de M. Godefroy.)

XXX.

Marche de l'armée des Ducs de Berry & de Bretagne. Le 14 ou 15 Juillet.

(Voyez les Recueils de M. l'Abbé Le Grand.)

XXXI.

Relation de la bataille de Montl'hery.

Nostre très-redouté Seigneur, tant & si humblement, comme faire pouvons, nous nous recommandons à vostre bonne grace, & pour ce nostre très-redouté Seigneur, que sommes certains que devons sçavoir des nouvelles de l'armée, de l'Estat, de nostre très-redouté Seigneur vostre fils, & que sommes tenus de nous en acquitter mesmement en matieres qui le touchent.

Il est vray que Mardy passé, seiziesme jour de ce mois, nous fusmes présens du commencement jusqu'à la fin de la bataille, que Monsieur vostre fils a eu contre le Roy & sa puissance, qui estoit de vingt deux cens lances ou environ, le mieux en point que oncques furent vuës en ce Royaume, comme l'on dit; laquelle bataille, après ce que mondit Seigneur vostre fils fut conseillé d'aller querre & envahir le Roy & sadite puissance, au lieu où ils estoient, qui estoit moult fort & avantageux pour eux, commença entre une & deux après midy : en suivant ledit conseil fut fait ledit envahissement très-fierement, & d'aussi hardi courage, que l'on a vû faire en journée de bataille paſſé longtemps, comme il ſemble à ceux qui virent d'un coſté & d'autre, ayant congnoiſſance de telles matieres; & tellement que les Franchois ſe mirent en fuite, & en deſroy bien grand, par lequel deſroy ils eſtoient tous noſtres ſe l'une des aiſles de noſtre bataille ne fut demarché pour cuidier venir joindre à ceux de l'autre bout de noſtredite bataille, qui eſtoient les premiers en celle deſdits Franchois.

Car par ce moyen une groſſe compagnie d'iceux Franchois vint ſoudainement charger ſur les noſtres, qui ainſi demarchoient en telle façon qu'ils s'en vinrent fuyans les uns parmy les autres, & par ce moyen ſe partirent & vinrent, mirent en fuite au bois que nous avions au dos une partie de nos gens, pendant laquelle fuite mondit Seigneur voſtre fils, qui rien n'en ſçavoit, tousjours pourſuivant & chaſſant ſes ennemis, s'en vint environner la place de Montlhery à bien petit nombre de gens, tuant & deſconfiſant tout ce qu'il trouva en ſon chemin; & après s'en vint voſtredit fils repaſſer devant la porte de ladite place, où, comme dit eſt, eſtoit le Roy & ſadite garde, & là fut mondit Seigneur voſtre fils en grand danger & doute de ſa perſonne, ſe n'euſt eſté ſa vaillance & bonne vertu, mais l'a Dieu merchy il en eſchappa, & tantoſt après s'en vint planter au champ de bataille aux mains d'un traict d'arc devant ſes ennemis, où il fut longuement, raliant ſes gens qui eſtoient en petit nombre; leſdits ennemis pareillement ralliés devant luy en leur fort en plus grand nombre, qu'ils eſtoient ſans comparaiſon, & fut la choſe deſlors juſques vers le Soleil couchant en tel eſtat, que nul ſçavoit qui devoit eſtre le maiſtre, à laquelle heure le Roy & les ſiens ſe partirent confuſement, en laiſſant ſon artillerie, & demeura la place à mondit Seigneur voſtre fils, ſur laquelle il demeura toute la nuit, & le lendemain juſques après midy, qu'il s'en vint loger audit lieu de Montlhery pour rafraiſchir ſes gens & leurs chevaux, leſquels eſtoient fort travaillez.

Et combien que la journée & la victoire ait eſté, & ſoit belle & grande; toutesfois, veu le premier aſſault fait auſdits Franchois, de tel courage & hardiment, comme deſſus eſt dit, & le grand deſroy où ils furent, un d'iceux Franchois euſſent eu plus grand perte

& desconfiture de gens, se n'eust esté la fuite des gens de mondit Seigneur vostre fils, qui se partit de la place, comme dessus est dit desquels plusieurs ont esté pris à Paris, qui de prime face ont donné cause au peuple de cuidier que le Roy avoit eu la victoire, en faisant ladite fuite des gens du Roy, qui fut très-grande, & principalement de Monsieur du Maine, Monsieur l'Admiral, Monsieur de la Barde, Sallezart & autres, avec leurs routes, lesquels comme nous avons sceu, s'enfuirent tous & encore fuyent, comme l'on dit en bien grand desroy; & ainsi, nostre très-redouté Seigneur, graces à Dieu, la journée a esté pour vous & mondit Seigneur vostre fils, & luy est nettement demeurée la place, comme dit est, au grand honneur de vous & de luy, & par conséquent de tous vos pays & Seigneuries.

Car veritablement iceluy mondit Seigneur vostre fils se est aussi vertueusement conduit & gouverné, que se toute sa vie il n'eust fait autre chose que de conduire, ordonner & rallier bataille; & de sa personne s'est aussi chevalereusement porté que corps de noble homme pourroit faire, & tellement que luy seul a esté cause par sa vaillance & bonne chevalerie d'avoir gagné ladite journée, tousjours souſtenant ladite bataille, sans oncques démarcher pour chose qu'il viſt, combien toutesfois qu'il a eſté un petit bleſſé vers la gorge d'un coup d'eſpée, mais Dieu merchy, ce n'eſt choſe dont il peut avoir danger.

Et en verité très-redouté Seigneur, il a bien montré qu'il eſt voſtre fils, car il a grandement retenu vos bons enseignemens, & ſes tours de vertu & de nobleſſe que vous luy avez appris en cas ſemblables; & certes à tout bien conſideré, il a gagné la plus belle journée qui ait eſté veuë en France paſſé à longtemps, ſans gueres grande perte de gens, veu que la choſe dura bien longuement, ainçois qu'on pût ſi bonnement connoiſtre à qui l'honneur & victoire en demeuroit, aucuns des gens de mondit Seigneur voſtre fils ont eſté morts en ladite beſoigne, & les autres pris, les uns en tombant, & les autres en chaſſant un peu bien outrageuſement, & meſmement ſont morts Monſieur de Hames, Meſſire Philippe de Lalaing, Philippot Doignies, voſtre Baillif de Courtray, qui portoit le pennon de mondit Seigneur voſtre fils, le frere de Monſieur Halebrimy, & autres, & de priſonniers, Monſieur du Bois, qui portoit la banniere de mondit Seigneur voſtre fils, Monſieur de Crevecœur, & aucuns autres : & au regard des Franchois, il y a eu beaucoup de leurs Capitaines & autres de grand fachon, morts & pris, deſquels nous avons parfaite connoiſſance ; mais entre les autres, Monſieur de Maulevrier, Grand Seneſchal de Normandie, y eſt demeuré mort, dont eſt dommage ; & pareillement y eſt mort Philippe de Louhan, & bien grand nombre d'autres, tous gens de nom, en trop plus grand nombre que des noſtres ſans comparaiſon ; & avec ce avons grand foiſon de leurs priſonniers, & entre les autres le fils de Monſieur de Vantadour.

Noſtre très-redouté Seigneur, plaiſe vous adés nous mander & commander vos bons plaiſirs, pour y obéyr & les accomplir de très-humble cœur à nos loyaux pouvoirs, moyennant l'ayde de Noſtre-Seigneur, qui par ſa grace vous doint bonne vie & longue, & accompliſſement de vos très-nobles plaiſirs. Eſcrit à Eſtampes le dix-neufvieſme jour de Juillet de l'an 1465.

Noſtre très-redouté Seigneur, depuis ces lettres eſcrites, eſt à cette heure arrivé Monſieur de Berry en cette ville, Monſieur de Bretagne & ſa compagnie, & n'eſt Monſieur venu que à petit nombre de gens, & son armée est logée auprès.

(Voyez les MSS. Grandvelle, qui sont en l'Abbaye de S. Vincent de Bezançon).

XXXII.

Journée de Montlhery, 16 Juillet 1465 (a).

Copie de l'explication faite de bouche à Madame la Duchesse par Guillaume de Torcy, Ecuyer, touchant l'état de Monsieur de Charolois, sur une lettre de credence envoyée à madite Dame par mondit Sieur de Charolois, & signée de son signe manuel, en datte du vingtiéme jour de Juillet 1465.

(Voyez le MS. 192 de la Bibliotheque Colbertine, aujourd'huy dans celle du Roy.)

XXXIII.

Traité d'alliance entre Louis, Duc de Baviere, & Philippe, Duc de Bourgogne.

A Landshut, le 22 Juillet 1465.

(Voyez l'édition de M. Godefroy.)

(a) Cette relation est assez fardée, & ne s'accorde pas avec Philippe de Comines, ni avec Olivier de la Marche, témoins oculaires.

XXXIV.

A Eſtampes, le 24 Juillet 1465.

Traité d'alliance entre François, Duc de Bretagne, & Charles, Comte de Charolois.

(Voyez l'édition de M. Godefroy.)

XXXV.

A Bruxelles, le 26 Septembre 1465.

Traité d'alliance entre Philippe Duc de Bourgogne, & Federic, Electeur Palatin.

(Voyez la même édition.)

XXXVI.

A Bruxelles, le 26 Septembre 1465.

Traité d'alliance entre Philippe Duc de Bourgogne, & Robert, Archeveſque de Cologne.

(Voyez la même édition.(

XXXVII.

Copie des accords & appointemens faits par le Roy, aux Princes qui s'enſuivent.

. . . .

Après ledit accord fait & paſſé par aucuns biens préciez au Roy, fut demandé audit Roy, qui le avoit meu de faire tel traité à son préjudice.

Et le Roy respondit en cette maniere, ce a esté en considération de la jeunesse de mon frere de Berry.

La prudence de beau cousin de Calabre.

Le sens de beau frere de Bourbon.

La malice du Comte d'Armignac.

L'orgueil grand de beau cousin de Bretagne.

Et la puissance invincible de beau frere de Charolois.

(Voyez les Recueils de M. l'Abbé Le Grand.)

XXXVIII.

A Paris, l'an 1465 le 5 Octobre.

Traité de paix, appellé le Traité de Conflans, entre le Roy Louys XI d'une part, & Charles, Comte de Charolois, depuis Duc de Bourgogne, d'autre.

(Voyez l'édition de M. Godefroy.)

XXXIX.

Transport fait par Louis XI au Comte de Charolois, des Prevostez de Vimeu, de Beauvoisis & de Foulloy.

(Voyez l'édition de M. Godefroy.)

XL.

Lettres Patentes du Comte de Charolois, pour la reverſion des villes de la riviere de Somme, & des trois Prevoſtez cy-deſſus tranſportées.

(Voyez la même édition.)

XLI.

Lettre de Monſieur le Comte d'Eu au Roy, touchant l'accord avec Monſieur le Duc de Normandie.

Voyez les Recueils de M. l'Abbé Le Grand.

XLII.

Extrait des Regiſtres du Parlement du dix-ſept Aouſt 1465.

Voyez les mêmes Recueils.

XLIII.

Proteſtation de la Chambre des Comptes contre le traité de Conflans.

LE quatorzieſme jour d'Octobre mil quatre cens ſoixante-cinq, le Procureur du Roy noſtre Sire en ſa Chambre des Comptes, s'oppoſa à ce que deux paires de Lettres Royaux, obtenuës par Monſieur le Comte de Charolois, les unes données à Paris le cinquieſme jour dudit mois, par leſquelles le Roy, noſtre dit Seigneur, luy baille & tranſporte Amiens, Saint-Quentin, la Comté de Ponthieu, & autres terres, villes & places, n'agueres par le Roy deſgagées, de Monſieur de Bourgogne, avec les Comtez de Boulogne & de Guignes enſemble & les villes & Chaſtellenies de Peronne, Mondidier & Roye : & les autres auſſi données à Paris le treizieſme jour d'iceluy mois d'Octobre, audit an mil quatre cens ſoixante-cinq, par leſquelles le Roy noſtredit Seigneur a ſemblablement baillé & tranſporté à mondit Seigneur de Charolois les Prevoſtez de Vimeu, de Beauvoiſis & de Foulloy, ainſi que plus à plein eſt contenu eſdites deux paires de lettres, ne ſoient aucunement verifiées, enterinées, ne expediés par meſdits Seigneurs des Comptes, pour certaines cauſes, qu'il entend à dire & déclarer en tems & lieu, & juſques à ce qu'il ait eſté préalablement loy ſur ce. BOURLIER.

Voyez les Recueils de M. L'Abbé le Grand.

XLIV.

Lettres Patentes de Louys XI pour ratifier le traité de Conflans, & nomination des personnes pour la réformation de l'Etat.

Voyez les mêmes Recueils.

XLV.

Ensuivent les trente six personnes ordonnées pour la cause dessusdite, de la réformation de l'Etat.

Premierement. Les douze Prelats.

Messeigneurs du Mans.
Paris.
Lisieux.
Reims.
Langres.
Orleans.
Le Doyen de Paris.
Maistre Jehan de Courcelles.
Estienne le Fournier.
Jehan Sellier.
Jehan de Lolive.

Preuves

Les douze Chevaliers & Escuyers.

Messeigneurs de Dunois.
>L'Admiral.
>Messire Loys de Beaumont.
>Messire Jehan Meno.
>De Rembure.
>George de Houet.
>Pressigny.
>Montsoreau.
>Traynel.
>Messire Jehan de Montegu.
>Torcy.
>Chaumont.

Les douze Gens de Conseil.

>Dauvet.
>Boullengier.

Maistres Jacques Fournier.
>Berthelemy Cloistre.
>Guillaume de Paris.
>Franchois Hallé.
>Pierre Doriole.
>Denis d'Auxerre.

Jehan l'Enfant.

Jouachim Jouvelin.

Jacques Fournier, Juge du Mans.

Guillaume Hugonet.

(Voyez les Recueils de M. l'Abbé Le Grand.)

XLVI.

Publication de la Paix.

(Voyez les mêmes Recueils.)

XLVII.

Autre accord de Paix fait à Saint-Maur-des-Fossez entre les Ducs de Normandie, de Bretagne, de Calabre, & de Lorraine, de Bourbonnois, d'Auvergne & de Nemours; les Comtes de Charolois, d'Armagnac, de Sainct-Pol, & autres Princes de France, souslevez sous le nom du bien Public, d'une part, & le Roy Louys XI d'autre, l'an mil quatre cens soixante-cinq, le vingt-neu-viesme Octobre (a).

(Voyez l'édition de M. Godefroy.)

(a) Louis XI protesta en sa Cour de Parlement de Paris que le traité de Conflans avec les Princes mescontens se faisoit contre sa volonté & par force & contrainte, & ne lui pouvoit tourner à préjudice.

XLVIII.

Lettres de Louis XI touchant le Comté d'Eu (a).

(Voyez les mêmes Recueils.)

XLIX.

Lettres du Roy Louis XI sur le retour des terres de Normandie, & autres.

(Voyez les mêmes Recueils.) (b)

(a) Par ces Lettres, Louis XI de l'avis des Seigneurs de son sang & des gens de son Conseil, ordonne que le Comté d'Eu ressortira à l'Echiquier de Normandie, & demeurera sujet du Prince Charles son frere & de ses hoirs mâles tant qu'il y en aura.

(b) Ces Lettres portent que les Comtés de Mortaing de Lorgueville & autres terres tenues en Normandie par le Duc d'Orleans retourneront au frere du Roy.

Fin des Preuves du I. Livre, & du dixième Volume.

Généalogie de la Maison de PHILIPPE DE COMINES, conforme à celle qui a été publiée dans l'édition de l'Abbé Langlet Dufrenoy.

BAUDOIN, dit le Jeune, Châtelain d'Aire, épousa MAHAUT, sœur de DANIEL Advoué d'Arras, Seigneur de Comines & de Béthune, 1216-1217.

COLLART DE LA CLITE, qui vivoit l'an 1409, épousa JEANNE DE WARSILLERS, Dame de Comines & de Hallewin.

La terre de Comines est venuë à Hellin de Warnessires, pere de Jeanne de Waesseres, Dame de Comines, & de Hallewin, femme de Collart de la Clite. Le Châstelain de Comines siéoit trois lieues au Nord de Lille, sur la rivière de Lys en Flandres. Comines porte le champ de geuilles au chevron d'or accompagné de trois coquilles d'argent, situé chef de fable, deux en pointe à chef, & une en pointe à Philippe de Comines sa femme de Flandres, Dame d'Hellevin en fa Maison de Flandres. Dans l'Histoire de Du-Chesne & de Châtillon.

1. Guillaume, mort sans enfans.

2. Collart de la Clite, ou, selon d'autres, Nicolas de Comines, Chevalier, Seigneur de Rueskebure, S. Venant, Buschevre, &c. succéda en 1431 à son père en l'office de Souverain Bailli de Flandres. Il fut créé Chevalier à la bataille de Bourgogne, à la bataille de Vimen, & fut duncune prisonnier. Il fut banni par ceux de Gand, qui écrit Meyer, libr. 16. May 1454, ayant épousé deux fois: en premières noces Jeanne dite de Bourgogne: il s'agit du jugement en 1451. Il mourut le 8 May 1454 ayant épousé deux femmes, la première Catherine de Havescerke, morte environ l'an 1440 dont il eut pour enfans; Il gift avec elle en l'Eglise de Rues-beure, la seconde fut Marguerite d'Armuides, dont il n'y a pas eu.

2. Marguerite de la Clite, mariée à Guillaume de Halluin a Guillaume, Sieur de la Toison d'or.

1. Philippe de la Clite, mariée à Roland de Wilvaerse, Chevalier, Seigneur de Buggenhoust.

3. Jean de la Clite II. Chevalier, Seigneur de Comines, fut Chambellan du Roy Louis XI, Sénéchal de Ruebroucke en 1431. Il fit Tuteur de Philippe de Comines son cousin germain en 1455. Il épousa en 1444 Jeanne d'Estouteville, de laquelle il a laissé une fille unique.

3. Philippe de Comines, Conseiller & Chambellan du Roy Louis XI, Sénéchal de Poitou, Auteur de la fameuse Histoire des Roys Louis XI. & Charles VIII. publié sous le nom du Sieur d'Argenton, épousa Hélène de Janlies ou de Chambes, fille de Jean de Chambes, Chevalier, Sieur de Monsoreau Loire, & de Jeanne Chabot de la Greve. Le contrat de ce mariage est du 27 Janvier 1473 dont voicy les qualités: Messire Philippe de Comines, Chevalier, Prince de Talmont, Seigneur de la Riocherbon. Chambellan du Roy, & Monsieur Jean de Jambes, Chevalier, & Madame Jeanne Chabot, son épouse, Sieur & Dame de Monsoreau, & d'Argenton en Poictou. Par ce Contrat ledit Monsoreau vend à icelui de Comines, & sa future épouse la Baronnie d'Argenton en Poictou, & autres Terres y désignées appartenantes audits Sieur & Dame de Monsoreau, tant par acquisition, succession, qu'autrement, de ce mariage vint une fille unique, fut Antoine d'Argenton, oncle de ladite Jeanne Chabot. Ledit Philippe décéda à Paris l'an 1509.

4. Jeanne de la Clite, Dame de Comines, & de Hallewin, qui épousa Jean, Seigneur de Hallewin, & de Comines, à cause de la femme. Dont y vint.

4. Jeanne de Comines, Sgr. d'Argenton, Comtesse de Chambes, fit Chastelaine de Brières, Sieur de Bouillé, de l'Aigle, de Chastonceaux, & Chevalier, Sieur de Monsoreau Loire, & de Jeanne-Chabot de la Greve, fille de Jean de Chambes, Chevalier, cette Jeanne vivant encore alors. Icelle Jeanne de Comines mourut le 19 Mars 1514.

5. George Seigneur de Hallewin & de Comines, qui eut de son mariage avec Jeanne de Lannoy.

5. Isabeau qui épousa Philippe de Witham, Sgr. de Braine, fille & de Henri de Wittham, Chevalier de la Toison d'or.

5. Jeanne épousa Louis de Joyeuse, Comte de Grantpré.

5. Jeanne épousa Philippe de Wittham, Sgr. de Braine, fille & de Henri de Wittham, Chevalier de la Toison d'or.

5. Charlotte de Brosse, dite de Bretagne, Comtesse de Penthièvre; épousa François de Luxembourg, Vicomte de Martigues.

6. Jean de Hallewin & de Comines, qui prit pour mariage avec Antoinette de Sainte Aldegonde, D'avoine.

6. Robert de Joyeuse, Comte de Grantpré.

6. Schastien de Luxembourg, Vicomte de Martigues, Duc de Penthièvre, épousa Marie de Beaucaire Puigaillon.

6. Madelaine de Luxembourg épousa George de la Trémoille, Marquis de Royan.

7. Jeanne de Hallewin, Dame de Hallewin & Comines, laquelle apporta ces deux Terres en mariage à Philippe de Croy II. Duc d'Arschot, Prince de Chimay & de Porcéan, dont les descendans possèdent à present lesdites Terres, l'édit Philippe fut père de

7. François de Joyeuse, & de Ponthievre, épousa Philippe Emmanuel de Lorraine, Duc de Mercœur & de Penthièvre.

7. Gilbert de la Trémoille, Marquis de Royan, épousa Anne Hurault.

8. Charles de Croy II. Duc d'Arschot, Chevalier de la Toison d'or, mort sans enfans.

8. Anne de Croy Duchesse d'Arschot, épousa Charles, Comte d'Aremberg, Chevalier de la Toison d'or.

8. Antoine de Joyeuse, Baron de Saint Lambert.

8. Françoise de Lorraine, épouse de César, Duc de Vendôme & d'Estampes.

8. Philippe de la Trémoille II. du nom, Marquis de Royan.

9. Philippe Duc d'Arschot, Comte d'Aremchiot, Comte d'Aremberg, Chevalier de la Toison d'or.

9. Alexandre, Prince de Chimay, Chevalier de la Toison d'or.

9. Antoine II, Comte de Grantpré.

9. Louis de Vendôme, Duc de Mercœur, mort en 1669, sans avoir eu lignée.

9. François Duc, dit de Beaufort, Duc de Nemours, par contrat passé le 7 Juillet 1643.

10. Philippe François Duc d'Arschot, renberg, & d'Arschot, Chevalier de la Toison d'or.

10. Philippe, Prince de Chimay, Chevalier de la Toison d'or.

10. Françoise de Lorraine, épouse de César, Duc de Vendôme, née en France, 1614.

10. Louis-Joseph Duc de Vendôme, né en France, 1654.

10. Marie Jeanne-Baptiste de Savoye, épouse Charles Emmanuel II Duc de Savoye.

10. Marie-Françoise Elisabeth de Savoye, a épousé Pierre, Roy de Portugal.

11. Victor Amedée II Duc de Savoye, épouse de Marie-Anne d'Orléans.

11. Philippe de Vendôme, Grand Prieur de France.

11. Marie-Louise-Gabrielle de Savoye a épousé Philippe V. Roy d'Espagne.

11. D. Jean Roy de Portugal.

12. Charles Emmanuel Victor, Duc de Sardaigne.

12. Marie Adelaïde épouse de Louis Duc de Bourgogne.

12. Marie-Louise-Gabrielle de Savoye à présente épouse de Philippe V. Roy d'Espagne.

13. Louis XV Roy de France.

13. Louis, Roy d'Espagne.

13. D. Ferdinand Roy d'Espagne.

13. D. Carlos Infant.

13. D. Joseph Prince du Bresil.

13. D. Antoine, Infant.

13. D. Philippe Infant.

13. D. Pedre Infant.

13. D. Emmanuel & Carolinal.

Victor-Anne-Marie Duc de Savoye.

Benoit-Marie-Maurice Duc de Chablais.

14. Louis, Dauphin de France.

www.ingramcontent.com/pod-product-compliance
Lightning Source LLC
Chambersburg PA
CBHW071706230426
43670CB00008B/927